数学学习困难儿童数学问题解决的机制与干预

朱 楠／著

教育理论与实践研究前沿

特殊教育

国家社会科学基金『十四五』规划2021年度教育学青年课题"高质量视域下融合教育巡回指导教师专业发展的机制与路径研究"（CHA210265）的阶段性成果

知识产权出版社
全国百佳图书出版单位
—北京—

图书在版编目（CIP）数据

数学学习困难儿童数学问题解决的机制与干预 / 朱楠著. —北京：知识产权出版社，2023.8
ISBN 978-7-5130-8791-9

Ⅰ.①数… Ⅱ.①朱… Ⅲ.①数学课—学习困难—儿童教育—研究 Ⅳ.① G76

中国国家版本馆 CIP 数据核字（2023）第 107235 号

责任编辑：王颖超　　　　　　　　责任校对：王　岩
封面设计：杨杨工作室·张冀　　　　责任印制：孙婷婷

数学学习困难儿童数学问题解决的机制与干预
朱　楠　著

出版发行：	知识产权出版社有限责任公司	网　址：	http://www.ipph.cn
社　址：	北京市海淀区气象路 50 号院	邮　编：	100081
责编电话：	010-82000860 转 8655	责编邮箱：	wangyingchao@cnipr.com
发行电话：	010-82000860 转 8101/8102	发行传真：	010-82000893/82005070/82000270
印　刷：	北京建宏印刷有限公司	经　销：	新华书店、各大网上书店及相关专业书店
开　本：	880mm×1230mm　1/32	印　张：	11.25
版　次：	2023 年 8 月第 1 版	印　次：	2023 年 8 月第 1 次印刷
字　数：	240 千字	定　价：	59.00 元
ISBN 978-7-5130-8791-9			

出版权专有　侵权必究
如有印装质量问题，本社负责调换。

序

目前，学习困难不仅是心理学、教育学、医学等学科研究的重点课题，而且逐渐成为社会关注的热点问题。学习困难也是长期困扰教育界的一大难题。学习困难儿童在中小学生中占有相当大的比例，不同国家报道的比例因诊断方法不同而不尽相同，欧美一些大规模研究显示，约有 6% 的学龄儿童为数学学习困难，5% 的学龄儿童为阅读困难，而且学习困难学生是所有特殊学生群体中人数最多的一类。2021 年美国教育部的统计报告中显示，2019 年 6—21 岁的学生中特定学习障碍（specific learning disability）的比例为 3.4%~3.6%，在所有特殊学生中特定学习障碍的比例位列第一（37.1%）。这些数字是相当惊人的。

国家"十四五"规划提出了"建设高质量教育体系"的远景目标；全面推进融合教育、提升融合教育质量也成为新时代特殊教育发展的重要目标。学习困难的普遍存在是一个不争的事实，即使是普通儿童，也会在某一阶段或某一领域产生学习困难。人们总希望养育一个"成绩优异"的孩子，希望自己的孩子能接受好的教育。办好人民满意的教育、建设高质量教育体系，就要关注、研究和解决学习困难儿童以及普通儿童所面临的学习困难问题。但是，由于我国特殊教育发展的历史原因，学习困难并未列入法定的特殊教育服务范畴；而学界对学习困难的研究也多偏向于神经机制、认知机制的探讨，虽取得丰硕成果，但如何实施课堂教学，如何进行学业干预，这些问题亟待系统关注。

朱楠老师的这部研究专著就是在这个重要而薄弱的领域的一个探索，也是其十余年来研究成果的总结。该书聚焦于学习困难群体中最普遍的一种亚型——数学学习困难，关注这类儿童在数学问题解决领域的困难，通过系统的理论研究和文献回溯、实验探索和干预实践，对数学学习困难儿童在数学问题解决中的认知机制进行深入探讨，并基于循证研究的理念，采用实验组和对照组前后测实验设计探索融合班级的数学问题解决教学策略，进而构建基于多层级支持系统的数学学习困难儿童学业干预模型。这些研究结果对于教师精准认识数学学习困难儿童在特定学业领域的表现及机制，促进数学学习困难儿童的干预与教学改革，乃至普通学校教育模式及管理体制的改革，都有一定的参考价值。

融合教育的开展改变了我国整个教育的生态环境，打破了普通教育与特殊教育二元对立的传统局面。在建设高质量教育体系的背景下，融合教育质量的提升成为"十四五"时期特殊教育发展的重中之重。但是，促进融合教育发展不仅是特殊教育者的事业，更是普通教育者的重任。作为融合教育的主体——普通学校，为随班就读的特殊儿童以及学校中的"隐性"障碍群体（如学习困难、注意力缺陷多动障碍等）提供适合、有效的教育教学具有不可推卸的责任。当前我国关于融合教育环境中特殊学生的课程、教学、干预等的研究和实践虽有探索，但仍须继续研究。学习困难的教学与干预研究其实面临重重困难。作为朱楠的导师，看到她在数学学习困难这一似"热"实"冷"的研究领域的坚持，我十分高兴。希望这本书能够引导更多的教育实践者认识和帮助数学学习困难儿童，也希望有更多的来自普通教育和特殊教育领域的研究者和实践者共同关心、关注学习困难的学业干预，不断发展和深化适合我国国情的融合教育干预模式。

王 雁
北京师范大学教育学部
特殊教育学院院长
2023 年 6 月

引 言

学习困难的研究可以追溯至 19 世纪初对脑损伤成人的研究，直到 20 世纪 60 年代早期，塞缪斯·柯克（Samuel Kirk，1963）在知觉障碍儿童基金会的一次家长会上提出学习困难（Learning Disabilities，LD）❶这一术语，其间有许多令人困惑的标签来描述这类智力正常但存在学习问题的"特殊"群体。目前，学习困难是特殊教育中人数最多的一类障碍，已然成为心理学、教育学、医学研究的重点课题。

"宇宙之大，粒子之微，火箭之速，化工之巧，地球之变，生物之谜，日用之繁，无处不用数学。"❷儿童数学能力能否正常发展不仅关系个人的成败，也关系国家的兴衰。数学不仅是自然科学的一门基础学科，也在社会科学和日常生活中得到广泛应用。数学是抽象性和逻辑性很强的学科，它对于儿童智力

---

❶ 学习困难，国内学术界亦称为学习障碍、学业不良、学习不良。根据《特殊教育辞典》，Learning Disabilities 译为学习障碍，是障碍的一种类型，但目前尚无公认的量表或测量工具能够鉴别出真正意义上的"学习障碍"。因此本书中用"学习困难"这一术语代指此类特殊群体。

❷ 华罗庚. 华罗庚科普著作选集 [M]. 上海：上海教育出版社，1984. 转引自：张树栋. 小学生数字加工和计算能力的发展及障碍研究 [D]. 北京：北京师范大学，2004.

的开发、智慧的启迪具有重要作用。数学是中小学教育中的一门基础课程,数学教育的意义自不言而喻。儿童数学学习成功与否将直接关系到其他学科的学习状况及未来的发展。在数学能力的发展领域,同样也存在学习困难这一特殊群体,即数学学习困难(Mathematics Learning Disabilities,MLD/MD)。自20世纪70年代起,数学学习困难越来越受到重视,数学学习困难作为学习困难的一个亚型,已得到包括美国学习困难国家联合委员会(National Joint Committee on Learning Disabilities,NJCLD)等许多机构的广泛承认,也在美国《障碍者教育法案》(Individuals with Disabilities Education Act,IDEA)中被正式界定。这一群体的数学能力远远落后于同龄儿童的一般水平,即其数学年龄明显低于他们的生理年龄。若忽视这些儿童与一般儿童的差异,不采用适当的措施缓解他们的困难,势必会对其数学能力的发展产生消极影响。因此,有必要对这个特殊群体进行深入研究,探讨导致其数学能力低下的原因,从根本上解决他们的问题。

数学问题解决(Mathematical Word Problem-Solving)[1]作为数学教学环节中的一个重要组成部分,对儿童数学学习成功与否起着关键作用。在小学中高年级阶段,问题解决能力主要体现在数学应用题上,培养学生解答应用题的能力是使小学生能够运用所学知识解决简单实际问题的基本内容和重要途径。自20世纪80年代起,各国无一不把培养问题解决能力作为

---

[1] 数学问题解决,国内学术界和教育界亦称为数学应用题解决。本书使用"数学问题解决"这一术语代指此领域。

数学教育的重要目的。如 2000 年美国数学教师协会（National Council of Teachers of Mathematics, NCTM）出台的《学校数学原则与标准》(Principles and Standards for School Mathematics) 将问题解决作为学校数学标准中的重要标准之一。全美州长协会最佳实践中心及首要州官员委员会（National Governors Association Center for Best Practices & Council of Chief State School Officers, NGAC & CCSSO）2010 年共同颁布的数学共同核心州立标准（Common Core State Standards for Mathematics）也着重关注数学问题解决的能力。"以问题解决为主导"也是我国数学教育改革的突破口。《义务教育数学课程标准（2011 年版）》等均强调将问题解决作为我国数学教育的重要内容。培养问题解决能力已成为数学教育的重要目的。然而，数学问题解决是数学学习的难点，尤其是对于数学学习困难儿童，数学问题解决是数学学习困难儿童最大的困难。[1] 因此，有必要对数学学习困难儿童问题解决的认知机制进行深入研究，探究造成其问题解决困难的可能原因，从而发展适当的干预策略。

数学学习困难儿童是一个内部异质性很高的群体，对其内部缺陷过程进行探究，并由此提出相应的干预计划一直是教育

---

[1] FUCHS L S, FUCHS D, CRADDOCK C, et al. Effects of Small-group Tutoring with and Without Validated Classroom Instruction on At-risk Students' Math Problem Solving: Are Two Tiers of Prevention Better than One? [J]. Journal of Educational Psychology, 2008, 100: 491-509; SWANSON H L. Cross Sectional and Incremental Changes in Working Memory and Mathematical Problem Solving in Elementary School Children [J]. Journal of Educational Psychology, 2006, 98: 247-264; 胥兴春. 数学学业不良儿童的心理表现及其成因 [J]. 宁波大学学报（教育科学版），2001（2）: 9-12.

学界、心理学界研究的焦点。然而，由于数学学习困难本身的复杂性以及理论发展的局限性，对该群体的研究迟迟未取得突破性进展。在研究对象上，目前的研究多将数学学习困难儿童归为一个同质的群体，忽略了各亚型之间的差异，显然不利于数学学习困难研究的开展。在研究内容上，随着认知心理学的兴起，研究者们对数学学习困难研究的重点由数学技能发展转为影响数学发展的基本认知加工研究，而对数学学习困难儿童认知加工机制的研究多集中于工作记忆。[1]然而，除了工作记忆外的其他认知过程如何参与数学学习？在数学学习困难儿童的问题解决方面，除了以往研究中所强调的视觉空间能力、工作记忆、阅读能力、认知方式等认知能力（过程），其他认知过程如注意、计划等又如何影响数学问题解决？除了阿兰·巴克利（Alan Baddeley）[2]所提出的工作记忆模型，是否还有其他更为系统、全面的认知过程模型可作为研究问题解决过程的依据？由嘉格纳特·戴斯（Jagannath P. Das）、杰克·纳格利尔里（Jack A. Naglieri）等基于信息加工模型和亚历山大·鲁利亚（Alexander R. Luria）关于大脑机能组织化思想所提出的PASS模型（Planning-Attention-Simultaneous-Successive Processing Model, PASS）为数学学习困难儿童问题解决认知机制的研究提供了

---

[1] SILVANA M R, ROBERT A G. Unraveling the Complex Nature of Mathematics Learning Disability: Implications for Research and Practice [J]. Learning Disability Quarterly, 2013, 36 (3): 178–187.

[2] BADDELEY A. Exploring the Central Executive [J]. Quarterly Journal of Experimental Psychology, 1996, 49 (A): 5–28; BADDELEY A. The Episodic Buffer: A New Component of Working Memory? [J]. Trends in Cognitive Sciences, 2000 (4): 417–423.

理论支持。已有研究证实,PASS 模型在解释与认知缺陷有关的学习困难上更具优势;在确认认知缺陷方面,PASS 模型的评估范围更加宽泛,有助于确认与学业失败有关的认知加工问题,也可以较好地认识不同种类的学习困难。❶ 众多的研究成果证明,PASS 理论是一种较好的研究认知加工的工具。因此,基于 PASS 理论模型对数学学习困难儿童的数学问题解决认知机制加以探究,对于揭示数学学习困难儿童的内部认知缺陷不失为一种有益尝试。

理论研究的重要落脚点是服务于实践。数学学习困难认知机制的研究最终目的在于为提高数学学习困难儿童迟滞的数学能力奠定理论基础。在"十四五"时期建设高质量教育体系的目标要求下,全面推进融合教育、提升融合教育质量成为重要任务。我国数学学习困难儿童主要在普通学校就读,现阶段由于教育资源的限制,对其实施个别化教育难以全面实现;此外,研究还发现,数学问题解决困难在普通儿童群体中同样存在,这也是他们所面临的最大的数学学习困难。❷ 因此,变革

---

❶ KROESBERGEN E H, VAN LUIT J H, NAGLIERI J A. Mathematical Learning Difficulties and Pass Cognitive Processes [J]. Journal of Learning Disabilities, 2003, 36 (6): 574-582; NAGLIERI J A. Using the PASS Theory to Uncover Disorders in Basic Psychological Processes: An Example of Specific Learning Disability [M] // MATHER N, JAFFE L E. Comprehensive Evaluations: Case Reports for Psychologists, Diagnosticians, and Special Educators. Hoboken, NJ, US: John Wiley & Sons Inc, 2011:137-140.

❷ DIANE P B, BRYANT B R, HAMMILL D D. Characteristic Behaviors of Students with LD Who Have Teacher-Identified Math Weaknesses [J]. Journal of Learning Disabilities, 2000, 33 (2): 168-177, 199; SWANSON H L. Cross Sectional and Incremental Changes in Working Memory and Mathematical Problem Solving [J]. Journal of Educational Psychology, 2006, 98: 247-264.

课堂教学模式、促进数学课堂的有效教学是普通学校教育中亟待关注的问题，也是实现"人民满意的教育"的核心所在。换言之，在我国国情下，开发一种适用于班级范围（class-wide）教学的结构化教学无疑成为最现实可行的模式。随着融合教育实践的不断探索，国外研究者在数学学习困难的干预领域发展出了适合班级教学的全班性同伴指导（Class-Wide Peer Tutoring，CWPT）、同伴协助学习策略（Peer-Assisted Learning Strategies，PALS）等，成为帮助教师适应普通教育课堂中不同学习需要学生的一种有效的方法，并得到大量实证研究的证实。在数学问题解决的教学实践中，直接教学、图式教学、认知策略教学等方法也纷纷融入数学课程。[1] 因此，如果能将上述策略应用于国内数学学习困难儿童问题解决的教学干预中，通过结构化的班级教学，在提升数学学习困难儿童数学学业成就水平的同时，也使普通儿童从中受益，无疑是最为经济有效的模式。

本书从理论回溯、实验探索以及干预实践等层面深入研究数学学习困难儿童在数学问题解决（数学应用题解决）中的认知特征，探索适合我国国情的班级教学及干预策略，以期为促进数学学习困难儿童的干预与教学改革提供借鉴，为推进融合教育高质量发展奠定基础。本书共八章，全书的基本框

---

[1] FUCHS D, FUCHS L S, MATHES P G, et al. Peer-Assisted Learning Strategies: Making Classrooms More Responsive to Diversity [J]. American Educational Research Journal, 1997, 34: 174-206; GRIFFIN C C, JITENDRA A K. Word Problem-Solving Instruction in Inclusive Third-Grade Mathematics Classrooms [J]. Journal of Educational Research, 2009, 102: 187-201.

架如图 0-1 所示。

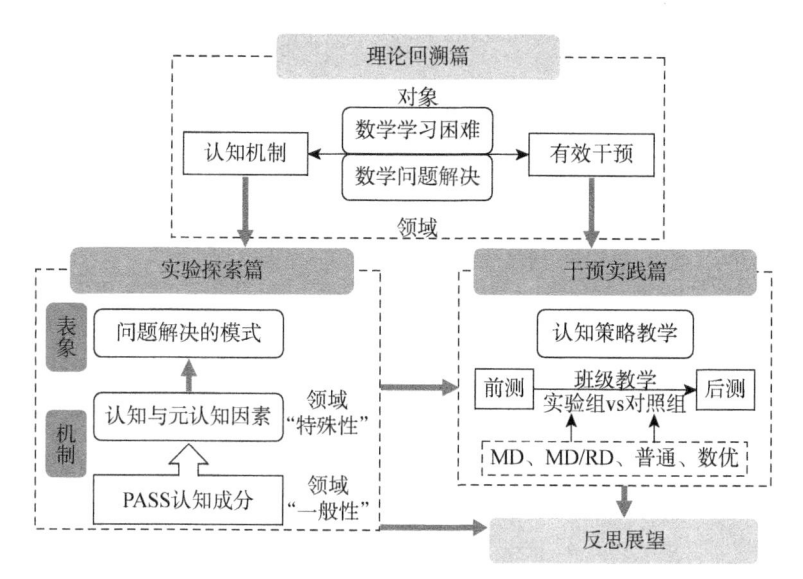

图 0-1 本书基本框架

目 录

上 篇 理论回溯篇

第一章 数学学习困难与数学问题解决 ………………… 2

第一节 数学学习困难概述 …………………………… 2
第二节 数学问题解决的概念及影响因素 …………… 13

第二章 数学学习困难儿童数学问题解决的认知机制 …… 32

第一节 数学学习困难儿童数学问题解决的影响因素 …… 32
第二节 基于PASS理论的数学学习困难领域的研究 …… 52

第三章 数学学习困难儿童数学问题解决的有效干预 …… 69

第一节 问题解决启发式 …………………………… 72
第二节 图式教学 …………………………………… 74
第三节 认知策略教学 ……………………………… 84
第四节 直接教学 …………………………………… 90

中　篇　实验探索篇

第四章　数学学习困难儿童数学问题解决过程的模式研究 …… 94

　　第一节　研究背景与方法 ……………………………………… 94
　　第二节　数学学习困难儿童数学问题解决模式的分析………… 107
　　第三节　数学学习困难儿童数学问题解决模式的特征………… 127

第五章　数学学习困难儿童数学问题解决的影响因素研究 …… 139

　　第一节　研究背景与方法 ……………………………………… 139
　　第二节　数学学习困难儿童数学问题解决的影响因素分析…… 145
　　第三节　数学学习困难儿童认知和元认知能力特征及作用模式… 175

第六章　数学学习困难儿童 PASS 认知特征及对数学问题解决的影响研究 …………………………………………… 183

　　第一节　研究背景与方法 ……………………………………… 183
　　第二节　数学学习困难儿童的 PASS 认知过程分析 …………… 192
　　第三节　数学学习困难儿童的 PASS 认知特征及影响作用 …… 234

下 篇 干预实践篇

第七章 数学学习困难儿童数学问题解决的干预实践 ………… 258

第一节 研究背景与方法 …………………………………… 258
第二节 认知策略教学在数学问题解决教学中的应用结果 …… 272
第三节 认知策略教学在数学问题解决教学中的应用反思 …… 277

第八章 数学学习困难儿童的学业干预反思与展望 …………… 282

第一节 数学学习困难儿童的学业干预要素 ………………… 282
第二节 数学学习困难儿童的学业干预模型展望 …………… 287

参考文献 ……………………………………………………………… 302

附 录 ………………………………………………………………… 313

附录1 数学应用题解决能力测验Ⅰ(口语报告题)题目举例 … 313
附录2 数学应用题口语报告个案举例:FR3-2 ………………… 315
附录3 数学应用题解决能力测验Ⅱ(认知和元认知部分)
       题目举例 ……………………………………………… 316

附录 4　基于 PASS 理论的小学生认知评估测试题目举例 ……… 318

附录 5　教学活动流程（范例）……………………………………… 328

附录 6　学生练习活页举例 ………………………………………… 330

附录 7　干预忠诚度检核表 ………………………………………… 333

附录 8　四年级数学应用题解决能力测验（前/后测）…………… 334

后　　记 ……………………………………………………………… 336

上 篇
理论回溯篇

  学习困难是我国基础教育实践中亟待解决的问题，也是世界范围内的普遍难题。数学学习困难是学习困难群体中的主要亚型，流行率为 6%~7%，并且近半数的儿童伴有阅读障碍。数学问题解决对儿童数学学习成功与否起着关键作用，也直接关系其他学科的学习及儿童未来的发展。关于数学学习困难群体及其数学问题解决的研究取得了较为丰富的成果。本篇为理论回溯篇，首先从数学学习困难及数学问题解决的基本问题出发，系统回顾影响数学学习困难、数学问题解决的因素，并基于 PASS 理论阐释数学问题解决的基础认知支撑，最后聚焦及梳理数学问题解决的有效干预策略和实证基础，为本土化的实验与实践奠定基础。

第一章 数学学习困难与数学问题解决

第一节 数学学习困难概述

自 20 世纪 60 年代柯克提出学习困难的定义以来,关于学习困难的研究迅速增加。在学习困难的研究中,有两种最基本的类型:阅读困难与数学学习困难。研究者对阅读困难的研究已取得了重要的进展;近年来,随着对数学认知一般性发展研究的增多,研究者对数学学习困难研究的兴趣也日渐增大。然而,因其定义的混乱、鉴别方法的不一致,加之数学学习本身的复杂性,该领域的研究还较显零散,缺乏系统性和一致性。[1]

一、数学学习困难的界定与类型

对数学学习困难的界定众说纷纭,一方面因为数学学习困

---

[1] MAZZOCCO M M M, MYERS G F. Complexities in Identifying and Defining Mathematics Learning Disability in the Primary School-Age Years [J]. Annals of Dyslexia, 2003, 53(1): 218-253.

难的研究尚处于起步阶段，另一方面则与学习困难定义的不确定性有关。目前，较具有代表性的是美国《精神疾病诊断与统计手册》（Diagnostic and Statistical Manual of Mental Disorders, DSM）对数学学习困难的界定。2013年，美国精神疾病卫生协会修订公布了《美国精神疾病诊断与统计手册第五版》（Fifth Edition of the Diagnostic and Statistical Manual of Mental Disorders, DSM-Ⅴ），其中对数学学习困难的描述是：（1）学习和使用数学学业技能的困难；（2）经过个别施测的标准化成就测验和综合性临床评估，受影响的学业技能持续且显著低于根据个体的生理年龄所预期的水平，对学业或职业表现及日常生活产生明显的阻碍；（3）学习困难开始于学龄期，但直到那些对受到影响的学业技能的要求超过个体的有限能力时，才会完全表现出来；（4）学习困难不能用智力障碍、未矫正的视觉或听觉的敏感性，其他精神或神经病性障碍、心理社会的逆境、对学业指导的语言不精通，或不充分的教育指导来更好地解释。数学学习困难的个体存在一系列的不同技能的缺陷，包括"语言"技能（如数学术语的理解和命名、操作、概念及将书面问题转化为数学符号的解码能力），"感知觉"技能（如数字和算术符号的再认和阅读、对象的聚合分组），"注意"技能（如数字的正确抄写、记住进位的数字、对运算符号的观察），"数学"技能（如遵循数学步骤、计数、学习乘法表）。数学学习困难常与阅读困难或书面表达困难共存。

在数学学习困难研究领域，虽然对造成数学学业成就低下的认知相关因素及其关联强度有比较一致的研究结论，例如，短时记忆、工作记忆尤其是视空模板和语音环路、计划等因素与数学领域中各种类型的缺陷密切相关，然而数学学习困难的核心缺陷尚未得到确认也是不争的事实。❶ 这就表示数学学习困难可能因其所依的认知缺陷不同还可进行亚型的进一步细分。

大卫·吉尔里（David Geary）根据特定算术任务的作业成绩以及相应的神经心理特征提出数学学习困难的亚型模型：语义记忆型数学学习困难（Semantic Memory MD）、程序型数学学习困难（Procedural MD）、视觉空间型数学学习困难（Visuospatial MD）（见表1-1）。❷ 大量研究证实了语义记忆型数学学习困难（也称为混合型数学学习困难，MD/RD）的存在，❸

---

❶ GEARY D C. Consequences, Characteristics, and Causes of Mathematical Learning Disabilities and Persistent Low Achievement in Mathematics [J]. Journal of Developmental and Behavioral Pediatrics, 2011, 32（3）: 250-263; PASSOLUNGHI M C, LANFRANCHI S. Domain-Specific and Domain-General Precursors of Mathematical Achievement: A Longitudinal Study from Kindergarten to First Grade [J]. British Journal of Educational Psychology, 2012, 82: 42-63; BEST J, MILLER P, NAGLIERI J A. Relations Between Executive Function and Academic Achievement from Ages 5 to 17 in a Large, Representative National Sample [J]. Learning and Individual Differences, 2011, 21（4）: 327-336.

❷ GEARY D C. Mathematical Disabilities: Cognitive, Neuropsychological, and Genetic Components [J]. Psychology Bulletin, 1993, 114（2）:345-362.

❸ HANICH L B, JORDAN N C, KAPLAN D, et al. Performance Across Different Areas of Mathematical Cognition in Children with Learning Difficulties [J]. Journal of Eucational Psychology, 2001, 93（3）:615-626; SIEGEL L S, LINDER B A. Short-Term Memory Processes in Children with Reading and Arithmetic Learning Disabilities [J]. Developmental Psychology, 1984, 20: 200-207; VON ASTER M. Developmental Cognitive Neuropsychology of Number Processing and Calculation, Varieties of Developmental Dyscalculia [J]. European Child & Adolescent Psychiatry, 2000, 9: 41-57.

表 1-1 数学学习困难的亚型

亚型	认知和作业特征	神经心理学特征	遗传特征	与阅读困难的关系
语义记忆型MD	数学事实提取的频率低;提取错误率高;正确提取的速度不稳定	与左脑功能失调有关,尤其是左脑后部区域;可能皮质下层有所参与,如丘脑	未明。但是,因其与某些类型的阅读障碍有关,说明该类MD可能具有遗传性	常与阅读困难共存,尤其是语音缺陷型阅读困难
程序型MD	频繁地使用不成熟的计算程序;程序执行的错误率高;在程序使用背后的概念理解上有潜在的发展迟滞	未明。但是,某些研究数据显示与左脑功能失调有关	未明	未明
视觉空间型MD❶	空间表征数字信息存在困难,例如解决多列或多行算术问题时无法对准;对数字信息空间表征的错误解释,例如位值理解出错	与右脑功能失调有关,尤其是右脑后部区域	未明	与阅读困难无关,至少与语音缺陷型阅读困难无关

---

❶ 视觉空间型 MD 通常男孩出现率高于女孩,但在此种类型 MD 具体特征上性别差异未明。

并且伴随阅读困难的数学学习困难儿童远超过单纯型的数学学习困难或阅读困难的儿童，❶有研究指出，40%的数学学习困难儿童伴随阅读困难。❷米歇尔·马佐科（Michèle Mazzocco）等的研究虽然支持语义记忆型数学学习困难的独立存在，但却认为另外两种亚型的明确鉴别是相当困难的，因此，通常将程序型和视觉空间型数学学习困难合并为单纯型数学学习困难（MD-only）。❸但是目前，单纯型数学学习困难与非言语学习困难（Nonverbal Learning Disability, NLD）❹的关系尚不清楚，并非所有的非言语学习困难都表现出较差的数学技能，也不是所有数学差的学生都具有与非言语学习困难一致的特征。❺尽

---

❶ VUKOVIC K R. Mathematics Difficulty with and without Reading Difficulty: Findings and Implications from a Four-Year Longitudinal Study [J]. Exceptional Children, 2012, 78（3）: 280–300.

❷ ACKERMAN P T, DYKMAN R A. Reading-Disabled Students with and without Comorbid Arithmetic, Disability [J]. Developmental Neuropsychology, 1995, 11: 351–371; GEARY D C, HMSON C O, HOARD M K. Numerical and Arithmetical Cognition, a Longitudinal Study of Process and Concept Deficits in Children with Learning Disability [J]. Journal of Experimental Child Psychology, 2000, 77: 236–263.

❸ MAZZOCCO M M M, MAYERS G F. Complexities in Identifying and Defining Mathematics Learning Disability in the Primary School-Age Years [J]. Annals of Dyslexia, 2003, 53（1）: 218–253.

❹ 有研究者将学习困难分为言语型学习困难（Verbal Learning Disabilities）和非言语型学习困难（Nonverbal Learning Disabilities）。其中，将只存在数学学习困难的计算困难定义为非言语型学习困难，这类儿童不仅有计算困难，而且在执行与空间、触觉、动觉有关的任务时也会出现问题，并伴有心理障碍，例如，恐惧、沮丧和交流障碍；但其在口头语言和书面语言方面则有一定的优势。

❺ ASTER MV. Developmental Cognitive Neuropsychology of Number Processing and Calculation: Varieties of Developmental Dyscalculia [J]. European Child & Adolescent Psychiatry, 2000, 9: 41–57.

管对程序型和视觉空间型数学学习困难的研究有待进一步深入，但是大卫·吉尔里提出的三种数学学习困难类型的划分，有利于研究者对数学学习困难的鉴别诊断并思考适当的干预策略。

二、数学学习困难的诊断模型

（一）数学学习困难传统诊断模型

数学学习困难根本的认知缺陷尚不清楚，并且该群体具有高异质性，因此，对数学学习困难的诊断程序也未能形成一致标准，主要基于学习困难儿童的诊断模型进行评估，包括智力－成就差异模型、低成就模型等。

1965年，贝特曼（Bateman）最早提出差异模式的概念，并认为学习困难儿童的鉴定评估应满足四个标准，即智力和学业成就之间存在差异、心理过程和认知过程存在缺陷、正常教育环境是否能满足儿童发展需要、排除其他因素的影响。[1] 在学习困难研究早期，人们广泛认为个体智力分数与成就表现的差异是评估学习困难的主要标准。例如，一般根据学生的学习行为、学习兴趣、主要科目学习成绩在同年级、同年龄学生中的相对位置，判断学生是否存在学习困难，同时以教师评价作为参考。[2] 随着研究的深入与应用范围的扩大，智力－成就差

---

[1] 钟金萍，宋尚桂，孙英红.特定学习障碍评估模式综述［J］.现代特殊教育，2015（12）：20-25.
[2] 王道阳，邹梓成，宋冉，等.美国学习障碍评估诊断模式的新取向［J］.教育生物学杂志，2015，3（Z1）：136-139.

异模型因其在理论、概念、技术上的问题引起较多争议。有学者指出，差异性规定未能揭示学习困难的心理过程缺陷的实质，不能诊断因不同的心理加工缺陷而造成的不同类型的学习困难，尤其是不能使人们根据分类制定具体的矫正计划，也就是说，差异性的规定是一个资格性的诊断，仅能粗略地判断谁够资格得到特殊教育服务，与如何矫正与干预无关。[1] 此外，该模型并未充分考虑学生之前所接受的教学质量和适应性，容易出现学习困难误诊；而且必须等到儿童表现出智力和学业成绩之间显著差异，才可被诊断为学习困难，对学习困难的预防干预迟缓。故某种程度上，智力-成就差异模型也被称为"等待失败"的差异模型。也有研究发现有些存在学习困难的个体并未表现出明显的智力与学业成就间的显著差异。[2]

低成就模型是基于儿童完全的低成就来鉴别数学学习困难，也是最常用的诊断模型之一。例如，儿童学业表现低于国家规范性框架1~2个标准差；[3] 或者在常模参照测验中处于

---

[1] 刘翔平. 从差异取向的评估到认知—干预取向的评估：学习障碍评估模式的新趋势[J]. 中国特殊教育，2003（5）：71-76.

[2] FLETCHER J M, SHAYWITZ S E, SHANKWEILER D P, et al. Cognitive Profiles of Reading Disability: Comparisons of Discrepancy and Low Achievement Definitions [J]. Journal of Educational Psychology, 1994, 85: 1–18.

[3] FUCHS L S, FUCHS D. Mathematical Problem-Solving Profiles of Students with Mathematics Disabilities with and Without Comorbid Reading Disabilities [J]. Journal of Learning Disabilities, 2002, 35（6）: 564–574.

底端的 5%、10%、25%、31%、35% 或 45%。❶ 其中 25% 这一标准是被研究者们广泛认可的比例。❷ 林恩·福克斯（Lynn Fuchs）等研究者在研究中提出将障碍状态和正常状态之间的中间状态界定为"缓冲区"（buffer zone），❸ 将 25 个百分点和 40 个百分点作为分界点，混合型数学学习困难儿童的计算得分和阅读理解得分均小于 25 个百分点；而单纯型数学学习困难儿童的计算得分小于 25 个百分点，但阅读理解得分大于 40 个百分点；单纯阅读困难儿童的阅读理解得分小于 25 个百分点，但计算得分大于 40 个百分点；正常儿童的计算得分

---

❶ SHALEV R S, MANOR O, GROSS-TSUR V. Developmental Dyscalculia, a Prospective Six-Year Follow-Up [J]. Developmental Medicine and Child Neurology, 2005, 47: 121-125; MAZZOCCO M M M, MYERS F G. Complexities in Identifying and Defining Mathematics Learning Disability in the Primary School-Age Years [J]. Annals of Dyslexia, 2003, 53: 218-253; SWANSON H L, OROSCO M J, LUSSIER C M. The Effects of Mathematics Strategy Instruction for Children with Serious Problem-Solving Difficulties [J]. Exceptional Children, 2014, 80（2）: 149-168; MAZZOCCO M M M. Challenges in Identifying Target Skills for Math Disability Screening and Intervention [J]. Journal of Learning Disabilities, 2005, 38（4）: 318-323; JORDAN N C, HANICH L B, KAPLAN D. A Longitudinal Study of Mathematical Competencies in Children with Specific Mathematics Difficulties Versus Children with Comorbid Mathematics and Reading Difficulties [J]. Child Development, 2003, 74: 834-850.

❷ ZHENG X H, FLYNN L J, SWANSON H L. Experimental Intervention Studies on Word Problem Solving and Math Disabilities: A Selective Analysis of the Literature [J]. Learning Disability Quarterly, 2013, 36: 97-111.

❸ FUCHS L S, FUCHS D. Mathematical Problem-Solving Profiles of Students with Mathematics Disabilities with and Without Comorbid Reading Disabilities [J]. Journal of Learning Disabilities, 2002, 35（6）: 564-574; FUCHS L S, FUCHS D, PRENTICE K. Responsiveness to Mathematical Problem-Solving Instruction: Comparing Students at Risk of Mathematics Disability with and Without Risk of Reading Disability [J]. Journal of Learning Disabilities, 2004, 37（4）: 293-306.

和阅读理解得分均大于 40 个百分点。低成就模型也因其仅以低成就为唯一标准而遭受质疑，并且如何界定完全低成就也十分困难。现有诊断模型对数学学习困难儿童鉴别的低效，使得对数学学习困难者核心认知缺陷的深入探索成为最重要的研究课题，也成为制定更科学的诊断程序的必要条件。

（二）数学学习困难诊断模型的新发展

基于对"等待失败"的差异模型鉴别方法的批评，研究者们提出了另一种鉴定学习困难学生的框架，即干预反应（Response to Intervention，RTI）模型（见图 1-1）。RTI 模型是融合了评估和干预的多层级预防系统，从而最大限度促进儿童学业成就、减少问题行为。基于 RTI 模型框架，学校使用数

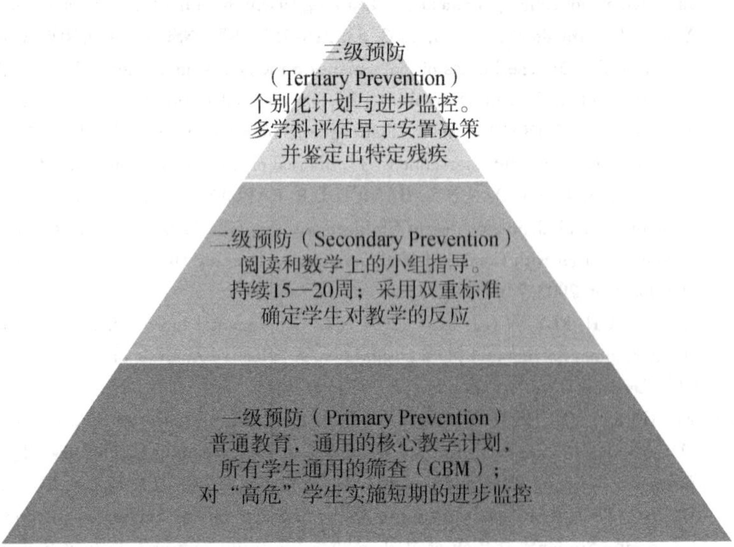

三级预防
（Tertiary Prevention）
个别化计划与进步监控。
多学科评估早于安置决策
并鉴定出特定残疾

二级预防（Secondary Prevention）
阅读和数学上的小组指导。
持续15—20周；采用双重标准
确定学生对教学的反应

一级预防（Primary Prevention）
普通教育，通用的核心教学计划，
所有学生通用的筛查（CBM）；
对"高危"学生实施短期的进步监控

图 1-1 干预反应（RTI）三级模型 [1]

据鉴别出具有低学业成就风险的儿童,监测学生,提供循证干预并根据学生的反应调节干预的强度和属性,鉴别出学习困难或具有其他障碍的儿童。❶在此模型中,将反应水平显著低于同伴水平的儿童鉴别为学习困难。❷2004年美国联邦政府颁布的《残疾人教育法案》的修正案,明确规定各州可以使用"智力-成就差异模型"和"干预反应模型"中的任何一种来鉴别学习障碍,但更提倡采用"干预反应模型"。❸该模型对低学业成就者的干预反应存在两种不同的解释:其一,儿童所获之教育质量低下;其二,若儿童接受良好的教育(大多数儿童从这种教育中获益)却取得低成就,则鉴别其为学习困难。该模型在儿童发展早期将诊断鉴别与干预相结合,预防儿童学习困难的产生;通过持续监测来鉴别学习困难,为其提供特殊教育服务。❺实现RTI模型评估与干预紧密结合这一功能的主

---

❶ National Center on Response to Intervention. Essential Components of RTI-A Closer Look at Response to Intervention [R]. Washington, DC: U.S. Department of Education, Office of Special Education Programs, National Center on Response to Intervention, 2010.
❷ FUCHS L S. Prevention Research in Mathematics: Improving Outcomes, Building Identification Models, and Understanding Disability [J]. Journal of Learning Disabilities, 2005, 38(4): 350-352.
❸ FUCHS L S, FUCHS D. A Model for Implementing Responsiveness to Intervention [J]. Teaching Exceptional Children, 2007, 39(1): 14-20.
❹ TURSE K A, ALBRECHT S F. The ABCs of RTI: An Introduction to the Building Blocks of Response to Intervention [J]. Preventing School Failure: Alternative Education for Children and Youth, 2015, 59(2): 83-89.
❺ FUCHS D, FUCHS L S. Introduction to Response to Intervention: What, Why, and How Valid Is It? [J]. Reading Research Quarterly, 2006, 41(1): 93-99.

要手段是课程本位测量（Curriculum-Based Measurement）。❶ 在干预反应模型中，研究者们也进一步提出可以将生态行为评估（Ecobehaviral Assessment，EBA）❷ 中的要素整合进 RTI 模型中，从而帮助教育者更系统地认识那些促进或阻碍学生学业进步的各项教室环境和教育因素。❸ 然而，相较于 RTI 模型在阅读困难儿童的鉴别和干预领域已有大量实证研究予以验证，其在数学学习困难领域的有效证据仍略显缺乏，需要进一步深入研究。❹

---

❶ MCALENNEY A L, MCCABE P P. Introduction to the Role of Curriculum-Based Measurement in Response to Intervention [J]. Reading Psychology, 2012, 33 (1/2): 1-7.

❷ EBA 是一种评估模型，直接评估教室中的因素以及与有效教学之间的潜在关系。CARTA J J, GREENWOOD C R. Eco-behavioral Assessment: A Methodology for Expanding the Evaluation of Early Intervention Programs [J]. Topics in Early Childhood Special Education Quarterly, 1985, 5: 88-104.

❸ WATSON M R S, GABLE R A, GREENWOOD R C. Combining Ecobehavioral Assessment, Functional Assessment, and Response to Intervention to Promote More Effective Classroom Instruction [J]. Remedial and Special Education, 2011, 32 (4): 334-344.

❹ FUCHS D, FUCHS L S, COMPTON D L. Identifying Reading Disability by Responsiveness-to-Instruction: Specifying Measures and Criteria [J]. Learning Disability Quarterly, 2004, 27: 216-227; BALU R, ZHU P, DOOLITTLE F, et al. Evaluation of Response to Intervention Practices for Elementary School Reading. Executive Summary (NCEE 2016-4000) [R/OL]. [2022-05-09]. Washington, DC: U.S. Department of Education, Institute of Education Sciences, National Center for Education Evaluation and Regional Assistance, 2015. https://ies.ed.gov/ncee/pubs/20164000/pdf/20164000.pdf; FUCHS L S, COMPTON D L, FUCHS D, et al. Responsiveness to Intervention: Preventing and Identifying Mathematics Disability [J]. Teaching Exceptional Children, 2005, 37 (4): 60-63; HINTON V, FLORES M M, SHIPPEN M. Response to Intervention and Math Instruction [J]. International Journal of Education in Mathematics, Science and Technology, 2013, 1 (3): 190-201.

第二节　数学问题解决的概念及影响因素

探讨数学问题解决的相关问题，首先面临的任务是探讨什么是数学问题解决以及数学问题解决的模式。其他问题还有：数学问题解决过程中，存在哪些影响因素？可以采取什么策略促进数学问题中目标的达成？这些都是对数学问题解决认知机制研究的基础。

一、数学问题解决的界定与模式

信息加工心理学家把问题定义为："给定信息和目标之间有某些障碍需要被克服的刺激情境。"[1] 问题解决主要有三方面的特征：目标导向性；涉及认知加工过程而非自动加工过程；只有当某个人缺乏相关的知识而不能立即想出解决方法时问题才会出现。[2]

在认知心理学兴起的最初几十年间，心理学家还停留在

---

[1] 王甦，汪安圣.认知心理学[M].北京：北京大学出版社，2003：276.
[2] M.W.艾森克，M.T.基恩.认知心理学[M]. 5 版. 高定国，何凌南，等译.上海：华东师范大学出版社，2009：519.

"纯粹"信息加工的层次研究问题解决。❶20世纪70年代末至80年代末，认知心理学家由一般领域的问题解决转向专门领域的问题解决；通过描述专家－新手的差异比较的研究范式来揭示某个专门领域内获得某项专长的认知机制。专家－新手的研究范式通常要求参与者对自己问题解决过程中的思维内容作出声思维或作追溯报告，其中，出声思维目的在于了解个体的思维过程，而追溯报告则用于了解个体对问题的表征。在数学学科领域，选择数学应用题取代计算题作为研究对象，研究也更加深入，为实际教学提供了可借鉴性意见和建议。

数学问题解决的认知心理学研究从20世纪80年代起受到大量关注。数学问题解决❷领域所关注的小学阶段的数学问题一般是指算术应用题（arithmetic word problems）。算术应用题是应用题的一个类型，是以现实世界中的事件与关系为题材，用自然语言陈述，以执行数学运算为主的问题。在当前的小学数学教学过程中，应用题教学占据极其重要的地位，培养学生解答应用题的能力是使小学生能够运用所学知识解决简单实际问题的基本内容和重要途径。

心理学关于问题解决的模式理论经历了以爱德华·李·桑代克（Edward Lee Thorndike）为代表的"试误说"、以格式塔心理学派的"顿悟说"、以艾伦·纽厄尔（Allen Newell）和

---

❶ 辛自强. 儿童在数学问题解决中图式和策略的获得[D]. 北京：北京师范大学，2002.

❷ 数学问题一般分为两类：一类为数学应用问题，反映非数学领域中现实特征的问题情境，同时包含一定的数学概念、方法和结果；另一类为纯数学问题，反映完全建立在数学领域中的问题情境。

赫伯特·亚历山大·西蒙（Herbert Alexander Simon）为代表的"信息加工模式"，发展至今，认知心理学家从认知层面探索问题解决的本质。现代认知派在认知的层面上对问题解决的阶段进行了划分，更加注重各阶段之间的动态联系，更真实地描述了人类解决问题的动态过程。如戴维·保罗·奥苏贝尔（David Pawl Ausubel）和詹姆斯·哈威·鲁滨逊（James Harvey Robinson）将问题解决分为四个阶段：呈现问题情境命题；明确问题的目标和已知条件；填补空隙；检验。阿诺德·格拉斯（Arnold Glass）等提出问题解决可以划分为：形成问题的初始表征（对问题的理解）；制订问题解决的计划，寻找问题解决的方法；重构问题表征（对问题的进一步理解）；执行计划或检验结果。❶ 玛丽·基克（Mary Gick）根据问题解决策略的研究，也提出了一般问题解决的三个阶段：理解与表征；寻求解答；尝试解答、评价。❷ 这一模式不仅强调问题表征的重要性，也进一步说明问题解决不是简单的线性过程。在基克的理论中，若解题者在理解与表征问题后无图式激活，则需首先进入寻求解答阶段，进而进入尝试解答阶段，然后进入评价过程；如果解题者能够提取原有图式，则可直接跳过寻求解答阶段直接进入尝试解答阶段；当解题者对结果评价为失败时，则返回理解与表征问题阶段或寻求解答阶段，再次进入解题程序（见

---

❶ GLASS A L, HOLYOAK K J. Cognition [M]. 2nd ed. New York: Random House, 1986.
❷ GICK M L. Problem-Solving Strategies [J]. Educational Psychologist, 1986, 21: 99-120.

图 1-2)。❶ 可见，问题解决过程并非单一的线性关系，而是跳跃式的，或各阶段之间重叠或循环的过程。此外，乔伊·保罗·吉尔福特（Joy Paul Guilford）在其智力结构模式的基础上提出了智力结构问题解决模式（Structure of Intellect Problem Solving，SOIPS）。现代认知模式对问题解决过程的研究已从问题解决阶段划分深入到个体内部认知加工过程以及研究各阶段的心理机制。

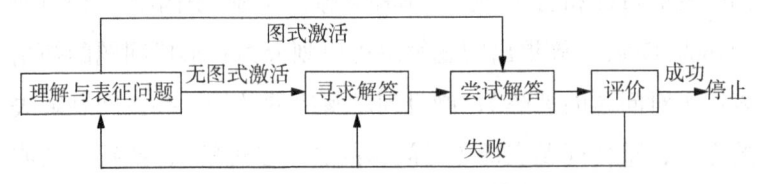

图 1-2 基克的问题解决模式

一般的问题解决过程的模式研究尽管对数学问题解决及其教学有一定的指导作用，但不具有数学学科的针对性，为此，一些数学教育研究者对数学问题解决过程进行了研究，提出了一些数学问题解决过程的模式。如最早对数学解题过程进行系统研究的数学家波利亚（Polya）将数学问题解决过程分为四个阶段：弄清问题—拟定计划—实现计划—回顾，强调选择计算策略之前对问题表征构建的重要性，涉及问题解决的一般策略。其后，学者海斯（Hays）对波利亚的四阶段论进一步修改，提出六阶段论：发现问题—表征问题—解题计划—计划实

---

❶ GICK M L, HOLYOAK K J. Schema Induction and Analogical Transfer [J]. Cognitive Psychology, 1983, 15: 1–38.

施—解决评价—巩固收获。[1]数学教育家阿兰·舍费尔德（Alan Schoenfeld）从数学、教育学、心理学的综合层面，将数学问题解决的过程分为四个阶段：问题分析和理解—解法的设计—对困难问题解法的探索—对解进行检验，并提出了问题解决的四个构成要素：认知资源（resource），个体所具有的与问题相关的数学知识［包括事实（factual）、程序（procedural）和命题（propositional）知识］；启发式解题策略（heuristics），个体解决不熟悉或困难的问题时采用的技巧与策略（画图、寻找相关问题、逆向思维等）；监控（monitoring），个体对资源的分配和管理（计划、监控、评价等元认知部分）；信念系统（belief system），解题者对自我、数学、问题以及周围环境的看法和认识。[2]教育心理学家奥苏贝尔和鲁滨逊以几何问题的解决为原型，将问题解决分为四个阶段：呈现问题情境命题—明确问题目标与已知条件—填补空隙—检验。[3]此模式指出了原有认知结构在解决问题过程中的作用，为培养解决问题能力提供了线索，但对数学问题解决的学科特点分析不足。这些模式在数学教育界有一定影响，为数学问题解决的教学提供了重要启示。

随着数学问题解决在认知心理学领域受到极大重视，认知心理学的四种工具，即理解模型（comprehension model）、图式模型（schema model）、过程模型（process model）和策略模

---

[1] 彭聃龄，张必隐.认知心理学［M］.杭州：浙江教育出版社，2004：342-343.
[2] SCHOENFELD A H. Mathematical Problem Solving［M］. Orlando, Fl: Academic Press, 1985: 45-57.
[3] 皮连生.教育心理学［M］.3版.上海：上海教育出版社，2004：166.

型（strategy model）对数学心理学的研究大有裨益。因此，理查德·梅耶（Richard Mayer）等研究者在20世纪80年代利用认知心理学所提供的技术提出了数学应用题解决的过程理论，将数学应用题的解决过程分成四个基本过程，即"转化过程—了解过程—计划过程—执行过程"❶。此后，梅耶又根据认知心理学信息加工论模式分析了数学解题过程，认为数学问题解决的两个重要成分是问题表征和执行解题计划，其中包括"转译—整合—计划—执行"四个阶段。❷ 转译，即将应用题中的每一个句子转化为内部心理表征，如重述题目、画出图表等，该阶段对应的知识类型为语义知识；整合，即用一个独立的连贯一致的问题表征将不同信息整合在一起，该阶段对应的知识类型为图式知识；计划，即设计解题计划以达到问题解决的目的，该阶段对应的知识类型为策略知识；执行，即执行解题计划，该阶段对应的知识类型为自动化运算技能。已有研究中都提出问题解决的主要内容，即对问题信息的表征和对解题过程的界定，以及对问题解决策略的选择。❸ 沃尔特·金茨希（Walter Kintsch）和詹姆斯·格瑞诺（James Greeno）强调

---

❶ MAYER R E, LARKIN J H, KADANE J B. A Cognitive Analysis of Mathematical Problem Solving Ability [J]. Advances in the Psychology of Human Intelligence, 1984, 9（2）: 231-237.

❷ MAYER R E. Mathematical Ability [M] //STERNBERG R G. Human Abilities: An Information-Processing Approach. New York: Freeman, 1985: 127-150.

❸ RILEY M S, GREENO J G, HELLER J I. Development of Children's Problem-Solving Ability in Arithmetic [M] //GINSBURG, H. The Development of Mathematical Thinking. New York: Academic Press, 1983: 153-196.

了应用题解决过程中问题表征的关键性。❶ 他们将问题表征界定为双重的结构,第一层为表征文本型输入的命题性文本框架(propositional text base);第二层为问题表征或问题模型。

我国学者也做了较多探索,例如,李明振指出较理想的数学问题解决过程模式至少应满足如下要求:将数学问题解决的过程划分为若干合理的具体阶段;阐明解题者通过何种认知活动能够作用并实现各具体阶段的操作;体现各具体阶段之间的动态联系;反映内外部因素对数学问题解决过程的影响。❷ 胥兴春提出数学问题解决的四阶段论:信息感知;情境表征;寻求解题方案;数学运算。❸ 喻平对数学问题解决的认知模式进行了探讨,认为在问题解决过程中应将解决问题的模式与解决问题的认知模式区别开来,因此提出了数学问题解决认知模式(见图1-3)。❹ 在该模式中,数学问题解决分为四个阶段,即理解问题、选择算子、应用算子、结果评价,与此相对应的认知过程分别是问题表征、模式识别、解题迁移和解题监控。其中,问题表征包含表层理解和深层理解两个层面;模式识别是指对问题进行归类,找寻与自己原有知识结构中相匹配的数学模式;解题迁移包括知识、解题记忆、解题方法及解题技能

---

❶ KINTSCH W, GREENO J G. Understanding and Solving Word Arithmetic Problems [J]. Psychological Review, 1985, 92 (1): 109-129.

❷ 李明振. 数学建模的认知机制及其教学策略研究 [D]. 重庆:西南大学,2007.

❸ 胥兴春. 学习障碍儿童数学问题解决的表征研究 [D]. 重庆:西南师范大学,2002.

❹ 喻平. 数学问题解决认知模式及教学理论研究 [D]. 南京:南京师范大学,2002.

的迁移；解题监控属于元认知范畴，包括计划、监控、调节等过程。

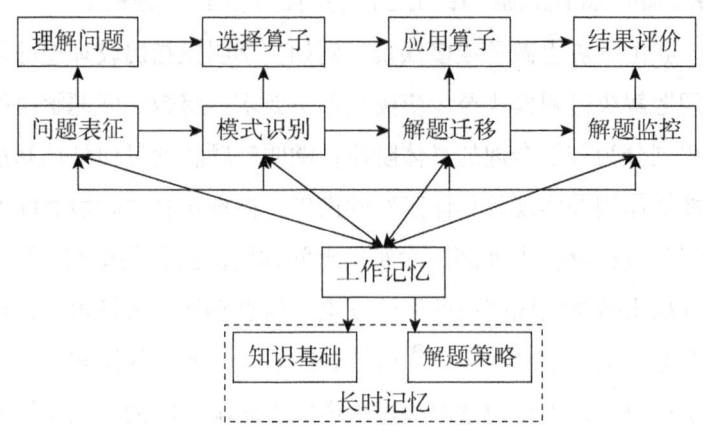

图 1-3 数学问题解决认知模式

本研究综合国内外学者对问题解决模式的研究，借鉴梅耶等研究者对数学问题解决过程的划分，结合我国小学数学教学实践，将数学问题解决过程划分为四个阶段：信息感知（表层理解），即解题者逐字逐句读懂描述问题的每一个句子，是将问题中的每一陈述转换成解题者内部的心理表征的过程；情境表征（深层理解），即在表层理解的基础上，进一步把问题的每一个陈述综合成条件和目标统一的心理表征，[1]是问题理解和表征的核心；寻求解题方案（设计解题计划），即设计解题思路，并想出评价策略；解题执行（执行解题计划），即利用数学计算规则进行一系列的数字运算，最后求得正确答案。

---

[1] 皮连生. 教育心理学 [M]. 3版. 上海：上海教育出版社，2004：167-168.

二、数学问题解决的影响因素

研究者指出数学问题解决有多重影响因素,其中有四种主要因素:问题自身——任务变量(task factors),即问题本身的结构、难度以及所涉及的数学知识直接影响着问题的解决;解题者的特征——主体变量(problem-solver factors),即解题者的经验、背景、性别、年龄等特征;解题行为——过程变量(process factors),解题者在解题过程中的外显及内隐行为对解题的影响,这一过程与解题者特征密切相关,涉及个体的认知过程;环境特征——指示变量(environment factors),即外部环境对解题的影响,如教学等。本部分着重回溯问题自身、解题者特征与行为的影响研究。

(一)问题自身的因素

早期研究即证明问题自身的各种因素,如句法、内容、情境变量、结构变量等,都会影响儿童的数学问题解决。❶ 数学问题中文本表述的改变、文本结构的不同可能影响情境模型(situation model)❷ 构建,从而影响问题表征及解题成

---

❶ SILVER E A, GOLDIN G A, MCCLINTOCK C E. Task Variables in Mathematical Problem Solving [J]. Journal for Research in Mathematics Education, 1979, 12 (3):234.

❷ 情境模型,由冯·戴伊克(Van Dijk)和科克什(Kintsch)于1983年提出,是指在课文基础表征和读者背景知识相互作用下由推理而形成的内容或心理上的微观世界,它们允许读者对文本进行推理,并预测可能结果。情境模型被认为是文本理解的基础。

绩。❶ 数学问题中文本变化有多种形式，如文本表述语法、文本表面结构、命题密度、文本长度、字与图像符号比例、文本熟悉度、情境现实性等。一些研究者根据数学问题中文本表述和结构划分了三种措辞问题：其一，概念性措辞问题，明确了文本中潜在语义和数学联系；❷ 其二，情境性措辞问题，描述情境的文本比较丰富，包含了对基本的理解策略的应用，产生了一个所描述的情境和行为的时间性和功能性结构，有利于构建情境模型；❸ 其三，标准措辞问题，它的文本中仅包含了正确解决问题所必需的信息，如初始状态、变化状态及最终状态。❹

文本长度也会影响儿童数学问题的解题成绩。❺ 因此，在问题解决的初始阶段，过多的词汇数量首先会成为一些阅读能

---

❶ HUDSON T. Correspondences and Numerical Differences Between Disjoint Sets [J]. Child Development, 1983, 54（1）: 84-90; MATTARELLA-MICKE A, BELLOCK S L. Situating Math Word Problems: The Story Matters [J]. Psychonomic Bulletin & Review, 2010, 17（1）: 106-111; VICENTE S, ORRANTIA J, VERSCHAFFEL L. Influence of Situational and Conceptual Rewording on Word Problem Solving [J]. British Journal of Educational Psychology, 2007, 77（4）: 829-848.

❷ RILEY M S, GREENO J G. Developmental Analysis of Understanding Language about Quantities of Solving Problems [J]. Cognition and Instruction, 1988, 5（1）: 49-101.

❸ REUSSER K. From Text to Situation to Equation: Cognitive Simulation of Understanding and Solving Mathematical Word Problems [J]. Learning and Instruction, 1992, 2: 477-498.

❹ VICENTE S, ORRANTIA J, VERSCHAFFEL L. Influence of Situational and Conceptual Rewording on Word Problem Solving [J]. British Journal of Educational Psychology, 2007, 77（4）: 829-848.

❺ MAYER R E. Mathematical Ability [M] //STERNBERG R G. Human Abilities: An Information-Processing Approach. New York: Freeman, 1985: 127-150; EMBRETSON S E, WETZEL C D. Component Latent Trait Models for Paragraph Comprehension Tests [J]. Applied Psychological Measurement, 1987, 11（2）: 175-193.

力很差的儿童解题时的障碍。但是，研究也发现增加有意义的文本长度并不会降低解题成绩。❶题材熟悉度同样会影响数学应用题解决。❷

国内研究者在前人研究基础上，改进研究设计，采用四因素混合设计，探讨文本表述和结构对小学生数学应用题表征成绩的影响，结果发现概念性措辞问题和情境性措辞问题都促进了小学生数学应用题的表征成绩；在容易问题中，额外信息对表征成绩影响较大；在较难问题中，数学运算关系难度对表征成绩影响较大；当解决文本背景较简单的标准措辞问题时，题材熟悉度对小学生的理解产生较大影响；文本长度对问题解决的影响取决于所增加的文本是否对理解问题的句法关系和语义情景有益。❸李晓东等探讨了语句陈述方式（句法关系）对数学问题解决的影响。在研究中选取了语句表达一致和不一致的比较问题（例如：一致问题"小明有 3 个苹果，小刚比小明多 5 个，小刚有多少个苹果？"；不一致问题"小明有 3 个苹果，小明比小刚少 5 个，小刚有多少个苹果？"），通过比较数优生和数困生解决比较问题的差异，结果发现儿童在不一致问题中出现的转换错误多于在一致问题中出现的错误。❹这一结果在

---

❶ SMITH G G, GERRETSON H, OLKUN S, et al. Effect of Causal Stories in Solving Mathematical Story Problems [J]. Journal of Education, 2010, 39: 284–295.

❷ 严梅福，周新林，曾捷英. 题材个体化和问题重述两策略的效果研究 [J]. 心理学报，1996，28（2）:148–153.

❸ 邢强，单永明. 文本表述和结构对小学生数学应用题表征的影响 [J]. 心理发展与教育，2013，29（3）：292–298.

❹ 李晓东，张向葵，沃建中. 小学三年级数学学优生与学困生解决比较问题的差异 [J]. 心理学报，2002，34（4）：400–406.

仲宁宁等的研究中也得到验证,即学优生在一致性题目上反应时显著短于不一致题目,且在正确率上也差异显著。❶随后有研究者进一步验证了句法关系、语义情境特征对数学问题解决的影响。同样选取一致性和不一致性问题为实验材料,研究发现,句法关系不影响小学生解题的速度,但对正确率有很大影响,即小学生解决一致性问题的得分显著优于不一致问题,进一步说明以正向的逻辑顺序对题目进行表述的这种方式有助于学生迅速地建立问题的情境模型。在语义情境特征对数学问题解决的影响中,选择规则与不规则应用题为测试材料(规则应用题指那些在传统的数学课堂中经常出现的应用题,题目形式较为刻板、规范,且一定有解。不规则应用题是那些与现实生活更为接近的题目,题目中的条件可能是充分的,也可能是缺失的;有些条件可能是必要的,也可能是不必要的,需要学生利用自己的日常生活经验,结合数学思维推理解决问题,可能有解,也可能无解)。结果发现,语义情境影响情节领会和表征检验,进而影响解题成绩。数学问题情境与学生的生活经验越相关,学生越有可能考虑问题的现实性因素,作出现实解答,数学问题情境所涉及的生活经验越匮乏,学生就越不能作出现实性考虑;有现实情境限制的数学问题,学生在问题表征和解决中所需时间也较长。❷其他研究中也出现了相似的结果,例如梁子勤(Che Kan Leong)等对3—5年级的91名学生进行

---

❶ 仲宁宁,陈英和,王明怡,等.小学二年级数学学优生与学困生应用题表征策略差异比较[J].中国特殊教育,2006(3):63-68.
❷ 李向阳.句法关系和语义情景在小学生数学应用题表征和解决中的影响[D].呼和浩特:内蒙古师范大学,2008.

的研究发现,不充足信息和多余信息的非常规问题比充足信息的常规问题难以解决。❶ 刘儒德等在一项研究中对 148 名 10—12 岁小学生进行数学问题的测验中也发现,当他们遇到非常规问题时总是倾向于以常规的解题思路加以解决,仅有 1/4 的学生对问题作出了正确回答,这一比例虽高于国外同类研究,但结果仍不能令人满意。❷

(二)解题者的特征与行为

解题者的知识结构、能力以及认知方式影响数学问题解决。学习者原有的知识基础和经验是影响数学问题解决的重要因素。数学问题解决的首要前提是理解和分析题意,确定问题的初始状态和目标状态。如果没有牢固的基础知识,要识别问题的性质,分析已知条件是不可能的。接着就是联系及关系的确定,形成解决问题的方案,其核心思想是转化,由复杂问题转化为简单问题,由未解决的问题转化为已解决的问题,从而达到目标状态。要做到这一点,必须借助于已有的解题经验。❸ 此外,对问题结构的学习也是影响儿童数学问题解决的因素。有研究者将三、四年级的儿童分为三个小组:第一组为写作组,儿童通过编写应用题并在组内

---

❶ LEONG C K, JERRED W D. Effects of Consistency and Adequacy of Language Information on Understanding Elementary Mathematics Word Problems [J]. Annals of Dyslexia, 2001, 51 (1):275-298.
❷ 刘儒德,陈红艳. 小学数学真实性问题解决的调查研究 [J]. 心理发展与教育,2003,19(1):49-53.
❸ 李明振. 数学建模的认知机制及其教学策略研究 [D]. 重庆:西南大学,2007.

进行讨论这些问题来进行学习；第二组为传统教学组，对儿童用传统的问题解决方法进行教学并练习；第三组为对照组。经过前测、后测及干预结束之后十周的延迟测试，结果发现，写作组和传统教学组的儿童在应用题解题后测上并无显著差异，在十周后的延迟测试中，写作组比传统教学组的儿童表现更为优异。这是因为在写作组的儿童通过编写和讨论自己写出的问题，教师直接教授给了儿童这些问题的结构。即使儿童并未进行实际的数学应用题的解题练习，但是有关问题结构的背景知识对于其问题解决能力是具有积极影响的。[1]

数学问题解决能力对数学问题的解决也至关重要。美国数学教育家舍费尔德从数学、教育学、心理学方面作了深入研究，提出数学问题解决能力的四个构成要素，即认知资源、启发式解题策略、监控、信念系统。已有实证研究对上述构成要素对数学问题解决的影响进行了细致的探讨。例如，梅耶等指出良好或不良的解题者所使用的解题策略是具有差异的。在数学问题心理表征中存在两种基本的策略，即直接转换策略（direct translation strategy）和问题模型策略（problem-model strategy）。已有研究表明，成功的问题解决者倾向于使用问题模型策略，不良问题解决者倾向于使用直接转换策略，即只关注数字和关键词，强调对数字的加工，注重量的推理；而使用

---

[1] RUDNITSKY A, ETHEREDGE S, FREEMAN S J M, et al. Learning to Solve Addition and Subtraction Word Problems through a Structure-Plus-Writing Approach [J]. Journal for Research in Mathematics Education, 1995, 26（5）:467-486.

问题模型策略的学生则试图理解问题情境，然后根据情境制订计划，强调条件之间的关系，注重质的推理。[1] 元认知在数学应用题解题中也具有重要作用。从解题的初始阶段，即建立适当的问题表征，到解题的最后阶段列出算式并计算结果，元认知参与整个解题过程。[2] 问题解决者的元认知能力水平也能够预测其应用题解题表现，并且可以通过元认知训练来提高应用题解题能力。[3] 良好的问题解决者通常对于自己的长处和不足有更强的认识，并且能更好监控自己的行为。卢坎杰利（Lucangeli）等建立了数学应用题解决的认知与元认知能力综合模型，将影响儿童应用题解决的七种认知和元认知能力纳入其中，包括情境理解（text comprehension）、问题表征（problem representation）、问题分类（problem categorization）、解题估计（solution estimation）、解题计划（planning the solution）、程序自我评价（procedure self-evaluation）和计算自我评价（calculus

---

[1] HEGARTY M, MAYER R E, MONK C A. Comprehension of Arithmetic Word Problems: A Comparison of Successful and Unsuccessful Problem Solvers [J]. Journal of Educational Psychology, 1995, 87（1）:18–32；李晓东，张向葵，沃建中. 小学三年级数学学优生与学困生解决比较问题的差异 [J]. 心理学报，2002, 34（4）: 400–406；仲宁宁，陈英和，王明怡，等. 小学二年级数学学优生与学困生应用题表征策略差异比较 [J]. 中国特殊教育，2006（3）: 63–68.

[2] VERSCHAFFEL L. Realistic Mathematical Modelling and Problem Solving in the Upper Elementary School: Analysis and Improvement [M] //HAMERS J H M, VAN LUIT J E H, CSAPO B. Teaching and Learning Thinking Skills. Lisse, The Netherlands: Swets & Zeitlinger, 1999: 215–239.

[3] TEONG S K. The Effect of Metacognitive Training on Mathematical Word–Problem Solving [J]. Journal of Computer Assissted Learning, 2003, 19: 46–55; DESOETE A, ROEYERS H, DE CLERCQ A. Can Offline Metacognition Enhance Mathematical Problem Solving?[J]. Journal of Educational Psychology, 2003,95: 188–200.

self-evaluation），经过复回归分析发现有五个能力（解题估计和程序自我评价除外）进入模型（见图1-4），能够解释解题成绩50%的变异。❶ 国内研究者借鉴卢坎杰利等的理论模型，分别对我国3—6年级的普通小学生、初中阶段聋生和学业不良学生数学应用题解决的影响机制进行了探讨，进一步验证了该模型的适用性。❷

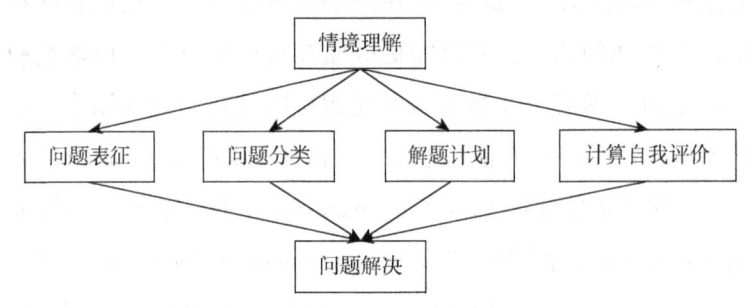

图1-4 问题解决认知和元认知因素影响模式

除了上述所提及的领域特殊性因素（domain-specific factors，如数学问题解决能力、计算技能），领域一般性因素（domain-general factors）也会影响儿童的数学应用题解决，例如个体的阅读能力（语言）、加工速度、记忆广度等。❸ 托拉

---

❶ LUCANGELI D, TRESSOLDI P E, CENDRON M. Cognitive and Metacognitive Abilities Involved in the Solution of Mathematical Word Problems: Validation of a Comprehensive Model [J]. Contemporary Educational Psychology, 1998, 23: 257-275.

❷ 路海东. 小学生数学应用题解决的认知与元认知策略及其训练研究 [D]. 长春：东北师范大学，2004; 万莉莉. 聋生复合应用题解决的影响因素及其干预研究 [D]. 上海：华东师范大学，2009; 杜月红. 数学学业不良学生问题解决机制研究 [D]. 上海：华东师范大学，2005.

❸ KAIL R, HALL L K. Sources of Developmental Change in Children's Word-Problem Performance [J]. Journal of Educational Psychology, 1999, 91: 660-668.

（Tolar）等研究者追踪了计算、语言、非言语推理能力、注意行为对儿童从三年级到五年级数学应用题解决能力发展的影响，研究发现，在控制了数学应用题的结构影响时，语言能力与个体最初的（三年级初）数学应用题解决能力的表现相关，但是并不能预测其能力的增长。❶ 计算能力对儿童最初的低复杂水平的应用题解决能力有显著影响，但是对其后的能力发展无显著预测作用。注意行为无法预测儿童最初在低复杂程度的应用题解决上的表现，但是可以预测其后的能力增长；然而在高复杂程度的应用题上，注意行为可以预测儿童最初的表现，却无法预测其后的能力发展。非言语推理能力可以预测儿童在低复杂程度的应用题解决上的最初表现及其后的发展，但是只能预测儿童在高复杂程度的应用题上的发展。同时，研究者使用划消测验测查 8—12 岁儿童的加工速度，结果发现，相较于阅读能力、记忆广度、年龄，加工速度与数学应用题解决的表现具有最强的相关性。在控制了记忆、阅读能力的影响后，加工速度仍表现出与数学应用题解决能力的强相关。

大量研究也证明工作记忆与数学应用题解决之间存在显著

---

❶ TOLAR T D, FUCHS L, CIRINO P T, et al. Predicting Development of Mathematical Word Problem Solving Across the Intermediate Grades [J]. Journal of Educational Psychology, 2012, 104（4）: 1083-1093.

的相关。❶ 研究者发现工作记忆中的中央执行系统在应用题解决中扮演重要角色，促使个体对应用题中的相关信息给予更多关注，抑制个体对无关信息的关注，同时协调多个认知过程的协作（如从长时记忆中提取数学事实、计算、文本理解）。❷

此外，个体的动机、情绪等非认知因素也对数学应用题解决能力产生影响。成就动机与解题呈显著正相关，在个体解题时通常也会呈现出许多情绪。❸ 如果个体长时间困惑于一道问题中，情绪会变得逐渐紧张，尤其是对于问题解决初学者。常常遭遇解题失败的学生经常报告困扰情绪甚至恐慌，而成功解题的学生则呈现出满足、愉悦。正如早期的研究者所指出的，情绪因素是影响数学问题解决的重要因素。❹ 例如，数学焦虑是影响数学学习的首要情绪因素之一，而且大量研究系统探讨了其对儿童数学学

---

❶ PASSOLUNGHI M C, SIEGEL L S. Short-Term Memory, Working Memory, and Inhibitory Control in Children with Difficulties in Arithmetic Problem Solving [J]. Journal of Experimental Child Psychology, 2001, 80: 44–57；SWANSON H L, JERMAN O, ZHENG X. Growth in Working Memory and Mathematical Problem Solving in Children at Risk and Not at Risk for Serious Math Difficulties [J]. Journal of Educational Psychology, 2008, 100: 343–379；SWANSON H L, SACHSE-LEE C. Mathematical Problem Solving and Working Memory in Children with Learning Disabilities: Both Executive and Phonological Processes Are Important [J]. Journal of Experimental Child Psychology, 2001, 79: 294–321.

❷ PENG P, NAMKUNG J, BARNES M, et al. A Meta-Analysis of Mathematics and Working Memory: Moderating Effects of Working Memory Domain, Type of Mathematics Skill, and Sample Characteristics [J]. Journal of Educational Psychology, 2016, 108（4）：455–473.

❸ 赵丹. 小学生数学问题解决中成就动机、解题策略和解题成绩关系的研究 [D]. 长春：东北师范大学，2016.

❹ MASON J, BURTON L, STACEY K. Thinking Mathematically [M]. London: Addison Wesley, 1982.

习领域的重要影响。❶ 高焦虑水平与低效的数学问题解决存在显著的关系。❷ 情绪也会通过个体解决数学问题的感知、注意、记忆和思维等认知过程产生调节作用，过分紧张或过分松弛可能都会导致对认知过程的不当调节而阻碍数学问题的解决。❸

---

❶ HANNULA M S. Affect in Mathematics Education［M］//LEMAN S. Encyclopedia of Mathematics Education. Dordrecht: Springer, 2020: 32−36 .
❷ HOFFMAN, B. "I Think I Can, but I'm Afraid to Try": The Role of Self-efficacy Beliefs and Mathematics Anxiety in Mathematics Problem-solving Efficiency［J］. Learning & Individual Difference, 2010, 20: 276−283.
❸ LAI Y, ZHU X, CHEN Y, et al. Effects of Mathematics Anxiety and Mathematical Metacognition on Word Problem Solving in Children with and Without Mathematical Learning Difficulties［J］. PLoS ONE, 2015, 10（6）: 19.

第二章 数学学习困难儿童数学问题解决的认知机制

第一节 数学学习困难儿童数学问题解决的影响因素

数学应用题包含了语言信息,需要儿童建构问题模型,要求其运用文本识别缺失的信息,建构数学表达式,通过计算获得缺失信息。梅耶提出的数学应用题解决过程模型包括转译、整合、解题计划、执行四个阶段,成功的应用题解决依赖于每个加工阶段的准确性,因此,该模型解释了为何应用题解决是所有年龄段的儿童数学学习的难点。[1]对数学学习困难儿童而言,数学应用题解决更是其最大的困难。[2]数学学习困难儿童

---

[1] JITENDRA A K, GRIFFIN C C, DEATLINE-BUCHMAN A, et al. Mathematical Word Problem Solving in Third-Grade Classrooms [J]. The Journal of Educational Research, 2007, 100(5):283-302.

[2] FUCHS L S, FUCHS D, CRADDOCK C, et al. Effects of Small-Group Tutoring with and Without Validated Classroom Instruction on At-Risk Students' Math Problem Solving: Are Two Tiers of Prevention Better Than One? [J]. Journal of Educational Psychology, 2008, 100:491-509; SWANSON H L Cross Sectional and Incremental Changes in Working Memory and Mathematical Problem Solving in Elementary School Children [J]. Journal of Educational Psychology, 2006, 98(2):265-281.

的应用题解决也大致经历信息感知、情境表征、寻求解题方案和数学运算四个阶段。❶ 应用题特征、解题者特征等因素影响其数学应用题解决的整个过程及结果。

一、应用题特征对数学学习困难儿童数学问题解决的影响

应用题本身的各种因素影响数学学习困难儿童的问题解决，其中，问题难度是最主要的因素之一。早期研究指出多余的无关信息和非直接性语言的使用增加了数学学习困难儿童解答应用题的难度，进而影响其解题的成绩。❷ 数学学习困难儿童难以从应用题中排除无关事实并识别出解题相关信息，❸ 因而，他们更容易出现随意抓取数字进行运算，而不考虑数字相关的应用题文本的意义。❹ 例如，对于三年级的儿童而言，题目中的无关信息使其解题正确率下降，并且普通儿童的正确率是数学学习困难儿童的2倍。在罗伯特·L. 拉塞尔（Robert L. Russell）和赫伯特·P. 金斯伯格（Herbert P. Ginsburg）的研究

---

❶ 胥兴春. 学习障碍儿童数学问题解决的表征研究［D］. 重庆：西南师范大学，2002.
❷ PARMAR R S, CAWLEY J F, FRAZITA R R. Word Problem-Solving by Students with and Without Mild Disabilities［J］. Exceptional Children, 1996, 62: 415-429.
❸ PASSOLUNGHI M C, CORNOLDI C, DE LIBERTO S. Working Memory and Instructions of Irrelevant Information in a Group of Specific Poor Problem Solvers［J］. Memory & Cognition, 1999, 27（5）: 779-790.
❹ COOK J L, RIESER J J. Finding the Critical Facts: Children's Visual Scan Patterns When Solving Story Problems That Contain Irrelevant Information［J］. Journal of Educational Psychology, 2005, 97: 224-234.

中也存在相似的结果,即他们选择与现实问题更为密切的一步应用题,计分时忽略儿童的计算错误,更多关注有效的解题策略,避免计算问题影响儿童的问题解决表现,研究结果也说明无关信息对数学学习困难儿童的数学应用题解决存在显著影响。[1]并且,解题者所感知的题目难度会影响其解题投入。若数学学习困难儿童感知题目难度为容易时,即使解题不成功,他们也会花费更多的时间、利用更多的认知和元认知资源解题;反之,随着所感知的题目难度的增加,他们会用越来越少的时间投入解题,其原因可能在于所感知的问题难度超过了自己的能力所及。相较而言,随着题目难度的增加(如需要投入更多认知资源),普通儿童或数学学优儿童则会更具坚持性。[2]

以往的研究也发现应用题本身的另外两个特征可能会影响问题难度,进而影响数学学习困难儿童的应用题解题结果。第一,问题的类型。以往研究将问题类型分为变化(change)、求和(combine)、比较(compare)、方程(equalize)等,或按照合并(joining)、拆分(separating)、部分-部分-总体(part-part-

---

[1] RUSSELL R L, GINSBURG H P. Cognitive Analysis of Children's Mathematics Difficulties [J]. Cognition and Instruction, 1984, 1: 217-244.
[2] MONTAGUE M, APPLEGATE B. Mathematical Problem-Solving Characteristics of Middle School Students with Learning Disabilities [J]. Journal of Special Education, 1993, 27: 175-201.

whole)、比较（compare）和方程（equalize）等。❶ 第二，未知变量的位置。❷ 比如，"山姆有 4 支铅笔，玛丽有 5 支铅笔。他们一共有多少支铅笔？"如果用 4 + 5 = x 这个等式表示此问题，那么缺失变量的位置就是等号后的 x；"艾比有一些铅笔。然后本又给了她 7 支铅笔。现在，艾比有 10 支铅笔。那么，在最开始的时候艾比有多少支铅笔？"这道题目的缺失变量的位置就在 x + 7 = 10 这一等式的初始位置。尽管单个问题类型并不能决定问题难度水平，但是当不同的问题类型与未知变量位置共同作用将决定问题难度，并且未知变量位置比问题类型的影响更甚。当未知变量的位置在等式最左边时（如上述第二个例子 x + 7 = 10），数学学习困难儿童表现出最大的困难；其次为等式左边第二位（如 7 + x = 10）；最简单的类型为缺失变量在等式右侧（如 4 + 5 = x）。其后，研究者进一步发现问题类型对不同亚型的数学学习困难儿童的影响存在显著不同，但未知变量

---

❶ GARCIA A I, JIMÉNEZ J E, HESS S. Solving Arithmetic Word Problems: An Analysis of Classification as a Function of Difficulty in Children with and Without Arithmetic LD [J]. Journal of Learning Disabilities, 2006, 39: 270–281; JORDAN N C, HANICH L B. Mathematical Thinking in Second-Grade Children with Different Forms of LD [J]. Journal of Learning Disabilities, 2000, 33: 567–578; RILEY M S, GREENO J G. Developmental Analysis of Understanding Language about Quantities and of Solving Problems [J]. Cognition and Instruction, 1988, 5（1）: 49–101.
❷ GARCIA A I, JIMÉNEZ J E, HESS S. Solving Arithmetic Word Problems: An Analysis of Classification as a Function of Difficulty in Children with and Without Arithmetic LD [J]. Journal of Learning Disabilities, 2006, 39: 270–281.

的位置对不同亚型的数学学习困难儿童影响并无差异。[1]

二、解题者特征对数学学习困难儿童问题解决的影响

数学学习困难儿童所表现出的认知和元认知特征影响着其在应用题解决中的表现。值得关注的是,数学学习困难儿童作为一类异质性群体,是否伴随阅读困难对其在应用题解决上的表现具有显著影响。[2]

(一)数学学习困难儿童认知和元认知特征对问题解决的影响

根据大卫·吉尔里的研究,数学问题解决能力与个体的四组认知能力相关,包括阅读能力[3]、基础的概念性知识和问题解决策略、工作记忆、问题表征能力。[4] 数学学习困难儿童认知能力上的缺陷使其在数学问题解决中面临更大的困难和挑战。

---

[1] POWELL S R, FUCHS L S, FUCHS D, et al. Do Word-Problem Features Differentially Affect Problem Difficulty as a Function of Students' Mathematics Difficulty with and Without Reading Difficulty? [J]. Journal of Learning Disabilities, 2009, 42(2): 99-110.

[2] FUCHS L S, FUCHS D. Mathematical Problem-Solving Profiles of Students with Mathematics Disabilities with and Without Combed Reading Disabilities [J]. Journal of Learning Disabilities, 2002, 35: 563-573.

[3] 因数学学习困难儿童的两种亚型主要在于是否存在阅读障碍,因此,关于阅读能力的影响将在后一部分着重探讨。

[4] GEARY D C. Children's Mathematical Development: Research and Practical Applications [M]. Washington, D.C.: American Psychological Association, 1996.

数学学习困难儿童表现出不足的知识基础和不成熟的问题解决策略。知识基础主要涉及儿童所掌握的关于数学及数学问题解决的陈述性知识（declarative knowledge）和程序性知识（procedural knowledge）。数学学习困难儿童不仅缺乏一般的问题解决的知识，而且缺乏与数学问题解决相关的程序知识和策略性知识，如有关数学问题解决过程的知识，与问题表征相关的策略性知识。❶ 他们不仅存在难以正确判断问题难度水平、解题能力的自我效能感低下、缺乏坚持性的问题，而且存在策略缺陷问题，且该问题是造成其解题水平落后的重要因素。❷ 数学学习困难儿童不能像普通儿童一样掌握问题解决的策略并加以恰当应用，需要通过直接教学获得这些策略知识，并学习如何应用它们。❸ 国内研究也发现数学学习困难儿童解决非典型性问题的困难是由基本概念未掌握或掌握不熟、对问题进行

---

❶ SWANSON H L. Instruction Derived from the Strategy Deficit Model: Overview of Principles and Procedures [M] //SCRUGGS T E, WONG B Y L. Intervention Research in Learning Disabilities. New York: Spring-Verlag, 1990: 34-65; MONTAGE M B, Applegate B. Mathematical Problem-Solving Characteristics of Middle School Students with Learning Disabilities [J]. Journal of Special Education, 1993, 27（2）: 47-61; MONTAGUE, M, KRAWEC J, ENDERS C, et al. The Effects of Cognitive Strategy Instruction on Math Problem Solving of Middle-School Students of Varying Ability [J]. Journal of Educational Psychology, 2014, 106: 469-481.

❷ MONTAGUE M B, APPLEGATE B. Middle School Students' Perceptions, Persistence, and Performance in Mathematical Problem Solving [J]. Learning Disability Quarterly, 2000, 16: 215-226.

❸ MONTAGUE M B, APPLEGATE B. Middle School Students' Mathematical Problem Solving: An Analysis of Think-Aloud Protocols [J]. Learning Disability Quarterly, 1993, 16: 19-32.

错误的分类造成的，他们总是按照问题的表面特征进行分类。[1]

早期研究也尤为关注工作记忆对数学学习困难儿童数学问题解决的影响。研究发现计算技能低下的儿童伴随明显的工作记忆缺陷，而且数学学习困难儿童往往同时存在工作记忆和数学问题解决的双重缺陷。[2] 相关理论也指出数学问题解决中问题模型建构的过程需要工作记忆能力。[3] 但是，也有研究发现工作记忆对数学问题解决并非显著的预测变量；然而当不考虑阅读及阅读相关过程对数学问题解决与各认知能力的影响时，工作记忆对数学问题解决具有显著影响作用。[4] 已有研究者还探讨了工作记忆的各成分对儿童数学问题解决的影响。例如，一些研究指出学龄儿童在应用题解题中依赖语音回路量化符号

---

[1] 张庆林，管鹏. 小学生表征应用题的元认知分析 [J]. 心理发展与教育，1997, 13（3）：11-14.

[2] HITCH G J, MCAULEY E. Working Memory in Children with Specific Arithmetical Learning Difficulties [J]. British Journal of Psychology, 1991, 82: 375-386; SWANSON H L, ASHBAKER M H, SACHSE-LEE C. Learning-Disabled Readers' Working Memory as a Function of Processing Demands [J]. Journal of Experimental Child Psychology, 1996, 61: 242-275.

[3] MAYER R E. Thinking, Problem Solving, Cognition [M]. 2nd ed. New York: Freeman, 1992; PASSOLUNGHI M C, SIEGEL L S. Working Memory and Access to Numerical Information in Children with Disability in Mathematics [J]. Journal of Experimental Child Psychology, 2004, 88: 348-367.

[4] SWANSON H L, BEEBE-FRANKENBERGER M. The Relationship Between Working Memory and Mathematical Problem Solving in Children at Risk and Not at Risk for Serious Math Difficulties [J]. Journal of Educational Psychology, 2004, 96: 471-491; FUCHS L S, FUCHS D, COMPTON D L, et al. The Cognitive Correlates of Third-Grade Skill in Arithmetic, Algorithmic Computation, and Arithmetic Word Problems [J]. Journal of Educational Psychology, 2006, 98: 29-43.

转变成语音编码。[1] 梅根·梅耶尔（Meghan Meyer）等探讨了工作记忆的三个成分在二年级和三年级儿童的数学表现上是否发生变化，结果发现中央执行系统和语音回路对二年级学生在解决应用题中所需的数学推理能力具有重要影响，但这两个成分对三年级儿童的数学推理并无显著预测作用。[2] 而且，研究还发现存在数学问题解题困难的四年级学生在工作记忆上存在缺陷，而在短时记忆任务上并未表现出困难，说明语音回路在应用题解题中的作用并不明显。[3] 此外，尽管研究者指出工作记忆的三个成分显著预测儿童的解题正确性，但是，研究也发现阅读能力和计算熟练水平在中央执行系统和语音回路对解题正确性的影响中起调节作用，这两种基本技能在视空模板和解题正确性之间的中介作用却不显著。[4]

总体而言，数学学习困难儿童的工作记忆水平显著落后于普通儿童，其在语音信息的加工过程中存在显著缺陷，从而造成将信息传输至更高层级的加工过程中出现瓶颈；数学学习困难儿童在中央执行系统的缺陷使其在数学问题解决中更受影

---

[1] RASMUSSEN C, BISANZ J. Representation and Working Memory in Early Arithmetic [J]. Journal of Experimental Child Psychology, 2005, 91: 137–157.

[2] MEYER M L, SALIMPOOR V N, WU S S, et al. Differential Contribution of Specific Working Memory Components to Mathematics Achievement in 2nd and 3rd Graders [J]. Learning and Individual Differences, 2010, 20: 101–109.

[3] PASSOLUNGHI M C, SIEGEL L S. Short-Term Memory, Working Memory, and Inhibitory Control in Children with Difficulties in Arithmetic Problem Solving [J]. Journal of Experimental Child Psychology, 2001, 80: 44–57.

[4] ZHENG X, SWANSON H L, MARCOULIDES G A. Working Memory Components as Predictors of Children's Mathematical Word Problem Solving [J]. Journal of Experimental Child Psychology, 2011, 110: 481–498.

响。❶ 其他研究也发现数学学习困难儿童在言语工作记忆、视空工作记忆上显著落后于普通儿童,这必然影响其在数学应用题及解决上的表现。❷ 但是,目前有关工作记忆的领域是否在数学问题解决和工作记忆之间起调节或中介作用并不清晰。一些研究发现言语工作记忆、数字工作记忆、视空工作记忆与数学问题解决密切相关,也有研究指出视空工作记忆和数学问题解决并无关系。❸ 彭(Peng)等研究者的元分析发现,工作记忆与数学问题解决存在显著的关系,但是工作记忆的几个领域并不起中介作用,❹ 这也说明当涉及一般的数学特定领域的语言理解过程时,数学问题解决依赖于领域一般性的工作记忆资源,而非依赖特定的语言基础。❺ 代表领域一般性的工作记忆资源,

---

❶ SWANSON H L, BEEBE-FRANKENBERGER M. The Relationship Between Working Memory and Mathematical Problem Solving in Children at Risk and Not at Risk for Serious Math Difficulties [J]. Journal of Educational Psychology, 2004, 96: 471–491.

❷ SWANSON H L, JERMAN O. Math Disabilities: A Selective Meta-Analysis of the Literature [J]. Review of Educational Research, 2006, 76: 249–274; 宛燕,陶德清,廖声立. 小学数学学习困难儿童的工作记忆广度研究 [J]. 中国特殊教育,2007(7):46–51; 宋广文,何文广,孔伟. 问题表征、工作记忆对小学生数学问题解决的影响 [J]. 心理学报,2011, 43: 1283–1292.

❸ HOLMES J, ADAMS J W. Working Memory and Children's Mathematical Skills: Implications for Mathematical Development and Mathematics Curricula [J]. Educational Psychology, 2006, 26: 339–366; RASMUSSEN C, BISANZ J. Representation and Working Memory in Early Arithmetic [J]. Journal of Experimental Child Psychology, 2005, 91: 137–157.

❹ PENG P, NAMKUNG J, BARNES M, et al. A Meta-Analysis of Mathematics and Working Memory: Moderating Effects of Working Memory Domain, Type of Mathematics Skill, and Sample Characteristics [J]. Journal of Educational Psychology, 2016, 108: 455–473.

❺ FUCHS L S, FUCHS D, COMPTON D L, et al. Is Word-Problem Solving a Form of Text Comprehension? [J]. Scientific Studies of Reading, 2015, 19: 204–223.

即中央执行功能,在数学问题解决中具有重要作用,它指导个体将注意力集中于数学问题解决的相关信息上,抑制在无关信息上的注意分配,同时协调多种认知过程(如从长时记忆中提取数学事实、计算、文本理解)。❶

数学学习困难儿童在问题表征能力(problem representation ability)方面存在缺陷。问题表征主要指问题解决者依据自身的知识经验对觉察到的已知条件信息进行解释,从而发现问题的结构,构建问题空间,把外部刺激情境转化为内部心理符号,也就是在头脑中构建问题的认知结构、形成问题图式的过程。❷问题表征的能力、质量和方式直接影响到数学应用题的解决。儿童问题表征形成的策略对其数学问题的解决有显著性影响。❸理查德·梅耶认为可以将数学问题表征分为直接转换策略(direct translation strategy)和问题模型策略(problem-model strategy)。❹直接转换策略是指个体在解决数学应用题时,将注意力集中于题目中数字大小的比较或选取一些表示数量关系的个别词语,然后使用某种算法对数字进行加工处理,注重量的推理。问题模型策略是指个体面对数学应用题时,首先试

---

❶ PENG P, NAMKUNG J, BARNES M, et al. A Meta-Analysis of Mathematics and Working Memory: Moderating Effects of Working Memory Domain, Type of Mathematics Skill, and Sample Characteristics [J]. Journal of Educational Psychology, 2016, 108: 455-473.

❷ 邓铸,余嘉元. 问题解决中对问题的外部表征和内部表征 [J]. 心理学动态,2001, 9 (3): 193-200.

❸ 陈英和,仲宁宁,田国胜,等. 小学2—4年级儿童数学应用题表征策略差异的研究 [J]. 心理发展与教育, 2004 (4): 19-24.

❹ MAYER R E. Mathematics [M] //DILLON R R, STERNBERG R J. Cognition and Instruction. Orlando: Academic Press, 1986: 127-154.

图从整体上理解问题情境，理顺问题元素间的相互关系，然后根据情境表征制订解题计划，实施运算过程，强调条件之间的关系，注重质的推理。研究发现，成功的问题解决者倾向于使用问题模型策略，不成功的问题解决者倾向于使用直接转换策略。❶一些研究者指出，虽然很多学习困难学生缺少问题解决的知识基础，但是他们最明显的缺陷是在与问题表征有关的过程和策略上。❷数学学习困难儿童通常缺乏转换应用题中的语言和数字信息的能力，即使使用表征方法，其表征也通常是错误的、缺少解决应用题所需的重要信息、表征质量差等。❸这就导致他们更依赖无效的试误策略（trail-and-error solution

---

❶ 路海东，董妍. 小学生表征数学应用题策略的实验研究[J]. 心理发展与教育，2003, 19（1）：60-63；陈英和，仲宁宁，赵宏，等. 小学2—4年级儿童数学应用题表征策略对其解决不规则问题影响的研究[J]. 心理科学，2005, 28（6）：1314-1317；仲宁宁，陈英和，王明怡，等. 小学二年级数学学优生与学困生应用题表征策略差异比较[J]. 中国特殊教育，2006（3）：63-68.
❷ MONTAGUE M, BOS C S. Cognitive and Metacognitive Characteristics of Eighth Grade Students' Mathematical Problem Solving [J]. Learning and Individual Differences, 1990, 2: 109-127.
❸ PARMAR R S. Protocol Analysis of Strategies Used by Students with Mild Disabilities When Solving Arithmetic Word Problems [J]. Assessment for Effective Intervention, 1992, 17: 227-243; HUTCHINSON N L. Effects of Cognitive Strategy Instruction on Algebra Problem Solving of Adolescents with Learning Disabilities [J]. Learning Disability Quarterly, 1993, 16: 34-63; MONTAGUE M. Assessing Mathematical Problem Solving [J]. Learning Disabilities Research and Practice, 1996, 11 (4): 238-248; MONTAGUE M, APPLEGATE B. Mathematical Problem-Solving Characteristics of Middle School Students with Learning Disabilities [J]. Journal of Special Education, 1993, 27: 175-201; MONTAGUE M, APPLEGATE B. Middle School Students' Perceptions, Persistence, and Performance in Mathematical Problem Solving [J]. Learning Disability Quarterly, 2000, 16: 215-226.

strategy)。❶ 阿莎·吉藤德拉（Asha Jitendra）等研究者指出数学学习困难儿童不仅在理解和使用表征方面存在困难，而且他们自我建构的表征往往也是不足的。❷ 例如，研究者发现视觉表征与较高的数学问题解决水平存在显著正相关，并且图示表象（schematic imagery）策略与较高水平的空间视觉表征水平存在显著正相关，而图像表象（pictorial imagery）则与其存在负相关。数学学习困难儿童很少使用视觉化表征策略（如释义或图像表征），更少使用图示表象策略或其他形象化的表征策略。❸ 虽然对数学学习困难儿童而言，由研究者提供表征（如图表）帮助其理解题目这一方式并无效果，但若在使用这些表征阐明数学概念之前应用这一方式，仍可以促进他们的学习。❹ 换言之，儿童需要理解问题表征才能使其发挥作用，而数学学

---

❶ MONTAGUE M, BOS C S, DOUCETTE M. Affective, Cognitive, Metacognitive Attributes of Eight-Grade Mathematical Problem Solvers [J]. Learning Disabilities Research and Practice, 1991 (6): 145-151.

❷ JITENDRA A K, NELSON G, PULLES S M, et al. Is Mathematical Representation of Problems an Evidence-Based Strategy for Students with Mathematics Difficulties? [J]. Exceptional Children, 2016, 83: 8-25.

❸ VAN GARDEREN D. Spatial Visualization, Visual Imagery, and Mathematical Problem Solving of Students with Varing Abilities [J]. Journal of Learning Disabilities, 2006, 39: 496-506；俞国良，曾盼盼. 数学学习不良儿童视觉-空间表征与数学问题解决 [J]. 心理学报, 2003(35): 643-648.

❹ BUTLER F M, MILLER S P, CREHAN K, et al. Fraction Instruction for Students with Mathematics Disabilities: Comparing Two Teaching Sequences [J]. Learning Disabilities Research & Practice, 2003, 18: 99-111; VAN GARDEREN D. Teaching Students with LD to Use Diagrams to Solve Mathematical Word Problems [J]. Journal of Learning Disabilities, 2007, 40: 540-553; WITZEL B S, MERCER C D, MILLER M D. Teaching Algebra to Students with Learning Difficulties: An Investigation of an Explicit Instruction Model [J]. Learning Disabilities Research & Practice, 2003, 18: 121-131.

习困难儿童即使掌握了一些表征方法（如画线段图、图表等），但因为缺乏对表征的理解，也无法在解题中有效应用。[1]拉塞尔·盖斯滕（Russell Gersten）等研究者也发现数学学习困难儿童缺乏表征的流畅性，即他们无法有效地选择或转换适当的表征方法以解决当前呈现的问题，因此，教师应该采用直接教学以帮助这些儿童选择恰当的表征并在解题中有效地应用。[2]

以往研究也强调元认知与一般的认知能力的发展密切相关，甚至在预测数学学业表现时比一般的能力更为有效。[3]研究显示数学学习困难儿童在元认知知识上受限，而且大部分的数学学习困难儿童无法作出正确预测，并且缺乏对涉及语言能力和心理表征任务的应用题作出充分评价的技能。[4]他们趋

---

[1] VAN GARDEREN D. Spatial Visualization, Visual Imagery, and Mathematical Problem Solving of Students with Varying Abilities [J]. Journal of Learning Disabilities, 2006, 39: 496–506; VAN GARDEREN D, MONTAGUE M. Visual-Spatial Representation, Mathematical Problem Solving, and Students of Varying Abilities [J]. Learning Disabilities Research & Practice, 2003, 18: 246–254.

[2] GERSTEN R, BECKMANN S, CLARKE B, et al. Assisting Students Struggling with Mathematics: Response to Intervention (Rti) for Elementary and Middle Schools (NCEE 2009–4060) [R/OL]. Washington, DC: National Center for Education Evaluation and Regional Services, Institute of Education Sciences, U.S. Department of Education, 2010. [2022–05–09]. https://eric.ed.gov/?id=ED504995.

[3] SWANSON H L. Influnece of Metacognitive Knowledge and Aptitude on Problem Solving [J]. Journal of Educational Psychology, 1990, 82: 306; VEENMAN M V, SPAANS M A. Relation Between Intellectual and Metacognitive Skills: Age and Task Differences [J]. Learning and Individual Differences, 2005, 15: 159–176.

[4] GONZÁLEZ J E J, ESPINEL A I G. Strategy Choice in Solving Arithmetic Word Problems: Are There Differences Between Students with Learning Disabilities, G-V Poor Performance and Typical Achievement Students? [J]. Learning Disability Quarterly, 2002, 25: 113–122; DESOETE A, ROEYERS H, DE CLERCQ A. Children with Mathematics Learning Disabilities in Belgium [J]. Journal of Learning Disabilities, 2004, 37（1）: 50–61.

向于高估自己的数学能力，反应冲动，无法正确估计或评价解题答案。他们也比高学业水平的儿童在解应用题时更少使用元认知策略，出现更多的无效行为。❶ 此外，研究者也发现高学业水平的儿童在元认知知识（陈述性、程序性及情境性知识）、技能（预测、计划、监控、评价技能）以及对努力的归因上比普通学业水平的儿童表现更优，数学学习困难儿童则表现出比普通学业水平的儿童更低水平的预测和评价能力。❷ 而且，数学学习困难儿童比低成就和普通学业水平的儿童在解决较困难的问题时表现出更明显的无效元认知语言，缺乏解题所需的元认知资源（与解题直接相关的自我监控、自我指导、自我提问以及自我更正的能力）。❸ 也有研究者关注现实情境的元认知过程，即在应用题解决的真实任务之前（如准备技能）、之后（如对任务的评价）的元认知表现。通过长期追踪研究，探索儿童从二年级到四年级的发展状况，结果发现随着年级增长，数学学习困难儿童在预测或评价成功完成任务的能力上持续落

---

❶ BRYANT D P, BRYANT B R, HAMMILL D D. Characteristic Behaviors of Students with LD Who Have Teacher-Identified Math Weaknesses [J]. Journal of Learning Disabilities, 2000, 33: 168-177；郝嘉佳，齐琳，陈英和. 小学六年级数学困难儿童的元认知特点及其在应用题解决中的表现 [J]. 中国特殊教育，2011（2）：52-57; GARRETT A J, MAZZOCCO M, BAKER L. Development of the Metacoginitive Skills of Prediction and Evaluation in Children with or Without Math Disability [J]. Learning Disability Research & Practice, 2006，21（2），77-88.

❷ DESOETE A, ROEYERS H, BUYSSE A. Metacognition with Mathematics Learning Disabilities in Belgium [J]. Journal of Learning Disabilities, 2001, 34: 435-447.

❸ ROSENZWEIG C, KRAWEC J, MONTAGUE M. Metacognitive Strategy Use of Eighth-Grade Students with and Without Learning Disabilities during Mathematical Problem Solving: A Think-Aloud Analysis [J]. Journal of Learning Disabilities, 2011, 44（6）：508-520.

后于普通同伴,说明数学学习困难儿童并不能随着时间变化自然发展其元认知能力,而需要通过直接教学获得元认知策略以支持其完成学业任务。❶

(二)不同亚型数学学习困难儿童数学问题解决的相关研究

阅读能力,尤其是阅读理解能力与数学问题解决之间存在较高的相关已成共识。福克斯等研究者发现在控制影响数学问题解决的其他变量的情境下,语言理解能力对应用题解决具有直接效应;数学应用题中的特定语言(word problem-specific language)在算术、推理以及一般阅读理解能力对应用题解决的影响中起中介作用。❷ 但是,在早期研究中,研究者仅探讨是否伴随阅读困难的数学学习困难者之间的特征差异,以为不同亚型数学学习困难的存在提供证据,且对其数学学业表现的探讨也多忽略数学问题解决领域。❸ 由于阅读与数学问题解决之间的密切关联,研究者形成了较为一致的假设,即混合型数学学习困难儿童在数学问题解决上具有更大的困难。尽管计算能力也是解决问题的重要技能,而且单纯型和混合型数学学

---

❶ GARRETT A J, MAZZOCCO M, BAKER L. Development of the Metacognitive Skills of Prediction and Evaluation in Children with or Without Math Disability [J]. Learning Disabilities Research & Practice, 2006, 21 (2): 77–88.

❷ FUCHS L S, FUCHS D, COMPTON D, L, et al. Is Word-Problem Solving a Form of Text Comprehension? [J]. Scientific Studies of Reading, 2015, 19: 204–223.

❸ POWELL S R, FUCHS L S, FUCHS D. et al. Do Word-Problem Features Differentially Affect Problem Difficulty as a Function of Students' Mathematics Difficulty with and Without Reading Difficulty? [J]. Journal of Learning Disabilities, 2009, 42: 99–110.

习困难儿童在数学问题解决上均显著落后于普通同伴，但是单纯型儿童的表现普遍优于混合型儿童。例如，南希·乔旦（Nancy Jordan）等开展了有关不同亚型的数学学习困难儿童数学问题解决的系列研究，并且探讨了数学学习困难儿童所使用的计算策略。乔旦和劳里·哈尼奇（Laurie Hanich）使用了14道应用题作为测试材料（例如，艾希莉有7支钢笔。约翰比艾希莉少4支钢笔。约翰有多少支钢笔？），探讨二年级数学学习困难儿童的解题表现。❶其中，混合型数学学习困难儿童在标准化的阅读和数学测试中处于后30%；单纯型数学学习困难儿童在数学测试中处于后30%，但在阅读测试中处于前40%。结果发现，单纯型儿童的解题正确率显著高于混合型儿童。尽管两种亚型的儿童在计算中大都使用数数策略（counting strategy），但是单纯型儿童的计算正确率更高。乔旦等也曾将此研究应用于三年级学生，结果发现在控制答题时间的情况下，单纯型和混合型数学学习困难儿童表现相似，且显著落后于普通儿童；然而在不计时的情况下，单纯型儿童的表现显著优于混合型，而且单纯型儿童的表现与普通控制组的表现相似。三年级的单纯型和混合型数学学习困难儿童解题中也依赖数数策略，但是单纯型儿童具有更高的准确性。❷其后，哈尼奇等将其关注点不再局限于两类儿童计算策略使用的差异，而

---

❶ JORDAN N C, HANICH L B. Mathematical Thinking in Second-Grade Children with Different Forms of LD [J]. Journal of Learning Disabilities, 2000, 33: 567-578.

❷ JORDAN N C, MONTANI T O. Cognitive Arithmetic and Problem Solving: A Comparison of Children with Specific and General Mathematics Difficulties [J]. Journal of Learning Disabilities, 1997, 30: 624-634.

是关注两类儿童解决应用题的过程。[1] 他们同时关注儿童解题时的错误与正确答案的接近程度。研究者读出 10 道简单应用题，要求二年级的两类数学学习困难儿童解答。结果发现，单纯型数学学习困难儿童比混合型儿童的正确率更高。混合型儿童更多使用加法解题（10 道题中 7 道应使用减法计算）。此外，当两类儿童都回答错误时，混合型儿童的答案与正确答案差异更大。

福克斯等不仅关注两类数学学习困难儿童在简单应用题上的表现，还关注其在复杂应用题、真实情境问题上的表现。[2] 研究者选取四年级的单纯型和混合型数学学习困难儿童（混合型儿童为数学和阅读流畅性测验低于全国均值 1.5 个标准差的儿童；单纯型儿童为数学测验低于全国均值 1.5 个标准差，而阅读测验为平均水平的儿童）。结果发现，在简单应用题上，单纯型儿童显著优于混合型儿童（单纯型儿童计算正确率为 80%，混合型为 59%；在应用题解题策略上，单纯型儿童的正确率是 72%，混合型为 52%）。在复杂应用题和真实情境应用题上，两类儿童的表现都很低（单纯型儿童的正确率为 10%~15%，混合型为 5%~11%），且在计算水平和应用题解题正确率上均不存在显著差异。这一结果反映了使用复杂应用题考

---

[1] HANICH L B, JORDAN N C, KAPLAN D, et al. Performance Across Different Areas of Mathematical Cognition in Children with Learning Difficulties [J]. Journal of Educational Psychology, 2001, 93: 615-626.

[2] FUCHS L S, FUCHS D. Mathematical Problem-Solving Profiles of Students with Mathematics Disabilities with and Without Comorbid Reading Difficulties [J]. Journal of Learning Disabilities, 2002, 35: 563-573.

察两种亚型数学学习困难表现差异所面临的挑战，即地板效应的问题。这一结果也使研究者进一步思考，在检验两种亚型数学学习困难儿童复杂应用题上的表现差异时干预反应模型理论的可行性。其后，研究者选取阅读和数学成绩处于后 25% 的混合型儿童（$n=8$），以及数学成绩处于后 25%、阅读成绩处于前 40% 的单纯型儿童（$n=12$），在全班范围内应用同伴协助学习策略，实施为期 16 周共 32 个单元的应用题解决干预。同时有另外 20 名混合型和 5 名单纯型数学学习困难儿童作为对照组，不接受此项干预。结果发现，两种亚型的数学学习困难儿童比对照组表现出显著的进步，但是干预组中混合型儿童的进步水平低于单纯型儿童（干预组和对照组中的混合型儿童在理解、计算、单位三个维度上的干预效应值分别为 1.40、0.90、1.35；而单纯型儿童在此三个维度上的效应值分别为 2.15、1.06、1.85）。❶ 在后续的研究中也多次证明单纯型数学学习困难儿童在数学问题解决上比混合型儿童有较多的优势。❷

而且研究者也发现两种亚型的数学学习困难儿童在不同类型的数学问题上也表现各异。对于单纯型儿童，变化问题

---

❶ FUCHS L S, FUCHS D, PRENTICE K. Responsiveness to Mathematical Problem-Solving Instruction: Comparing Students at Risk of Mathematics Disability with and Without Risk of Reading Disability [J]. Journal of Learning Disabilities, 2004, 37: 293-306.

❷ CHAN B M, HO C S. The Cognitive Profile of Chinese Children with Mathematics Difficulties [J]. Journal of Experimental Child Psychology, 2010, 107: 260-279; POWELL S R, FUCHS L S, FUCHS D, et al. Do Word-Problem Features Differentially Affect Problem Difficulty as a Function of Students' Mathematics Difficulty with and Without Reading Difficulty? [J]. Journal of Learning Disabilities, 2009, 42: 99-110.

(change problem)比差异问题(difference problem)和求和问题(total problem)更容易；而对于混合型儿童，求和问题相较容易，变化问题、差异问题相对更难。❶在需要数字转换的应用题及其他数学任务上，两种亚型的儿童均存在困难。但是，对于单纯型儿童而言，语言困难仅限制了其加工的深度和宽度（如限制提取过程、减弱与数学事实相关的语音表征）；混合型数学学习困难儿童则因具有更严重的语言困难以及其他的语言问题而表现出较低的数学问题解决水平。❷他们在语义理解、表征等需要语言知识的任务上表现出比单纯型儿童更差的水平，在计算规则、多位数笔算、估算等非语言介入的任务上两者没有差异；❸在表征层次上，混合型数学学习困难儿童层次更低，他们更多选择前表征水平和复述内容两种低水平的表征方式，单纯型儿童更多选择复述表征和直译表征。❹然而，也有研究者发现混合型与单纯型数学学习困难儿童在数学问题解决

---

❶ POWELL S R, FUCHS L S, FUCHS D, et al. Do Word-Problem Features Differentially Affect Problem Difficulty as a Function of Students' Mathematics Difficulty with and Without Reading Difficulty?[J]. Journal of Learning Disabilities, 2009, 42: 99-110.

❷ CIRINO P T, FUCHS L S, ELIAS J T, et al. Cognitive and Mathematical Profiles for Different Forms of Learning Difficulties [J]. Journal of Learning Disabilities, 2015, 48: 156-175.

❸ HANICH L B, JORDAN N C, KAPLAN D, et al. Performance Across Different Areas of Mathematical Cognition in Children with Learning Difficulties [J]. Journal of Educational Psychology, 2001, 93: 615-626.

❹ 李清. 基于PASS理论的小学数学学习困难儿童应用题问题表征研究 [D]. 上海：华东师范大学，2009；许勇. 小学低年级数学学习不良儿童应用题问题表征的特点 [D]. 开封：河南大学，2008.

上的表现并不存在差异。❶ 究其原因，研究者将其归因于在实施数学问题解决测试时主试大声读出题目，从而降低了解题对于阅读成分的要求，此外，被试年级偏低（二年级或以下）也可能是造成此结果的原因之一。❷

国内为数不多的研究也得出类似结果。例如，混合型数学学习困难儿童和单纯型数学学习困难儿童在解题一般过程方面的差异不显著，但部分数学学习困难儿童在解题过程中未经历问题整合阶段（图式提取阶段），他们从问题转译阶段直接进入了解题计划和监控阶段。❸ 有研究专门探讨数学学习困难儿童在数学题目阅读理解上的特征，结果发现单纯型儿童的题目理解水平高于混合型儿童，他们在数学应用题阅读理解上的主要错误类型是"题意理解错误"。❹ 也有研究发现单纯型儿童在问题归类、解题计划、自我评价方面显著高于混合型儿童；而且单纯型儿童在干预后的进步情况显著高于混合型儿童。❺

---

❶ ANDERSSON U. Mathematical Competencies in Children with Different Types of Learning Difficulties [J]. Journal of Educational Psychology, 2008, 100: 48-66; ANDERSSON U. Skill Development in Different Components of Arithmetic and Basic Cognitive Functions: Findings from a 3-Year Longitudinal Study of Children with Different Types of Learning Difficulties [J]. Journal of Educational Psychology, 2010, 102: 115-134.

❷ CIRINO P T, FUCHS L S, ELIAS J T, et al. Cognitive and Mathematical Profiles for Different Forms of Learning Difficulties [J]. Journal of Learning Disabilities, 2015, 48: 156-175.

❸ 李新宇. 小学数困生加减应用题解题过程及补救教学的实验研究 [D]. 金华：浙江师范大学, 2004.

❹ 王曙升. 4—6年级数学学习困难学生数学应用题阅读理解特点及眼动研究 [D]. 开封：河南大学, 2012.

❺ 吴增强. 小学数困生应用题问题解决策略及干预研究 [D]. 上海：上海师范大学, 2012.

第二节　基于 PASS 理论的数学学习困难领域的研究

一、PASS 模型的内涵与操作化

（一）PASS 模型的内涵

PASS 模型（Planning-Attention-Simultaneous-Successive Processing Model）是在"认知革命"的背景下，由戴斯等研究者基于信息加工的认知心理学和鲁利亚关于大脑机能组织化的神经心理学思想所提出来的智力模型。该模型强调从认知加工过程视角看待智力，提出个体的智力活动有三个认知功能系统，即注意－唤醒系统、编码－加工系统和计划系统。这三个系统之间彼此存在动态联系，在这种动态联系中，对个体的经验作出反应，服从于发展的变化，形成相互联系的系统（见图2-1）。PASS 模型的三级认知功能系统直接派生于鲁利亚的大脑三级机能联合区，二者之间存在对应关系。❶

---

❶ 李其维，金瑜. 简评一种新的智力理论：PASS 模型 [J]. 华东师范大学学报（教育科学版），1995（4）：41-50.

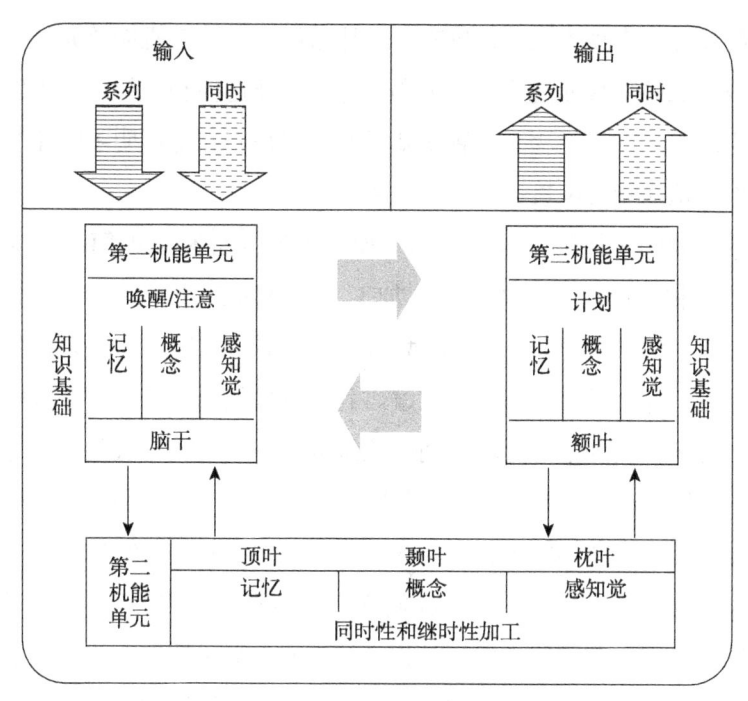

图 2-1　PASS 模型

注意-唤醒系统：该系统对应于鲁利亚的第一机能单元，是人类心理过程的基础。达到和维持合适的觉醒状态，是有效活动的基础。恰当的唤醒水平同时也提供了注意的特定方向。注意包括两种类型，即维持性注意和选择性注意。维持性注意是对单一信息源在连续时间的一段时间内的注意保持。[1] 选择性注意既可以集中也可以分配，即集中关注相关刺激，而在不降低效率的情况下，又对刺激进行有意识的区分和操作。若唤

---

[1] KAHNEMAN D, TREISMAN A. Changing Views of Attention and Automaticity [M] //PARASURAMAN R, DAVIES D R. Varieties of Attention. New York: Academic Press, 1984:29–61.

醒或注意表现不充分，则有可能导致第二、第三机能单元过高或过低的唤醒而造成信息编码、计划以及选择和组织反应中发生障碍。注意过程是一种认知活动，以往研究也证明了将注意作为认知能力衡量指标的可行性。❶

编码-加工系统：编码-加工系统与鲁利亚的第二机能单元相对应，与个体接受、加工、维持来自外部世界的信息有关。编码类型是 PASS 模型的核心特征。编码-加工系统包含两种加工类型，即同时性编码和继时性编码。在同时性编码过程中，输入信息片段之间的关系成为一个单一的或整合的编码。❷在继时性编码中，信息按序列输入，产生并保留这组有序的信息。两种加工都发生在工作记忆中，其加工结果都存储在长时记忆中，对知识的存储进一步丰富了原有的知识库。❸同时性编码和继时性编码是相互补充的，继时性编码的部分单元本身属于低水平的同时性编码，而继时性编码的单元是下一步更高水平上的同时性编码的基础，因此两种编码是平等参与各种水平层次上的加工。

计划系统：计划系统对应鲁利亚的第三机能单元，是最高层次的认知加工系统。计划系统依赖于对成分进行加工的编

---

❶ DAS J P. A Better Look at Intelligence [J]. Current Directions in Psychological Science, 2002, 11: 28–33; GESCHWIND N. Disorders of Attention: A Frontier in Neuropsychology [M] // BRADBENT D E, WEISKRANTX L. The Neuropsychology of Cognitive Function. London: Philosophical Transaction of the Royal Society of London, 1982: 173–185.

❷ KIRBY J R, DAS J P. A Cognitive Approach to Intelligence: Attention, Coding and Planning [J]. Canadian Psychology, 1990, 31: 320–331.

❸ J. P. 戴斯，J. R. 纳格利尔里，J. R. 柯尔比. 认知过程的评估：智力的 PASS 理论 [M]. 杨艳云，谭和平，译. 上海：华东师范大学出版社，1999: 52.

码-加工系统和提供合适注意的注意系统，主要从事整个认知活动的计划性工作，也负责诸如刺激控制、有益动作的协调以及言语功能等活动。计划是人类智力最本质之处。❶计划过程使个体通过使用与知识基础（knowledge base）相连接的注意、同时性加工、继时性加工过程，从而为个体提供了决定并使用有效的方法来解决问题的便利。计划的产生、选择和执行是计划过程的主要方面。

PASS 模型各认知过程彼此动态联系，又保持独立。这些单元依赖于个体的知识基础，知识基础是整个加工的调节器。编码和计划之间相互作用，产生各种动作，促进知识的获得；但同时这些较高级功能依赖于适当的唤醒水平。因此，有效的加工是按照特定任务的需求通过整合知识与计划、注意、同时性和继时性加工过程完成的。

（二）PASS 模型的操作化

把 PASS 模型操作化（任务化），这既是 PASS 模型本身理论确证的需要，同时也是使之实用化和工具化以便对智力进行有效测量必须解决的环节。PASS 模型的操作化是建立在那些与重要过程相一致的测验基础上。

计划的测量：对计划任务的结构分析表明，计划测验要求个体形成一种能以高效和有利的方式去解决任务的方法。因此，计划任务一般要求被试形成一个能完成一个相对简单任务

---

❶ J. P. 戴斯, J. A. 纳格利尔里, J. R. 柯尔比. 认知过程的评估：智力的 PASS 理论 [M]. 杨艳云, 谭和平, 译. 上海：华东师范大学出版社, 1999: 15.

的高效率系统。视觉搜索和跟踪制作经常用于计划测量。[1] 除此之外,计划作文(写一个故事)也被用于测量计划。[2] 此外,数字匹配和计划编码也常包含于计划任务中。

注意的测量:注意任务要求个体有选择地注意一个两维刺激的一个方面而忽略其另一方面。常被用来测量注意的任务包括类似于 Stroop 测验的表达性注意任务,用于测量选择性注意。[3] 此外,还有选择数字、听觉选择性数字和接受性注意被用来测量注意。[4]

同时性加工的测量:对同时性加工测验所进行的结构分析表明,被试必须将特殊项目的成分相互关联起来才能得到正确答案。同时性加工任务的主要特点是需要观察到项目所有各个

---

[1] KIRBY J R. ASHMAN A F. Planning Skills and Mathematics Achievement: Implications Regarding Learning Disability [J]. Journal of Psychoeducational Assessment, 1984, 2:9–22; NAGLIERI J A, DAS J P. Construct and Criterion-Related Validity of Planning, Simultaneous, and Successive Cognitive-Processing Tasks [J]. Journal of Psychoeducational Assessment, 1987 (4): 353–363; NAGLIERI J A, DAS J P. Planning-Arousal-Simultaneous-Successive (PASS): A Model for Assessment [J]. Journal of School Psychology, 1988, 26: 35–48; NAGLIERI J A, DAS J P, STEVENS J J, et al. Confirmatory Factor Analysis of Planning, Attention, Simultaneous, and Successive Cognitive Processing Tasks [J]. Journal of School Psychology, 1991, 29: 1–18.

[2] DAS J P, SNART F, MULCAHY R F. Reading Disability and Its Relation to Information Integration [M] //DAS J P, MULCAHY R F, WALL A E. Theory and Research in Learning Disabilities. Boston, MA: Springer, 1982.

[3] NAGLIERI J A, BRADEN J P, GOTTLING S H. Confirmatory Factor Analysis of the Planning, Attention, Simultaneous, Successive (PASS) Cognitive Processing Model for a Kindergarten Sample [J]. Journal of Psychoeducational Assessment, 1993, 11: 259–269.

[4] NAGLIERI J A, DAS J P, STEVENS J J, et al. Confirmatory Factor Analysis of Planning, Attention, Simultaneous, and Successive Cognitive Processing Tasks [J]. Journal of School Psychology, 1991, 29:1–18.

成分之间的关系。根据记忆复制一个几何图形或是绘出一个几何图形，或者完成渐进矩阵等，这些任务都常被用于测量同时性加工。此外，还有一些具体的配对联想学习任务、韦克斯勒儿童智力测验的积木设计、嵌入图形测验、折纸测验、要求理解歧义的句义任务以及一种要求逻辑语法陈述的任务都被用来测量同时性加工。❶

继时性加工的测量：对继时性加工任务的结构分析表明，个体在完成任务时要察觉刺激的系列特性，其难度范围可从很容易（两个广度）到很困难（九个广度）不等。所有的继时性任务都要求个体或者复制出事件的一个特定序列，或者对事件的线性特征加以正确解释。继时性加工的测量包括对一系列单词的自由回忆或系列回忆，有序数字的回忆，以及句子中隐含的结构模糊性的测量，与此相类似的还有对句子中语法关

---

❶ DAS J P, KIRBY J R, JARMAN R F. Simultaneous and Successive Cognitive Processes [M]. New York: Academic Press, 1979; WACHS M C, HARRIS M. Simultaneous and Successive Processing in University Students: Contribution to Academic Performance [J]. Journal of Psychoeducational Assessment, 1986, 4:103-112; DAS J P, MENSINK D, JANZEN H. The K-ABC, Coding, and Planning: An Investigation of Cognitive Processes [J]. Journal of School Psychology, 1990, 28: 1-11; KIRBY J R. Cognitive Processes, School Achievement, and Comprehension of Ambiguous Sentences [J]. Journal of Psycholinguistic Research, 1982, 11: 485-499; CUMMINS J, DAS J P. Simultaneous and Successive Syntheses and Linguistic Processes [J]. International Journal of Psychology, 1978, 13:129-138; NAGLIERI J A, DAS J P, STEVENS J J, et al. Confirmatory Factor Analysis of Planning, Attention, Simultaneous, and Successive Cognitive Processing Tasks [J]. Journal of School Psychology, 1991, 29（1）:1-17.

系的理解。❶

达斯等在 PASS 模型的基础上,经过多年的检验、修订编制出了一套标准化的 PASS 测验,即 Das-Naglieri 认知评估系统(Das-Naglieri: Cognitive Assessment System, DN：CAS)。❷ 适用于 5—17 岁儿童的个别测试(2014 年修订的第二版适用于 5—18 岁 11 个月),包括计划、注意、同时性加工和继时性加工四个分量表共 12 项测验任务。其具体结构如图 2-2 所示。研究证实,DN：CAS 对 PASS 认知过程的分别测量,可以获得个体更多的认知加工信息;此外,该量表在特殊儿童的鉴别和诊断中具有较高的效力。❸ 近几年,我国的研究者也将 DN：CAS 引进中国,通过编译修订开展了一系列的研究,证明了 PASS 理论及 DN：CAS 的中文版在中国的适用性,以及对特殊儿童的鉴别力。❹

---

❶ DAS J P, KIRBY J R, JARMAN R F. Simultaneous and Successive Cognitive Processes [M]. New York: Academic Press, 1979; KIRBY J R. Cognitive Processes, School Achievement, and Comprehension of Ambiguous Sentences [J]. Journal of Psycholinguistic Research, 1982, 11:485-499.

❷ NAGLIERI J A, DAS J P. Cognitive Assessment System: Interpretive Handbook [M]. Itasca, IL: Riverside, 1997.

❸ NAGLIERI J A. How Valid Is the PASS Theory and CAS? [J]. School Psychology Review, 1999, 28:145; NISHANIMUT S P, PADAKANNAYA P. Cognitive Assessment System (Cas) : A Review [J]. Psychological Studies, 2014, 59 (4) :345-350.

❹ DENG C, LIU M, WEI W, et al. Latent Factor Structure of the Das-Naglieri Cognitive Assessment System: A Confirmatory Factor Analysis in a Chinese Setting [J]. Research in Developmental Disabilities, 2011, 32: 1988-1997.

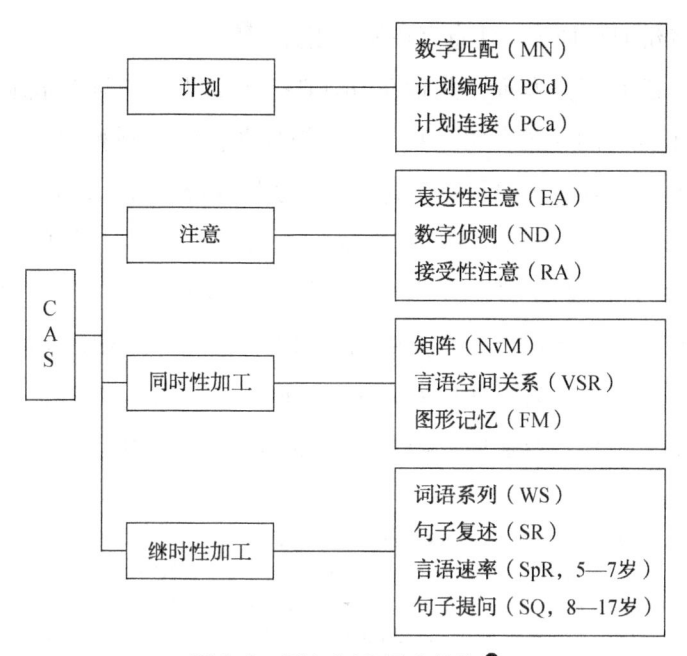

```
              ┌─────────┐      ┌──────────────────┐
              │  计划   │──────│ 数字匹配（MN）   │
              │         │      │ 计划编码（PCd）  │
              │         │      │ 计划连接（PCa）  │
              └─────────┘      └──────────────────┘

              ┌─────────┐      ┌──────────────────┐
              │  注意   │──────│ 表达性注意（EA） │
    ┌───┐     │         │      │ 数字侦测（ND）   │
    │ C │     │         │      │ 接受性注意（RA） │
    │ A │─────┤         │      └──────────────────┘
    │ S │     │         │
    └───┘     │同时性加工│─────┌──────────────────┐
              │         │      │ 矩阵（NvM）      │
              │         │      │ 言语空间关系（VSR）│
              │         │      │ 图形记忆（FM）   │
              └─────────┘      └──────────────────┘

              ┌─────────┐      ┌──────────────────────┐
              │继时性加工│─────│ 词语系列（WS）        │
              │         │      │ 句子复述（SR）        │
              │         │      │ 言语速率（SpR，5—7岁）│
              │         │      │ 句子提问（SQ，8—17岁）│
              └─────────┘      └──────────────────────┘
```

图 2-2　DN:CAS 量表结构 [1]

二、PASS 认知过程与数学成就的关系

PASS 认知过程与数学等学业成就有着紧密的联系。大量研究验证了数学学业成就与 PASS 认知过程的计划、同时性加

---

[1] 达斯．阅读障碍与阅读困难：给教师的解释［M］．张厚粲，徐建平，孟祥芝，译．北京：人民邮电出版社，2007：33.

工和继时性加工、注意存在显著相关。❶

已有研究发现，儿童在 DN：CAS 上的得分与学业成绩显示出较高的相关，明显高于韦克斯勒儿童智力测验和瑞文智力测验，且与伍德科克－约翰逊成就测验修订版（Woodcock-Johnson Revised Tests of Achievement，WJ-R）系列技能的相关系数达到 0.73，与数学技能的相关系数为 0.67~0.72。❷ 在纳格利里等研究者此后的研究中也得到类似结果，即 DN：CAS 比韦克斯勒智力测验对儿童学业成就的预测力更强。❸ 纳格利里和约翰尼斯·罗加恩（Johannes Rojahn）的研究中进一步发现

---

❶ GAROFALO J. Simultaneous Synthesis, Regulation, and Arithmetical Performance [J]. Journal of Psychoeducational Assessment, 1986, 4: 229-238; JOSEPH L M, HUNTER A D. Differential Application of a Cue Card Strategy for Solving Fraction Problems: Exploring Instructional Utility of the Cognitive Assessment System [J]. Child Study Journal, 2001, 31: 123-136; KIRBY J R, ASHMAN A F. Planning Skills and Mathematics Achievement: Implications Regarding Learning Disability [J]. Journal of Psychoeducational Assessment, 1984, 2: 9-22; IGLESIAS-SARMIENTO V, DEAÑO, M. Cognitive Processing and Mathematical Achievement: A Study with Schoolchildren Between Fourth and Sixth Grade of Primary Education [J]. Journal of Learning Disabilities, 2011, 44（6）: 570-583; KROESBERGEN E H, VAN LUIT J E H, NAGLIERI J A. Mathematics Learning Difficulties and PASS Cognitive Processes [J]. Journal of Learning Disabilities, 2003, 36: 574-582; KROESBERGEN E H, VAN LUIT J E H, NAGLIERI J A, et al. PASS Processes and Early Mathematics Skills in Dutch and Italian Kindergartners [J]. Journal of Psychoeducational Assessment, 2010, 28: 585-593; NAGLIERI J A, DAS J P. Construct and Criterion-Related Validity of Planning, Simultaneous, and Successive Cognitive Processing Tasks [J]. Journal of Psychoeducational Assessment, 1987, 4: 353-363.

❷ J. P. 戴斯，J. A. 纳格利尔里，J. R. 柯尔比. 认知过程的评估：智力的 PASS 理论 [M]. 杨艳云，谭和平，译. 上海：华东师范大学出版社，1999: 94-95.

❸ NAGLIERI J A, DE LAUDER B Y, GOLDSTEIN S, et al. WISC-Ⅲ and CAS: Which Correlates Higher with Achievement for a Clinical Sample? [J]. School Psychology Quarterly, 2006, 21: 62-76.

PASS 的各项得分与 WJ-R 成就测验中有关数学的各分测验分数都显著相关，其中计划与计算分测验的相关系数高达 0.50，同时性加工与应用题分数的相关系数为 0.60，与数量概念的相关系数为 0.59；且随着年龄增长，DN：CAS 的得分对数学相关测验的预测性更强。❶ 在其后的研究也发现 DN：CAS 与伍德科克－约翰逊成就测验（第三版）(Woodcock-Johnson-Ⅲ Test of Achievement, WJ-Ⅲ) 中的计算分测验的相关系数为 0.66，其中计划、同时性加工、继时性加工、注意与计算分测验的相关系数分别为 0.50、0.58、0.45、0.39；与 WJ-Ⅲ 中的数学综合水平测试 (broad math) 的相关为 0.70，计划、同时性加工、继时性加工、注意与数学综合水平测试的相关系数分别为 0.51、0.63、0.51、0.39。❷

后续研究进一步发现 PASS 认知过程可共同解释儿童早期数学成就 46.5% 的变异，而在具体成分的作用上，仅计划和同时性加工具有显著预测作用。❸ 研究者还进一步指出同时性加工是数学学业成就最显著、最重要的预测指标，且同时性加工

---

❶ NAGLIERI J A, ROJAHN J. Construct Validity of the PASS Theory and CAS: Correlations with Achievement [J]. Journal of Educational Psychology, 2004, 96:174–181.

❷ NAGLIERI J A, GOLDSTEIN S, DELAUDER B Y, et al. Relationship Between the WISC-Ⅲ and the Cognitive Assessment System with Conner's Rating Scales and Continuous Performance Tests [J]. Archives of Clinical Neuropsychology, 2005, 20: 385–401.

❸ KROESBERGEN E H, VAN LUIT J E H, VAN LIESHOUT E C D M, et al. Individual Differences in Early Numeracy: The Role of Executive Functions and Subitizing [J]. Journal of Psychoeducational Assessment, 2009, 27: 226–236.

与数学问题解决具有紧密联系。[1]。虽然继时性加工也与数学成就相关，但与同时性加工相比，其相关性及贡献率略低。[2]

国内研究得到了类似的结果。例如，研究发现，同时性加工是香港学生标准化数学成就的最明显预测指标，在四年级学生中，同时性加工方差贡献率为16.7%，在六年级学生中，同时性加工方差贡献率为18.6%。[3] 蔡丹等发现PASS过程与数学成绩关系密切，其中同时性加工和计划能力尤其重要；在不同年级的数学任务中需要不同的认知过程参与，编码过程为大多数学任务所需，计划能力在低年级（四年级）和高年级（七年级）数学任务中具有重要作用。[4]

三、数学问题解决的PASS认知过程分析

注意－唤醒系统在数学问题解决过程中始终使大脑处于有利于解决问题的兴奋状态，使解题者将注意力集中在与问题有关的刺激上进行问题表征、设计解题计划、执行解题计划等，而对无关刺激不作反应。注意唤醒系统贯穿于问题解决的整个

---

[1] J. P. 戴斯，J. A. 纳格利尔里，J. R. 柯尔比. 认知过程的评估：智力的PASS理论［M］. 杨艳云，谭和平，译. 上海：华东师范大学出版社，1999: 75.

[2] DAS J P. Simultaneous-Successive Processing and Planning: Implication for School Learning［M］//SCHMECK R R. Learning Strategies and Learning Styles. Boston, MA: Springer, 1988:101–129.

[3] LEONG C K, CHENG S C, DAS J P. Simultaneous-Successive Syntheses and Planning in Chinese Readers［J］. International Journal of Psychology, 1985, 20（1）: 19–31.

[4] 蔡丹，李其维，邓赐平. 3–8年级学生数学学习的PASS过程特点［J］. 心理科学，2010, 33（2）: 274–277.

过程，是保证问题顺利解决的基础。

编码-加工系统也贯穿于数学问题解决的全过程。理论上看，数学问题解决中的许多技能都很大程度上依赖于同时性加工，例如几何关系的理解、问题的心理表征的形成，以及对特殊问题所适合的一般模式的识别。在数学应用题解决中，同时性加工涉及对句子意义的理解，因此，帮助个体理解题目中哪些文字是重要的信息，这就构成了应用题解决的基本前提；而后，数学应用题的解决需要将各个具有内在联系的变量或条件组合起来，整合后才能得到解题计划，找到答案，因此，同时性加工对数学应用题解决十分重要。

继时性加工与阅读技能相关，与解码技能的关系尤为密切。❶ 已有研究发现存在解码困难的一个主要特征就是低水平的继时性加工。❷ 因此，继时性加工与阅读的关联会对儿童数

---

❶ CUMMINS J, DAS J P. Cognitive Processing and Reading Difficulties: A Framework for Research [J]. Alberta Journal of Educational Research, 1977, 23（4）: 245-256; KIRBY J R, DAS J P. Reading Achievement, IQ, and Simultaneous-Successive Processing [J]. Journal of Educational Psychology, 1977, 69（5）:564-570; KRYWANIUK L W, DAS J P. Cognitive Strategies in Native Children: Analysis and Intervention [J]. Alberta Journal of Educational Research, 1976, 22（4）: 271-280; LEONG, CHE K. Cognitive Patterns of "Retarded" and Below-Average Readers [J]. Contemporary Educational Psychology, 1980, 5（2）:101-117; NAGLIERI J A, DAS J P. Construct and Criterion-Related Validity of Planning, Simultaneous, and Successive Cognitive Processing Tasks [J]. Journal of Psychoeducational Assessment, 1987, 5（4）: 353-363.

❷ DAS J P, NAGLIERI J A, KIRBY J R. Assessment of Cognitive Processes: The PASS Theory of Intelligence [M]. Boston, MA: Allyn & Bacon, 1994; DAS J P, PARRILA R K, PAPADOPOULOS T C. Cognitive Education and Reading Disability [M] // KOZULIN A, RAND Y. Experience of Mediated Learning: An Impact of Feuerstein's Theory in Education and Psychology. Oxford, UK: Pergamon Press, 2000: 274-291.

学应用题的解决产生直接的影响。此外，数学问题解决过程中，需要在工作记忆中保持解题计划和执行步骤，这也会涉及继时性加工问题。

计划作为最高一级的加工系统，负责调节、监控和评价，因此，在数学应用题解决中，计划负责对如何解题作出决策、且在解题的过程中对其表现进行调控、唤醒、运用某些数学事实，并评估答案的正确性。在问题解决过程中，设计解题计划、执行解题计划、各种编码加工等都离不开计划系统。

综上所述，PASS各认知成分在数学应用题解决中发挥着重要作用，但是，这些仅仅是理论层面的分析，缺少大量实证研究的证实；此外，在问题解决的各个过程中，PASS的认知成分又是如何影响问题解决，发挥何种效用，对数学学习困难儿童问题解决过程又有何种影响，都需要进一步研究和证实。

四、数学学习困难的PASS认知特征及缺陷表现

PASS认知过程与整个数学学习过程有着密切的联系，而且各认知过程成分与特定数学领域存在相关。例如，计划与计算紧密相关，因为计划过程需要对如何解决数学问题、监控个体行为、回忆及应用相关的数学事实、评价答案等作出决定。同时性加工与数学问题解决相关显著，因为数学问题通常包含各种不同的、相互关联的成分，需要将其融合进一个整体从而解决问题。继时性加工与数学事实的提取及文字信息的编码存

在显著相关,例如当儿童需要学习 8 + 7 = 15,他就需要将这一信息以一串信息的形式进行组织,这就需要继时性加工的作用;继时性加工对阅读非常重要,因此对数学应用题解决也至关重要。注意则对于选择意欲关注的学业任务以及集中注意于相关活动上十分重要。可以推测,如果 PASS 认知过程中的某个或多个过程存在缺陷,就有可能导致数学学业相关的困难或缺陷。例如,乔·加罗法洛(Joe Garofalo)的研究指出计划的缺陷导致儿童计算困难的发生。那么,根据这一思路,如果干预能与学生的认知特征明确匹配,那么其效益就会更高。[1] 纳格利里和迪安·约翰逊(Deanne Johnson)的研究就验证了这一假设,他们发现在计划上存在困难的儿童可以受益于针对计划过程的认知干预,干预后在数学计算上取得明显进步,而在计划上不存在缺陷的儿童,虽然也表现出数学计算的困难,但是并不能受益于相同的干预手段。[2]

伊夫林·H. 克罗斯伯格(Evelyn H. Kroesbergen)等的研究却发现对于三组不同类型的数学学习困难儿童(学习基本乘法技能存在困难的儿童、存在数学基本事实自动提取困难的儿童、数学应用题解决困难的儿童)进行干预训练,并没有发现三组儿童之间的显著差异,究其原因可能与干预方案的针对性

---

[1] NAGLIERI J A, GOTTLING S H. Mathematics Instruction and PASS Cognitive Processes: An Intervention Study [J]. Journal of Learning Disabilities, 1997, 30 (5): 513–520.
[2] NAGLIERI J A, JOHNSON D. Effectiveness of a Cognitive Strategy Intervention in Improving Arithmetic Computation Based on the PASS Theory [J]. Journal of Learning Disabilities, 2000, 33:591–597.

不强有关。❶ 数学学习困难儿童相较于普通儿童表现出在 PASS 模型总分上显著落后，而且存在计划和继时性加工的显著缺陷。不同类型的数学学习困难儿童既表现出相似的特征，又在四个认知过程上存在差异。其中，学习基本乘法技能存在困难的儿童在 PASS 模型的四个分量表上得分都较低，且表现出在四个成分上一致的缺陷。存在数学基本事实自动提取困难的儿童在计划、注意和继时性加工上有显著缺陷，但是在同时性加工上的得分显著高于其他三个成分。这是因为数学基本事实的自动提取主要考察的是儿童对基本算数事实掌握的熟练程度，注意、计划和继时性加工在这一过程中至关重要。存在应用题解决困难的儿童虽在四个成分上的得分均偏低，但在注意和继时性加工上的得分显著低于在计划和同时性加工上的得分。尽管计划和同时性加工过程在数学应用题解题中至关重要，但是这一结果也反映了注意和继时性加工不仅与阅读密切相关，也在数学应用题解决中扮演重要角色。此外，克罗斯伯格等还发现，在数学学习困难儿童中存在计划和继时性加工缺陷的人数比例显著高于普通儿童群体，而且接受特殊教育的数学学习困难儿童比在普通教育环境中的儿童存在继时性加工缺陷的比例更高。其他研究者也发现，数学学习困难儿童在 PASS 模型的四个认知过程上存在普遍缺陷，其中，在同时性和继时性加工上显著落后于普通儿童和低成就儿童；而在计划和注意上显著

---

❶ KROESBERGEN E H, VAN LUIT J E H, NAGLIERI J A. Mathematics Learning Difficulties and PASS Cognitive Processes [J]. Journal of Learning Disabilities, 2003, 36: 574–582.

落后于普通儿童,但与低成就儿童并无差异。❶

国内研究也验证了数学学习困难儿童在 PASS 四个认知过程中均表现出缺陷,而且同时性加工、计划、继时性加工的缺陷可以有效预测数学学习困难,且同时性加工的预测力度最大。❷ 不同亚型的数学学习困难儿童在 PASS 认知过程上的差异主要集中在继时性加工。❸ 例如,左志宏等的系列研究发现,混合型数学学习困难学生在继时性加工分量表、计划中的数字匹配分测验、注意中的接受性注意分测验上显著落后于单纯型学生;继时性加工应是单纯型与混合型数学学习困难在认知特征上区分的标志,而较低的同时性加工水平则应是两类数学学习困难学生的共同特征。❹ 但是也有研究显示,两类儿童在计划上并未表现出显著差异,仅在同时性加工上表现出差异;并对 PASS 认知过程对问题表征的影响进行了分析,结果发现,在问题表征过程中,两类儿童在计划上并无差异,主要存在表达性注意的差异。❺

---

❶ IGLESIAS-SARMIENTO V, DEAÑO, M. Cognitive Processing and Mathematical Achievement: A Study with Schoolchildren Between Fourth and Sixth Grade of Primary Education [J]. Journal of Learning Disabilities, 2011, 44(6): 570-583.

❷ 蔡丹,李其维,邓赐平. 3—8 年级学生数学学习的 PASS 过程特点 [J]. 心理科学, 2010, 33(2): 274-277.

❸ 韩梅晓. 基于 PASS 理论的小学一年级数学学习困难儿童认知缺陷及干预研究 [D]. 西安:陕西师范大学,2015.

❹ 左志宏. 小学生数学学习困难的认知加工机制:基于 PASS 理论的研究 [D]. 上海:华东师范大学,2006;邓赐平,左志宏,李其维,等. 数学学习困难儿童的编码加工特点:基于 PASS 理论的研究 [J]. 心理科学,2007, 30(4): 830-833.

❺ 李清. 基于 PASS 理论的小学数学学习困难儿童应用题问题表征研究 [D]. 上海:华东师范大学,2009.

总之，PASS 模型在数学学习困难领域的应用更多局限于对其认知缺陷的分析，而在进一步的认知机制、教育干预等方面，还有待进一步的深入探讨。例如：针对不同的数学任务，各种认知成分的作用有何不同？在数学学习困难儿童执行数学问题解决任务时，认知成分的具体作用又如何？PASS 认知过程对数学任务的作用有无年级或年龄上的发展规律？对于数学学习困难儿童的不同亚型如何建立有效、适用的补救干预方案？等等。这些均应成为未来研究的方向。

第三章　数学学习困难儿童数学问题解决的有效干预

数学学习困难儿童最大的困难是数学问题解决。一系列元分析研究回顾了数学学习困难儿童数学技能的有效干预策略。最早的元分析研究来自忻燕萍和吉藤德拉的研究。[1] 他们探讨了应用题解决的干预是否能够提升儿童解决应用题的能力，以及在进行应用题解决教学中哪些是最有效的干预类型。该元分析总结了1960—1996年的25项研究中所涉及的四种干预类型：表征技术（如使用图片/图表、具体的教具、言语程序、地图/图式为基础的教学）；策略教学（如问题解决的直接启发式程序）；计算机辅助教学（如计算机辅助或视频式的数学干预）；其他干预类型（如无干预的问题解决方式，使用计算器，注意提示但无具体的教学干预，关键词教学或问题顺序教学）。结果发现，在群组实验设计中，计算机辅助教学、表征技术、策略教学是积极有效的干预类型，而无效的干预策略包

---

[1] XIN Y P, JITENDRA A K. The Effects of Instruction in Solving Mathematical Word Problems for Students with Learning Problems: A Meta-Analysis [J]. Journal of Special Education, 1999, 32: 207–225.

括关键词策略、注意提示；长时间（>1 个月）的干预比中等或短时间的干预更为有效。在单一被试实验研究中，表征技术比策略教学更为有效；长时间（>1 个月）和中等时间长度的干预比短时间的干预更为有效。

迈德哈维·贾阳提（Madhavi Jayanthi）等使用元分析技术探讨了在数学概念（包括应用题解决）教学中有效的干预策略，提出了在数学应用题教学中可以采用的 7 项策略：（1）直接教学；（2）综合使用多种教学案例；（3）使用言语表达出解题计划和解决方案；（4）提供视觉表征；（5）使用多种/启发式策略；（6）提供反馈和持续评估；（7）使用同伴协助教学。其中，相较于其他策略，启发式策略是应用题教学中最为有效的策略。[1]

近期的另外三项有关数学学习困难儿童数学应用题解决干预的元分析也得出有价值的结果。2012 年，在前人基础上研究者回顾了 1996—2009 年的 29 项群组实验研究和 10 项单一被试研究，对 K-12 年级数学学习困难儿童数学应用题解决干预策略的使用进行了探讨。[2] 结果发现问题结构表征技术（如图式策略）是应用题解决教学中最有效的策略；其次为认知策略训练和辅助技术应用。而且，相较于 1999 年元分析研究中所

---

[1] JAYANTHI M, GERSTEN R, BAKER S. Mathematics Instruction for Students with Learning Disabilities or Difficulty Learning Mathematics: A Guide for Teachers [R]. Portsmouth, NH: RMC Research Corporation, Center on Instruction, 2008.

[2] ZHANG D, XIN Y P. A Follow-Up Meta-Analysis for Word-Problem-Solving Interventions for Students with Mathematics Difficulties [J]. The Journal of Educational Research, 2012, 105: 303–318.

发现的仅有 1 项研究使用了基于图式的干预策略，在此元分析中有 20 项研究使用了图式教学策略，证明了在过去十几年间结构表征技术在应用题解决干预中逐渐得到广泛应用。其后，研究者又回顾了 1986—2009 年的 15 项群组设计、准实验设计和单一被试实验设计的研究，探讨了 8—18 岁单纯型和混合型数学学习困难儿童应用题解决干预的有效性。❶ 结果发现单纯型数学学习困难儿童（ES = 1.45）比混合型儿童（ES = 0.58）在干预中受益更多。直接教学以及其他技术（如，教学中包含课程目标，提供帮助，解释基本的概念，直接练习，检查学生是否理解，示范，暗示使用策略，以及将任务分成更小的单元）对数学学习困难儿童的干预具有积极作用。而且，直接教学策略往往与其他策略一起使用，并且是数学应用题教学中最有效的策略之一。里恩（Lein）在以往元分析的基础上回顾了 2014 年之前的 23 项公开发表和 5 项尚未发表的实验和准实验群组设计的研究，探讨了 K-12 年级学习困难和数学学习困难学生的应用题解决干预策略。❷ 结果发现直接教学（大量示范、出声思维程序、支架教学、对正确反馈的复习）、表征（使用视觉或言语表征）以及问题结构/类型（图式的教学、根据问题背后的共同特征识别出问题的类型）是有效的应用题解决干

---

❶ ZHENG X, FLYNN L J, SWANSON H L. Experimental Intervention Studies on Word Problem Solving and Math Disabilities: A Selective Analysis of Literature [J]. Learning Disability Quarterly, 2013, 36: 97–111.

❷ LEIN A E. Effectiveness of Mathematical Word Problem Solving Interventions for Students with Learning Disabilities and Mathematics Difficulties: A Meta-Analysis [D/OL]. Minnesota: University of Minnesota, 2016. https://www.pqdtcn.com/thesisDetails/19116EE62A6621FE9F67059DC101D395.

预研究中的核心成分。

从一系列的元分析中不难发现，启发式、表征技术（如图式教学）、认知策略和直接教学策略是数学学习困难儿童数学问题解决干预中最为有效的策略。其中启发式和认知策略教学均属于启发式方法，注重教授问题解决的一般策略和程序；图式教学则属于语义式干预方法，强调通过图式表征问题结构，帮助学习认识基础结构、组织数学知识，制订问题解决方案。[1]因此，本章着重关注上述干预策略的相关研究。

第一节 问题解决启发式

启发式（Heuristics）的原型可追溯至帕普士（Pappus）、笛卡尔（Descartes）、来卜尼兹（Leibniz）和波尔扎诺（Bolzano）等人的研究。这些著名的数学家和哲学家建立了一个启发式系统，用于评估发明创造的规则和方法。[2]当代启发式是在这些经典的启发式系统上建立起来的，主要由乔治·波利亚（George Polya）于20世纪40年代中期在著作《怎样解题：数学方法的新视角》(*How to Solve It: A New Aspect of Mathematical*

---

[1] HWANG J, RICCOMINI P J. Enhancing Mathematical Problem Solving for Secondary Students with or at Risk of Learning Disabilities: A Literature Review [J]. Learning Disabilities Research & Practice, 2016,31（3）:169-181.

[2] POLYA G. How to Solve It: A New Aspect of Mathematical Method [M]. 2nd ed. Princeton, NJ: Princeton University Press, 1975.

Method）中所介绍。波利亚重新进一步界定启发式，即用于解决问题的心理操作。他提出了一个适用于所有数学问题的四步启发式，即理解问题—制订计划—实施计划—回顾。这一启发式也同样推广到其他的学科。

近年来，启发式被进一步界定为一种通用的问题解决指南，而且这些策略（一系列步骤）并不具有问题特定性。❶ 不同于其他特定的问题解决策略，启发式可以帮助学生组织信息，广泛用于各种类型的问题解决。教给学生多种启发式策略，有助于其在解题时可以有更多的机会选择策略。❷ 启发式分为四种类型：（1）表征策略，包括图式、等式、列表等；（2）估计策略，包括结果估计和检查；（3）加工过程策略，包括逆向工作（work backwards）、前后步骤策略（before-after）、情景演示策略（act it out）；（4）问题改变策略，包括改变问题表述、简化问题、解决部分问题策略等。❸ 相较于解决简单的算术问题需要计算技能，解应用题需要对概念有更深入的理解。数学学习存在困难的儿童可能在阅读应用题以及解题中并不知道自己所选择的算式是否恰当。启发式为学生提供理解问题和组织信息的程序，从而减少学生在问题计算部分的注意

---

❶ GERSTEN R, CHARD D, JAYANTHI M, et al. Mathematics Instruction for Students with Learning Disabilities or Difficulty Learning Mathematics: A Synthesis of the Intervention Research [R]. Portsmouth, NH: RMC Research Corporation, Center on Instruction, 2008: 2.

❷ GERSTEN R, CHARD D J, JAYANTHI M, et al. Mathematics Instruction for Students with Learning Disabilities: A Meta-Analysis of Instructional Components [J]. Review of Educational Research, 2009, 79: 1202–1242.

❸ HONG K T, MEI Y S LIM J. The Singapore Model Method for Learning Mathematics [M]. Singapore: Marshall Cavendish Education, 2009.

力。❶ 启发式也从波利亚所提出的普适性的四步骤解题方法逐渐发展为四种类型的启发式，并且研究也发现在解决应用题的过程中使用多种启发式的组合策略对于儿童的应用题解决更为有效。❷ 启发式理论的发展成为很多其他应用题解决策略的基础，包括目前被认为是数学应用题解决干预中最为有效的两种干预策略，即图式教学和认知策略教学，均是在启发式理论的基础上发展而来。❸

第二节 图式教学

一、图式教学的基本特征及程序

图式教学（Schema-Based Instruction, SBI）作为一种循证实践，源于表征启发式（Representational Heuristics），是一种

---

❶ GIORDANO G. Heuristic Strategies: An Aid for Solving Verbal Mathematical Problems [J]. Intervention in School and Clinic, 1992, 28: 88–96.

❷ GERSTEN R, CHARD D J, JAYANTHI M, et al. Mathematics Instruction for Students with Learning Disabilities: A Meta-Analysis of Instructional Components [J]. Review of Educational Research, 2009, 79: 1202–1242.

❸ SWANSON H L. Does Cognitive Strategy Training on Word Problems Compensate for Working Memory Capacity in Children with Math Difficulties? [J]. Journal of Educational Psychology, 2014, 106: 831–848.

高度有效且被全面研究的策略,[1] 其目的在于提高学生分析和解决应用题的能力。图式是一种经过层级化组织的用于应用题解决的认知结构,存储于长时记忆中。在图式教学中使用图式有助于减少工作记忆负荷,以帮助数学学习困难学生在解应用题的过程中更有效地解决数学问题。数学学习困难学生工作记忆容量小,数学事实提取存在问题,难以梳理有效信息之间的关系。在解决问题时,首先呈现一个问题情景,让学生在情景下理解问题的底层结构,用视觉手段对有效信息进行辨别、梳理,建构问题的思维导图,减少学生认知和记忆负荷。图式教学的优势在于它透过问题表面的相似性,识别问题的底层结构(或图式),即该问题的组织方式或指导该问题的表征模式。[2] 最初习得图式需要较多工作记忆的参与,若辅以练习,使图式逐渐自动化,便可以只占用少量的工作记忆资源。图式教学不仅强调数学底层结构在问题解决中的作用,也强调使用元认知监控反思问题解决过程,引导学生思考"我在做什么,为什么这样做",自我监控、评估问题解决过程。图式教学通过提供明确和系统的指导、搭建脚手架、优化学生的思维过程,促进了数学学习困难学生弥补工作记忆的缺陷,提高问题解决能力。图式可分为加法结构和乘法结构,差异(change)、求

---

[1] MONTAGUE M. Strategies for Improving Student Outcomes in Mathematics Reasoning [M]//CHARD D, COOK B G, TANKERSLEY M. Research-Based Strategies for Improving Outcomes in Academics. Boston: Pearson, 2013:70-82.

[2] BRAWAND A, KING-SEARS M E, EVMENOVA A S, et al. Proportional Reasoning Word Problem Performance for Middle School Students with High-Incidence Disabilities (HID)[J]. Learning Disability Quarterly, 2020,43(3):140-153.

和（group）、比较（compare）问题使用的是加法结构，而比率（restate, ratio-type）和变化（vary）问题使用的是乘法结构。❶

图式示意图（schematic diagram）用于表征不同类型的问题。使用图式示意图更多关注问题的图式（问题的语义结构），即通过排除无关信息从而使得应用题本身对于学习困难学生更加容易理解，进而理解如何解题。因此，研究者指出，图式教学在数学应用题解决教学中的有效性主要取决于直接教学是否强调应用题的语义结构。故而，在大量研究中，研究者会开展识别问题语义结构的图式训练，促进学生选择适当的示意图。❷ 总而言之，图式教学是一种问题解决表征技巧，在这种教学中

---

❶ 五类问题示例如下：
（1）差异问题："3 只麻雀飞到了树枝上，之后又有一些喜鹊飞到了这个树枝上，现在树枝上总共有 8 只小鸟。那么，树枝上飞来了几只喜鹊？"
（2）求和问题："小明有 5 支铅笔，小刚有 6 支铅笔。小明和小刚一共有几支铅笔？"
（3）比较问题："光明小区有 11 只流浪猫，8 只流浪狗；猫比狗多几只？"
（4）比率问题："橙汁饮料中纯橙汁与水的比率是 1∶3，那么 6 罐水需要几罐纯橙汁兑成橙汁饮料？"
（5）变化问题："悠悠在 2 分钟内可以吃 3 个面包，按照这一速度，他在 6 分钟内可以吃多少个面包？"

❷ FUCHS L S, FUCHS D, FINELLI R, et al. Expanding Schema-Based Transfer Instruction to Help Third Graders Solve Real-Life Mathematical Problems [J]. American Educational Research Journal, 2004, 41: 419-445; HUTCHINSON N L. Effects of Cognitive Strategy Instruction on Algebra Problem Solving with Adolescents with Learning Disabilities [J]. Learning Disability Quarterly, 1993, 16: 34-63; JITENDRA A K, DIPIPI C, PERRON-JONES N. An Exploratory Study of Schema-Based Word-Problem-Solving Instruction for Middle School Students with Learning Disabilities: An Emphasis on Conceptual and Procedural Understanding [J]. The Journal of Special Education, 2002, 36: 23-38; JITENDRA A K, GRIFFIN C C, MCGOEY K, et al. Effects of Mathematical Word Problem Solving by Students at Risk or with Mild Disabilities [J]. Journal of Educational Research, 1998, 91: 345-355.

使用直接教学方法教学生使用图式示意图、数学模型等策略。

在不同的研究中，图式教学的程序有所变化，但是所有的研究都将直接教学（explicit instruction）融入其中。例如，吉藤德拉团队的系列研究中训练学生识别问题图式，选择、使用适当的示意图，且在干预中学生须找出问题的缺失成分并用问号标记。图式教学通常分为两个阶段，问题图式教学阶段和问题解决阶段。[1]在问题图式教学阶段，使用只有已知信息的完整应用题，让学生识别出问题的图式并且完成图式示意图。在这一阶段，给学生提供识别图式并将信息整合的机会。在问题解决阶段，给出未知变量，并且让学生在图式中解决未知变量。图式教学也会使用四步骤记忆技巧（FOPS），引导学生使用这些步骤来解决问题，即找出问题类型（finding the problem type）、使用示意图组织问题中的信息（organizing the information in the problem using the diagram）、列出解题计划（planning to solve the problem）、解决问题（solving the problem）。[2]

在近期的研究中，图式教学的程序也结合了结构化的认知

---

[1] JITENDRA A K. Solving Math Word Problems: Teaching Students with Learning Disabilities Using Schema-Based Instruction [M]. Austin, TX: PRO-ED, 2007.

[2] JITENDRA A K, GRIFFIN C C, DEATLINE-BUCHMAN A, et al. Mathematical Word Problem Solving in Third-Grade Classrooms [J]. The Journal of Educational Research, 2007, 100（5）: 283-302; JITENDRA A K, STAR J R, STAROSTA K, et al. Improving Seventh Grade Students' Learning of Ratio and Proportion: The Role of Schema-Based Instruction [J]. Contemporary Educational Psychology, 2009, 34（3）: 250-264; JITENDRA A K, RODRIGUEZ M, KANIVE R, et al. Impact of Small-Group Tutoring Interventions on the Mathematical Problem Solving and Achievement of Third-Grade Students with Mathematics Difficulties [J]. Learning Disability Quarterly, 2013, 36（1）: 21-35.

策略，研究也得出了积极的结果，研究者也越来越多地在图式教学干预程序中融入更为结构化的认知策略步骤。吉藤德拉和乔恩·斯塔（Jon Star）总结了图式教学的主要步骤，即问题理解—问题表征—计划—问题解决。在使用基于图式教学时，融入视觉表征和认知策略的直接教学，是提高学生应用题解决水平的有效方法之一。[1]其他研究者也开发了类似的融入认知成分的图式教学干预程序，如忻燕萍等教给学生五步认知策略，应用于乘法比较或者比率应用题中。[2]四步检核表应用于两种形式的乘法应用题，帮助学生巩固在图式教学中所学习的解题方法，并且研究结果也显示这种认知策略的融入使学生能够在干预结束后的维持期及泛化阶段更成功地持续应用所学的策略。[3]德琳达·范加戴尔（Delinda Van Garderen）与其合作者玛乔丽·蒙塔古（Marjorie Montague）（蒙塔古也是认知策略教学的代表性学者）也开展了基于图式教学的研究。[4]2007年范加戴尔首次将蒙塔古的认知策略教学（Cognitive Strategy Instruction，CSI）中的主要成分融入基于图式教学的干预，即

---

[1] JITENDRA A K, STAR J R, RODRIGUEZ M, et al. Improving Students' Proportional Thinking Using Schema-Based Instruction [J]. Learning & Instruction, 2011, 21 (6):731-745.

[2] XIN Y P, JITENDRA A K, DEATLINE-BUCHMAN A. Effects of Mathematical Word Problem-Solving Instruction on Middle School Students with Learning Problems [J]. Journal of Special Education, 2005, 39: 181-192.

[3] XIN Y P. The Effect of Schema-Based Instruction in Solving Mathematics Word Problems: An Emphasis on Prealgebraic Conceptualization of Multiplicative Relations [J]. Journal for Research in Mathematics Education, 2008, 39 (5):526-551.

[4] VAN GARDEREN D, MONTAGUE M. Visual-Spatial Representation, Mathematical Problem Solving, and Students of Varying Abilities [J]. Learning Disabilities Research & Practice, 2003, 18 (4): 246-254.

使用直接教学教授学生解题的认知步骤，包括读题、视觉化表征问题、计划、检查等，这些认知成分相较于之前的研究更为正式，且经过了前期大量研究的验证。❶

二、图式教学的应用研究

图式教学的初期研究，以吉藤德拉等在1998年所开展的一项研究为代表，❷该研究是对其1996年的一项单一被试研究的拓展。❸研究者使用随机控制实验检验了58名二年级至五年级的学生在应用题解决技能训练中使用图式教学的效果。58名被试中包括24名普通学生（对照组）、34名特殊学生（实验组，其中25人具有学习障碍、智力障碍、严重的情绪障碍，9人为数学障碍高危儿童）。对照组接受常规的普通数学教学，所参加的前测和后测题目为15道一步加法和减法应用题。实验组的学生被随机分到2个实验情境：传统教学和图式教学。实验组的所有学生接受17~29天每天40~45分钟的干预，所有干预均由受过培训的研究者实施。在传统教学情境下，学生所接受的干预基于一个包含两阶段的基础数学项目，干预中使

---

❶ VAN GARDEREN D. Teaching Students with LD to Use Diagrams to Solve Mathematical Word Problems [J]. Journal of Learning Disabilities, 2007, 40 (6): 540–553.

❷ JITENDRA A K, GRIFFIN C C, MCGOEY K, et al. Effects of the Mathematical Word Problem Solving by Students at Risk or with Mild Disabilities [J]. The Journal of Educational Research, 1998, 91: 345–355.

❸ JITENDRA A K, HOFF K. The Effects of Schema-Based Instruction on the Mathematical Word Problem Solving Performance of Students with Learning Disabilities [J]. Journal of Learning Disabilities, 1996, 29: 422–431.

用解应用题的五步检核清单,即问题的理解—找出重要数据—通过估算和检查制定解题计划—完成解题—确定答案是否有意义。图式教学情境也包含两个阶段:阶段一包括使用故事情境(无缺失信息)帮助学生识别不同问题类型(变化、群组、比较)、转译信息、列出图式示意图;阶段二利用与阶段一相似的步骤帮助学生解决问题,找出缺失信息,并且开展教学,教给学生如何基于问题类型解决问题。研究结果证明图式教学组学生的分数从前测到后测增长了26%,而传统教学组学生分数增长了16%。图式教学组学生的表现显著优于传统教学组。并且,图式教学组学生的后测分数接近对照组的普通学生。这一结果验证了图式教学在数学应用题解决教学中的有效性。

其后,吉藤德拉等还探讨了图式教学在普通融合班级中应用的价值。❶ 例如,吉藤德拉将图式教学与普通策略教学(General Strategy Instruction, GSI)应用于普通班级,由普通数学教师实施,探讨其在促进三年级低成就学生数学应用题解决、计算技能以及数学成就中的效果。❷ 研究中,图式教学包括在解应用题之前先使用图式示意图视觉描画出应用题,并采用直接教学将此策略教给学生。结果显示图式教学组学生在标

---

❶ JITENDRA A K, GRIFFIN C C, HARIA P, et al. Mathematical Word Problem-Solving in Third Grade Classrooms [J]. The Journal of Educational Research, 2007, 100: 283–302; GRIFFIN C C, JITENDRA A K. Word Problem-Solving Instruction in Inclusive Third-Grade Mathematics Classrooms [J]. The Journal of Educational Research, 2009, 102 (3): 187–202.

❷ JITENDRA A K, GRIFFIN C C, HARIA P, et al. Mathematical Word Problem-Solving in Third Grade Classrooms [J]. The Journal of Educational Research, 2007, 100: 283–302.

准化成就测验上的表现显著优于普通策略教学组,且图式教学对低成就学生是一种效果甚佳的教学模式。

吉藤德拉等而后又继续拓展图式教学(以视觉表征为主)的研究,发表二十余篇相关研究,涉及二年级至八年级数学应用题中的差异、求和、比较、比率以及变化等类型的一步或两步应用题,结果均显示图式教学在数学学习困难学生及低成就学生应用题解决中的积极作用,以及相较于传统教学策略的显著优势。这些学者团队的研究为图式教学的有效性提供了有力的证据支持。

其他学者的系列研究也进一步验证了图式教学的有效性。例如,福克斯等将图式教学应用于三年级应用题解决技能教学中,[1] 被试为三年级的24名教师和355名学生。教师被随机分到三种情境,即控制组、图式教学组、图式教学+分类练习组。学生也跟随其教师的分组,接受其中一种教学。学生按照学业成就水平分为低成就、平均成就、高成就三种类别。由研究者提供所有情境中的教学,包括提供学区课程、基本文本材料以及三周的普通数学应用题解决教学。在图式教学组、图式教学+分类练习组的学生接受图式教学;在图式教学+分类练习组的学生也接受基于图式的分类教学指导(如根据图式对问题分类)。使用应用题前后测、图式发展水平后测来测量学生的进步情况。结果显示,两组接受了图式教学的学生比控制组

---

[1] FUCHS L S, FUCHS D, PRENTICE K, et al. Enhancing Mathematical Problem Solving among Third-Grade Students with Schema-Based Instruction [J]. Journal of Educational Psychology, 2004, 96: 635-647.

的学生进步显著，并且在立即迁移、近迁移和远迁移上表现出较强的效应值。在两组实施图式教学的被试中并未发现显著差异。这一研究再次支持了图式教学在提高学生应用题解决技能上的积极影响。

为了拓展基于图式教学的相关研究，福克斯等进一步探讨了图式拓展教学（Schema-Broadening Instruction，为另外一种 SBI 模型）在数学应用题教学中的应用。图式拓展教学类似于图式教学，但是最重要的区别在于前者包括对迁移策略的直接教学，以促进泛化。❶ 图式拓展教学包括四个教学成分，即问题的基本结构、问题类型的图式、解决问题、迁移图式知识到新的问题。研究者分别探讨了图式拓展教学对不同年级学生解决各类数学应用题技能的干预效果，验证了其在提升不同数学学业水平学生数学问题解决能力上的有效性。❷ 里恩等对 1989—2019 年学习困难及数学困难学生的数学问题解决干预研究的元分析发现，图式拓展教学比图式教学、策略教学及其他

---

❶ FUCHS L S, SEETHALER P M, POWELL S R, et al. Effects of Preventative Tutoring on the Mathematical Problem Solving of Third-Grade Students with Math and Reading Difficulties [J]. Exceptional Children, 2008, 74: 155–173.

❷ FUCHS L S, FUCHS D, FINELLI R, et al. Teaching Third Graders about Real-Life Mathematical Problem Solving: A Randomized Controlled Study [J]. The Elementary School Journal, 2006, 106: 293–311; FUCHS L S, ZUMETA R O, SCHUMACHER R F, et al. The Effects of Schema-Broadening Instruction on Second Graders' Word-Problem Performance and Their Ability to Represent Word Problems with Algebraic Equations: A Randomized Control Study [J]. Elementary School Journal, 2010, 110: 440–463; FUCHS L S, SCHUMACHER R F, LONG J, et al. Effects of Intervention to Improve At-Risk Fourth Graders' Understanding, Calculations, and Word Problems with Fractions [J]. The Elementary School Journal, 2016, 116: 625–651.

教学模式的干预效果更好。[1]

图式教学的研究证明了这一干预模式在数学学习困难儿童应用题解决技能提升中的有效性。而且，近二十年的大量研究也证明了这一模式在小学、中学数学等多个领域中的应用价值。虽然目前尚未验证图式教学是一种循证实践，但是，吉藤德拉等证明了事先教授学生数学应用题的结构的策略教学是一项循证实践，这也是图式教学中的重要成分。[2]

但是，已有研究的局限性也值得关注。首先，图式教学的研究多由相似或相同研究团队开展（以学者吉藤德拉或福克斯领衔的两支团队为主），因而需要更多的研究者探讨该方法的有效性，以满足循证实践的要求。其次，鲜有研究在应用题解决的初始阶段就开始将图式教学与认知策略相融合。最后，图式教学策略在数学学习困难儿童群体上应用的有效性仍需进一步探讨。已有图式教学的研究更关注图形组织者（Graphic Organizers）的使用，已有研究中针对每个特定的应用题类型设计一个与之对应的图形组织者（一种图式表达式，如总和、比较、变化应用题分别有与之相对应的图式形式），使用直接教学教给学生识别并辨别出有限的几种应用题类型。但是，可能存在其他更有效的视觉表征方式，可以在跨问题类型情境中具

---

[1] LEIN A E, JITENDA A K, HARWELL M R. Effectiveness of Mathematical Word Problem Solving Interventions for Students with Learning Disabilities and/or Mathematics Difficulties: A Meta-Analysis [J]. Journal of Educational Psychology, 2020, 112: 1388–1408.

[2] JITENDRA A K, PETERSEN-BROWN S, LEIN A E, et al. Teaching Mathematical Word Problem Solving: The Quality of Evidence for Strategy Instruction on Priming the Problem Structure [J]. Journal of Learning Disabilities, 2015, 48: 51–72.

有更广泛的应用价值,并且可以避免图形组织者只能应用于某一种应用题类型的问题。因此,未来的研究应更多开发其他视觉表征方式开展图式教学的干预研究。

第三节 认知策略教学

一、认知策略教学的特征及程序

认知策略教学(Cognitive Strategy Instruction, CSI)是一种有效的启发式干预类型,最初的形式是研究者所开发的"Solve It!"干预策略,以发展理论、信息加工理论、社会文化理论以及基于研究的干预原则和程序为基础。[1]在该教学模式中,更多关注学生数学应用题解决中的认知和元认知缺陷,强调教给学生一系列认知(如视觉表征)和元认知(如自我提问)过程、策略或认知行为,促进个体的应用题学习,适用于各年龄段儿童各类型应用题的教学。[2]因此,认知策略教学的目的就

---

[1] GROUWS D. Handbook of Research on Mathematics Teaching and Learning [M]. New York, NY: Macmillan, 1992; SWANSON H L, HARRIS K R, GRAHAM S. Handbook of Learning Disabilities [M]. New York, NY: Guilford, 2003.

[2] MONTAGUE M, DIETZ S. Evaluating the Evidence Base for Cognitive Strategy Instruction and Mathematical Problem Solving [J]. Exceptional Children, 2009, 75: 285-302; ROSENZWEIG C, KRAWEC J, MONTAGUE M. Metacognitive Strategy Use of Eighth-Grade Students with and Without Learning Disabilities during Mathematical Problem Solving: A Think-Aloud Analysis [J]. Journal of Learning Disabilities, 2011, 44(6): 508-520.

是使用直接教学教会儿童像良好的问题解决者一样思考和行动，从而成功解决问题。❶ 该教学模式主要包括七个认知过程和三个自我监控策略（说、问、检查）。其中，认知过程主要指：（1）读题；（2）用自己的语言转述问题；（3）视觉化表征，画出图式表征；（4）提出假设和制订解题计划；（5）估计或预测结果；（6）计算；（7）检查答案。

二、认知策略教学的应用研究

认知策略教学对于缺乏应用题解决策略或在策略选择及应用上存在困难的数学学习困难儿童尤为有效。❷ 他们往往缺乏有效的策略，无法使用已有的学习策略，而且无法在不同的领域泛化策略。❸ 相较而言，良好的问题解决者一般具有各种策略并且能够高效使用这些策略。他们能够自我指导、自我调整

---

❶ MONTAGUE M. Strategies for Improving Student Outcomes in Mathematics Reasoning [M]//CHARD D, COOK B G, TANKERSLEY M. Research-Based Strategies for Improving Outcomes in Academics. Boston: Pearson, 2013: 70-82.

❷ GRAHAM S, HARRIS K R. Students with Learning Disabilities and the Process of Writing: A Meta-Analysis of SRSD Studies [M]//SWANSON H L, HARRIS K R, GRAHAM S. Handbook of Learning Disabilities. New York, NY: Guilford, 2003: 323-334; SWANSON H L. Research on Interventions for Adolescents with Learning Disabilities: A Meta-Analysis of Outcomes Related to Higher-Order Processing [J]. The Elementary School Journal, 2002, 101: 331-348.

❸ SWANSON H L. Principles and Procedures in Strategy Use [M]//MELTZER L. Strategy Assessment and Instruction for Students with Learning Disabilities: From Theory to Practice. Austin, TX: PRO-ED, 1993: 61-92.

以及促进策略应用的泛化。[1]而且，数学学习困难儿童的这些缺陷并不会随着时间而消失，必须通过特定的干预才能帮助其减弱这些缺陷。[2]因此，认知策略教学广泛地应用于数学学习困难儿童应用题解题能力的干预中。

蒙塔古和坎迪斯·博斯（Candace Bos）首次验证了认知策略教学在混合型数学学习困难儿童群体中的有效性。[3]其后，研究者使用前后测控制组实验设计比较了认知策略、元认知策略或认知策略教学的有效性，经过四个月的干预实验，结果显示数学学习困难学生虽未达到普通同伴的学业水平，但是认知策略教学对数学学习困难儿童的应用题解决能力的提升有显著作用。[4]福克斯等的研究也得到类似结果，即使用元认知和认知干预的一年级数学学习困难高危儿童虽未达到普通同伴的数学学业水平，但在包括应用题解决在内的各数学领域上比对照组表现更佳。[5]

---

[1] PRESSLEY M, BORKOWSKI J G, SCHNEIDER W. Cognitive Strategies: Good Strategy Users Coordinate Metacognition and Knowledge [J]. Annals of Child Development, 1987, 4: 89–129.

[2] COMPTON D L, FUCHS L S, FUCHS D, et al. The Cognitive and Academic Profiles of Reading and Mathematics Learning Disabilities [J]. Journal o f Learning Disabilities, 2012, 45（1）: 79–95.

[3] MONTAGUE M, BOS C. The Effect of Cognitive Strategy Training on Verbal Math Problem Solving Performance of Learning Disabled Adolescents [J]. Journal of Learning Disabilities, 1986, 19: 26–33.

[4] MONTAGUE M, APPLEGATE B, MARQUARD K. Cognitive Strategy Instruction and Mathematical Problem-Solving Performance of Students with Learning Disabilities [J]. Learning Disabilities Research & Practice, 1993, 8（4）: 223–232.

[5] FUCHS L S, COMPTON D L, FUCHS D, et al. The Prevention, Identification, and Cognitive Determinants of Math Difficulty [J]. Journal of Educational Psychology, 2005, 97（3）: 493–513.

近期的一系列随机实验研究也证明了认知策略教学的有效性。蒙塔古等探讨了认知策略教学在7—8年级普通儿童、低成就儿童、数学学习困难儿童应用题解决中的有效性。结果发现，接受认知策略教学的学生（n=185）比对照组（n=127）在数学应用题解题中表现出更大的进步。[1]其后，一项涉及被试人数更多的随机实验研究[2]（实验组n=319，对照组n=460）得到了类似结果，而且接受认知策略教学的数学学习困难儿童的后测得分甚至高于对照组中的普通学业成就儿童，进一步证明了认知策略教学对于提升数学学习困难儿童应用题解题成绩的可能性；此外，研究还发现认知策略教学对不同数学学业水平学生的积极作用，证明了该方法在融合班级中的应用价值。詹妮弗·克劳威克（Jennifer Krawec）等进一步探讨了认知策略教学在初中数学学习困难儿童应用题教学中的有效性（数学学习困难儿童n=77，普通儿童n=77），并且该研究的教学由数学教师在普通班级中实施。[3]结果发现，认知策略教学对各能力水平的被试均产生积极效果，而且，数学学习困难儿童的解题能力达到对照组的普通儿童的水平。之后，蒙塔古等所开展

---

[1] MONTAGUE M, DIETZ S. Evaluating the Evidence Base for Cognitive Strategy Instruction and Mathematical Problem Solving [J]. Exceptional Children, 2009, 75: 285-302.

[2] MONTAGUE M, ENDERS C, DIETZ S. Effects of Cognitive Strategy Instruction on Math Problem Solving of Middle School Students with Learning Disabilities [J]. Learning Disability Quarterly, 2011, 34: 262-272.

[3] KRAWEC J, HUANG J, MONTAGUE M, et al. The Effects of Cognitive Strategy Instruction on Knowledge of Math Problem-Solving Processes of Middle School Students with Learning Disabilities [J]. Learning Disability Quarterly, 2013, 36（2）: 80-92.

的另一项七年级数学学习困难儿童的随机实验研究（实验组 n=644，对照组 n=415）再次验证了前期研究结果，并且发现认知策略教学对低学业成就学生的干预效果比学业水平一般的学生更强。❶ 这一结果再次说明认知策略教学在提高数学学习困难儿童的数学应用题解决能力上的潜在作用。随后，克劳威克等针对五、六年级的应用题干预进行了调整，在原有认知策略教学的基础上，对教学的明确性、对元认知的关注度、应用题解决的先验能力、初始干预课程的时长及视觉支持的使用五个领域进行了调整，以满足五、六年级学生的发展特征。❷ 研究中普通数学老师在融合班级中实施教学（干预组 n=191，对照组 n=116），采用数学应用题解决的课程本位评估工具在整个学年实施 5 次评估。经过重复测量多层级模型分析显示，干预组相较于对照组在第一阶段（课程本位评估 1-4）进步显著（d=0.43）；尽管在最后一次课程本位评估中两组并无显著差异，但是干预组的学习困难学生比在对照组的学生成绩高出 20%，从某种程度上说明了调整后的认知策略教学对五、六年级数学学习困难儿童应用题解决能力提升的积极作用。总之，近年来的系列研究，既验证了认知策略教学在数学学习困难儿童应用题解决能力提升中的积极作用，也证明了认知策略教学

---

❶ MONTAGUE M, KRAWEC J, ENDERS C, et al. The Effects of Cognitive Strategy Instruction on Math Problem Solving of Middle-School Students of Varying Ability [J]. Journal of Educational Psychology, 2014, 106: 469-481.

❷ KRAWEC J, HUANG J. Modifying a Research-Based Problem-Solving Intervention to Improve the Problem-Solving Performance of Fifth and Sixth Graders with and Without Learning Disabilities [J]. Journal of Learning Disabilities, 2016, 50（4）: 468-480.

在融合班级中的应用价值。

认知策略教学的相关研究证明了该模式在数学学习困难儿童应用题解决干预中是一项有效的、基于研究的干预策略。为了验证认知策略教学是一项循证实践，蒙塔古和德茨对1969—2006年使用认知策略教学的数学应用题解决干预研究进行质量评价，❶ 结果发现尽管有42项研究使用了这一策略，但是仅有7项研究符合认知策略教学的应用要求及干预研究的设计要求（必须为研究论文，发表于同行评审期刊，使用认知策略进行干预，使用群组实验、准实验或单一被试研究设计，被试包含障碍者，因变量为数学应用题成绩），其中2项为群组设计，5项为单一被试设计。这7项研究涉及142名被试，年龄分布在8岁4个月至16岁7个月；大部分学生被鉴别为学习障碍（n=110）或轻度智力障碍（n=30）。该研究指出，尽管已有研究证明了认知策略教学在数学应用题解决干预上的重要价值，但相关研究并未提供充分证据证明认知策略教学可以被认定为循证实践。部分研究缺失或存在较低的干预忠诚度以及评分者信度，且并未完全遵循循证实践中群组设计以及单一被试设计的标准，❷ 未来研究应尤为关注。此外，认知策略教学

---

❶ MONTAGUE M, DIETZ S. Evaluating the Evidence Base for Cognitive Strategy Instruction and Mathematical Problem Solving [J]. Exceptional Children, 2009, 75: 285-302.

❷ GERSTEN R, FUCHS LS, COMPTON D, et al. Quality Indicators for Group Experimental and Quasi-Experimental Research in Special Education [J]. Exceptional Children, 2005, 71: 149-164; HORNER R H, CARR E G, HALLE J, et al. The Use of Single-Subject Research to Identify Evidence-Based Practice in Special Education [J]. Exceptional Children, 2005, 71: 165-179.

的干预研究主要以蒙塔古研究团队为主,这也与克拉托奇威尔(Kratochwill)等研究者所提出的"至少有三组不重叠的研究者所组成的研究团队"❶的循证实践标准有所不符。因此,未来需要通过更多地开展广泛研究以为认知策略教学作为一项循证实践提供充足的研究证据。

第四节 直接教学

直接教学是一种教授学业概念和技能的结构化和系统化教学模式。❷在这种模式中,教师选择一个重要目标,指定学习成果,设计结构化教学体验,直接解释、示范所教授的技能,并提供支架式练习以帮助学生掌握知识。研究已证实直接教学在(高危)障碍学生数学教学中的有效性。❸图式教学和认知策略教学也都将直接教学作为核心的干预要素。直接教学以一

---

❶ KRATOCHWILL T R, HITCHCOCK J H, HOMER R H, et al. Single-Case Intervention Research Design Standards [J]. Remedial and Special Education, 2013, 34: 26-38.

❷ ARCHER A, HUGHES C. Explicit Instruction: Effective and Efficient Teaching [M]. New York, NY: Guilford Publications, 2011:1.

❸ GERSTEN R, CHARD D J, JAYANTHI M, et al. Mathematics Instruction for Students with Learning Disabilities: A Meta-Analysis of Instructional Components [J]. Review of Educational Research, 2009, 79: 1202-1242; JAYANTHI M, GERSTEN R, BAKER S. Mathematics Instruction for Students with Learning Disabilities or Difficulty Learning Mathematics: A Guide for Teachers [R]. Portsmouth, NH: RMC Research Corporation, Center on Instruction, 2008.

系列的支架（scaffold）和支持为特点，教师引导学生清晰理解学习新技能的目的和意义、对教学目标进行清晰的解释和示范，给学生呈现多元的练习机会并进行持续反馈，促进学生达到技能掌握的精熟水平。经过大量研究，研究者探索出在直接教学中的16种重要教育行为和元素，包括：（1）关注对学生学习及未来发展非常重要的技能、策略、语言、概念、规则等内容的教学；（2）关注技能的内在逻辑顺序；（3）将复杂的技能和策略拆分为小的教学单元；（4）设计有组织、有重点的内容；（5）课程之初清晰呈现本节课的目标和期望；（6）开始教学前复习先备技能和知识；（7）呈现清晰的解题步骤；（8）使用清晰且准确的教学语言；（9）提供充分的例证和反例；（10）提供有指导和支持的练习；（11）促进师生互动，要求学生充分且频繁地回应；（12）密切监控学生的表现；（13）给予立即且正确的反馈；（14）以适当的速度进行教学，优化教学时间和教学内容，让学生有充分的时间思考；（15）帮助学生组织知识；（16）提供分布式和累积式的练习（短时间内大量练习及分散练习）。

以往的元分析研究指出使用直接教学进行数学概念教学（包括应用题解决技能）的有效性。在贾阳提等的元分析中，检验了学生在理解数学概念（包括应用题解决）中数学策略的有效性，并且指出直接教学是一种非常有效的策略

（ES=1.22）。[1] 盖斯滕等回顾了已有文献中关于（高危）学习困难儿童的数学教学要素，结果发现使用直接教学、视觉表征、有序和（或）广泛的例子、出声思维（think aloud）或者提供持续的反馈是具有显著效应的教学要素。其中，在计算、应用题、解决新情境中的数学问题等领域，直接的、系统的教学是最为有效的要素，其效应值最大（ES = 1.22）。[2] 也有研究者通过元分析指出直接教学是教授单纯型和混合型数学学习困难儿童应用题解决技能的有效策略，并且指出直接教学是教授学习障碍学生的有效模式。[3]

---

[1] JAYANTHI M, GERSTEN R, BAKER S. Mathematics Instruction for Students with Learning Disabilities or Difficulty Learning Mathematics: A Guide for Teachers [R]. Portsmouth, NH: RMC Research Corporation, Center on Instruction, 2008.

[2] GERSTEN R, CHARD D J, JAYANTHI M, et al. Mathematics Instruction for Students with Learning Disabilities: A Meta-Analysis of Instructional Components [J]. Review of Educational Research, 2009, 79: 1202-1242.

[3] ZHENG X, FLYNN L J, SWANSON H L. Experimental Intervention Studies on Word Problem Solving and Math Disabilities: A Selective Analysis of the Literature [J]. Learning Disability Quarterly, 2013, 36: 97-111.

中　篇
实验探索篇

本篇为数学学习困难儿童数学问题解决特征的实验探索篇，也是本书的核心内容部分。以第一篇中认知机制部分的理论与文献为基础，采用专家－新手研究范式，首先，从数学学习困难儿童数学问题解决的"表象"特征出发，系统分析数学学习困难儿童在数学问题解决过程中的模式特征、策略使用及有效性；其次，关注影响数学问题解决的"领域特殊性"因素，即情境理解、问题表征、解题计划等认知能力和自我评价等元认知能力，探索数学学习困难儿童的认知和元认知能力表现特征，分析其对解题成绩的影响作用；最后，剖析PASS认知成分对数学学习困难儿童数学问题解决的影响，探讨"领域一般性"因素的作用机制。

第四章　数学学习困难儿童数学问题解决过程的模式研究

第一节　研究背景与方法

一、研究背景

数学应用题解决，亦称数学问题解决，对儿童数学学习成功与否起着关键作用，也直接关系到儿童其他学科领域的发展及未来的发展。[1] 近年来，尽管研究者和实践者对该领域给予了较多的关注，但是数学应用题解决仍然是儿童数学学习中的难点，特别是对于数学学习困难儿童。[2] 工作记忆和加工速度、运算及计算能力、数学表征水平、高级推理、语言成分以及应用题内在的理解能力的困难使数学应用题解决成为数学学习困

---

[1] BRYANT D P, BRYANT B R, HAMMILL D D. Characteristic Behaviors of Students with LD Who Have Teacher-Identified Math Weaknesses [J]. Journal of Learning Disabilities, 2000, 33: 168–177.

[2] ANDERSSON U. Mathematical Competencies in Children with Different Types of Learning Difficulties [J]. Journal of Educational Psychology, 2008, 100: 48–66.

第四章　数学学习困难儿童数学问题解决过程的模式研究

难儿童数学学习中最大的问题。[1]

数学应用题解决是一项复杂的技能,需要个体具有较高的思维水平和策略理论,进而建立一条应用题解决的路径。[2] 理查德·梅耶提出的应用题解决过程模型包括四个阶段:转译、整合、计划、执行,[3] 成功的应用题解决依赖于每个加工阶段的准确性,因此,该模型解释了为何应用题解决是所有年龄段学生数学学习的难点这一问题,也为本研究探讨数学学习困难儿童应用题解决过程的一般模式特点及成因奠定理论基础。

关于数学学习困难儿童应用题解决的探讨,以往研究多集中于数学学习困难儿童应用题解决与其他认知过程(能力)的

---

[1] FUCHS L S, FUCHS D. Mathematical Problem-Solving Profiles of Students with Mathematics Disabilities with and Without Comorbid Reading Disabilities [J]. Journal of Learning Disabilities, 2002, 35（6）: 564–574; 仲宁宁,陈英和,张晓龙. 儿童数学应用题表征水平的特点研究 [J]. 心理科学, 2009, 32（2）: 293–296; MACCINI P, RUHL K L. Effects of a Graduated Instructional Sequence on the Algebraic Subtraction of Integers by Secondary Students with Learning Disabilities [J]. Education & Treatment of Children, 2001, 23: 465–489; 向友余,华国栋. 小学数学学习障碍学生的数学语言转换研究 [J]. 中国特殊教育, 2008（8）: 60–66, 80; LERNER J. Learning Disabilities: Theories, Diagnosis, and Teaching Strategies [M]. 8th ed. Boston: Houghton Mifflin, 2000: 56.

[2] MONTAGUE M, WARGER C, MORGAN T H. Solve It! Strategy Instruction to Improve Mathematical Problem Solving [J]. Learning Disabilities Research & Practice, 2000, 15: 110–116.

[3] KRAWEC J, HUANG J, MONTAGUE M, et al. The Effects of Cognitive Strategy Instruction on Knowledge of Math Problem-Solving Processes of Middle School Students with Learning Disabilities [J]. Learning Disabilities Quarterly, 2012, 36（3）: 80–92.

关系,[1] 如工作记忆、阅读能力、策略知识、认知方式等,忽视了对该类儿童应用题解决本身机制的研究;另外,对数学学习困难儿童应用题解决的研究往往局限于某一静态阶段,以问题表征阶段最为突出,描述其问题表征方式与特点,且就这些方面将数学学习困难儿童与数学学业优良或普通儿童进行比较,[2] 忽视了对其应用题解决动态过程的探究。还有研究通过关注儿童应用题解决时使用的表征策略及其他认知和元认知策略来判断儿童应用题解决的有效性,[3] 或者将解题成绩作为衡量儿童应用题解决能力的唯一指标,忽视应用题解决每个加工阶段的准

---

[1] SWANSON H L, JERMAN O, ZHENG X. Growth in Working Memory and Mathematical Problem Solving in Children at Risk and Not at Risk for Serious Math Difficulties [J]. Journal of Educational Psychology, 2008, 100: 343-379; 蔡丹, 李其维, 邓赐平. 数学学习困难初中生的中央执行系统特点 [J]. 心理科学, 2011, 34 (2): 361-366; JORDAN N C, HANICH L B. Mathematical Thinking in Second-Grade Children with Different Forms of LD [J]. Journal of Learning Disabilities, 2000, 33: 567-578; OSTAD S A, SORENSEN P M. Private Speech and Strategy-Use Patterns: Bidirectional Comparisons of Children with and Without Mathematical Difficulties in a Developmental Perspective [J]. Journal of Learning Disabilities, 2007, 40 (1): 2-14; 游旭群, 张媛, 刘登攀, 等. 小学生数学应用题解题水平影响因素的研究: 视空间能力、认知方式及表征方式的影响 [J]. 心理科学, 2006, 29 (4): 868-873.

[2] 仲宁宁, 陈英和, 王明怡, 等. 小学二年级数学学优生与学困生应用题表征策略差异比较 [J]. 中国特殊教育, 2006 (3): 63-68; GEARY D C, HOARD M K, BYRD-CRAVEN J, et al. Cognitive Mechanisms Underlying Achievement Deficits in Children with Mathematical Learning Disability [J]. Child Development, 2007, 78 (4): 1343-1359.

[3] MACCINI P, RUHL K L. Effects of a Graduated Instructional Sequence on the Algebraic Subtraction of Integers by Secondary Students with Learning Disabilities [J]. Education & Treatment of Children, 2001, 23: 465-489; KRAWEC J, HUANG J, MONTAGUE M, et al. The Effects of Cognitive Strategy Instruction on Knowledge of Math Problem-Solving Processes of Middle School Students with Learning Disabilities [J]. Learning Disabilities Quarterly, 2012, 36 (3): 80-92.

确性对应用题解决的影响。因此，本研究采用口语报告法，借鉴已有研究中的编码方式，将应用题解决过程中各阶段的步骤数、错误数、错误类型纳入衡量儿童应用题解决有效性的指标体系。❶

小学三、四年级是儿童问题表征发展中的一个关键期和转折期，数学学习困难在小学四年级至六年级表现得最为明显。❷综上，本研究拟基于现代认知心理学关于问题解决的模式理论，探究我国数学学习困难儿童问题解决的一般模式和动态特点，以期为其应用题解决的教育训练提供理论依据，为干预方案的制定提供更具针对性的建议与思路。本研究提出如下假设：数学学习困难儿童的问题解决模式符合一般问题解决过程的四阶段论，即信息感知（表层理解）、情境表征（深层理解）、寻求解题方案（设计解题计划）、解题执行（执行解题计划），但在各阶段的时间分配上与数学学业优良儿童存在差异（H1）；数学学习困难儿童与数学学业优良儿童在问题解决的各个阶段存在差异，体现在时间、步骤、错误类型上（H2）；不同亚型数学学习困难儿童的问题解决过程存在差异（H3）；数学学习困难儿童的问题解决过程存在年级差异（H4）。

---

❶ 胥兴春. 学习障碍儿童数学问题解决的表征研究［D］. 重庆：西南师范大学，2002.
❷ 李清，王晓辰. 小学数困生应用题列式成绩、表征水平与PASS各认知过程的关系［J］. 心理科学，2010，33（5）：1234-1236.

二、研究方法

（一）被试

被试选自某中部城市一所教学质量位于全市中等水平的普通小学[1]三、四、五年级的小学生，共2262人（三年级758人、四年级703人、五年级801人）。抽取单纯型数学学习困难（简称单纯型）、混合型数学学习困难（简称混合型）、数学学业优良（简称数优型）三类儿童。根据以往研究者通常将标准化的数学成就测验中数学成绩位于25%以下的儿童作为筛选数学学习困难的标准之一，借鉴国内研究者根据成就–智力差异模型所确定的诊断方法进行被试筛选。单纯型入组标准：最近两次正规考试数学成绩均位于年级排名25%以下，且最近两次正规考试语文成绩均位于年级排名25%以上；班主任及科任教师评定其数学学习能力不足，语文成绩合格；经瑞文智力测验和学习动机测验排除智力水平异常和学习动机低下者。混合型入组标准：语文、数学最近两次正规考试成绩均位于年级排名后25%，其他条件与单纯型一致。对照组为数优型，其数学成绩位于年级排名前25%，语文成绩位于年级排名前40%，且智力水平和学习动机正常。剔除因种种原因未能全程参加所

---

[1] 该小学为一所城市普通小学，经与该区教育局的相关负责人员及校领导的沟通，该校整体质量处于全市中等水平。该校3—5年级，每年级十个班，每班约70人；一个数学教师负责一个班的教学工作，且每个年级除教研组外，还有一名专门负责整个年级教学工作的校领导督导（3—5年级分别由一名副校长、两名教导主任负责）。

有测试的 8 人。最终有效被试 132 人，其中三年级 45 人（年龄 9.29±0.47）、四年级 45 人（年龄 10.25±0.51 岁）、五年级 42 人（年龄 10.92±0.53），被试信息如表 4-1 所示。对各年级两种类型数学学习困难儿童最近一次正规考试的数学成绩进行 t 检验，表明各年级两种类型数学学习困难儿童的数学成绩并无显著差异（$t_{三年级}=2.214$，$P=0.069>0.05$；$t_{四年级}=1.657$，$P=0.208>0.05$；$t_{五年级}=1.195$，$P=0.244>0.05$），两组学生具有较为一致的数学学业水平。

表 4-1 有效被试基本信息表

单位：人

类型	三年级 男	三年级 女	四年级 男	四年级 女	五年级 男	五年级 女	合计
单纯型	12	3	8	8	6	7	44
混合型	12	3	12	3	5	9	44
数优型	5	10	4	10	8	7	44
总计	29	16	24	21	19	23	132

（二）研究工具

1. 数学应用题解决能力测验 I

该测验共包括两部分，分别为类型与难度相匹配的 6 道应用题（见附录 1 示例）。第一部分用口语报告法进行解答；第二部分按照小学数学应用题考试要求进行解答，该部分结果仅用以检验第一部分测题的信效度，解题结果并不计入被试应用题解决成绩指标之中。

在测验编制过程中，根据小学数学教学大纲和教学进度，结合教材，在具有多年教学经验的数学老师的辅助下编制30道两步或三步运算的应用题预测题（包括小学应用题中的四种典型类型，其特征见表4-2）。抽取一个自然班的学生（其数学成绩、语文成绩均位于其所在年级段的中等水平）进行测试，并计算每道题的难度系数（$P=$ 全体学生在该题上所得的平均分数 / 该题的满分分数），选取难度分别为0.3~0.4（难），0.5~0.6（中）和0.7~0.9（易）的各两道应用题作为口语报告的测验材料；另选取6道类型与难度相匹配的题目作为第二部分数学应用题测试的材料。

表 4-2 应用题类型及相关特征

类型	特征	举例
倍数问题	和倍问题、几倍多几（少几）、平均数	红星小学去年植树140棵，今年植树是去年的3倍。今年比去年多植树多少棵？
归一问题	先根据已知条件，求出一个单位量的数值，再根据题中的条件和问题求出结果	5箱蜜蜂一年可以酿375千克蜂蜜。小林家养了这样的蜜蜂12箱，一年可以酿多少千克蜂蜜？
和差问题	已知两个数量的和与差，求这两个数量各是多少	书架上有两层书，共122本。如果从上面取出6本放到下层，两层书的本数就同样多。书架上、下两层各有多少本书？
几何问题	求正方形、长方形边长、周长与面积等	李奶奶家有一块正方形的菜地，一侧靠着墙，把这块围上篱笆，共用篱笆12米，这块菜地的面积是多少平方米？

第四章　数学学习困难儿童数学问题解决过程的模式研究

编制完成的测验每部分涉及四种类型应用题,其中倍数问题2题("中"、"易"各1题),归一问题2题("难"、"易"各1题),和差问题1题(中),几何问题1题(难)。

经检验,该测验的克伦巴赫(Cronbach)α系数和分半信度均在0.8以上,说明测验具有良好的信度。第二部分应用题解决成绩与第一部分测试具有极其显著的高水平相关($r_{三年级}=0.796$,$P<0.01$;$r_{四年级}=0.784$,$P<0.01$;$r_{五年级}=0.776$,$P<0.01$);并且每道题的成绩与测验总成绩具有显著正相关,相关系数分布在0.35~0.80,说明测验具有较高的效度。第一部分应用题解题成绩与第二部分并无显著差异($t_{三年级}=1.114$,$df=44$,$P>0.05$;$t_{四年级}=1.301$,$df=44$,$P>0.05$;$t_{五年级}=1.069$,$df=41$,$P>0.05$),说明其操作方式并未干扰儿童的应用题解决效果。

2. 其他工具

本研究还使用如下工具:(1)张厚粲等修订的《瑞文标准推理测验》(Raven's Standard Progressive Matrices,SPM)中国城市修订本,该测验在不同群体中获得的分半信度为0.95,重测信度为0.79~0.82,具有较高的可靠性和有效性,可以团体施测;(2)华东师范大学心理学系周步成教授主编的《学习动机诊断测验》成功动机分量表;(3)用于记录测试过程的录像机、记录纸、笔、色盲记录卡等。

（三）研究程序

本研究采用同时性口语报告（concurrent verbal protocol）[1]作为数学学习困难儿童问题解决过程特点研究的主要方法。在研究开展前通过主试示范、同伴互相练习等方法对被试进行集体训练。研究中采用个别施测（第一部分口语报告时间 30 分钟，第二部分测试时间 20 分钟），主试将被试的口语报告过程用录像机记录下来；其间密切注意被试的行为反应，对特别行为予以记录。根据梅耶的问题解决过程模型，将应用题解决过程分为信息感知（转译）、情境表征（整合）、寻求解题方案（计划）、解题执行（执行）四个阶段，参照已有研究中的编码方法，[2]设计编码表（见表 4-3），研究者对口语报告进行编码，统计和分析被试问题解决过程各阶段所用时间、步骤数及错误类型。

---

[1] 口语报告法又称出声思维，是由德国心理学家东克尔（Duneker）于 1945 年提出的内省法发展而来。它是指研究者在进行实验时，要求被试报告头脑中的思考过程，或在实验后，要求被试追述思维过程的一种研究方法。口语报告法使被试内部的认知过程经口语而外显化，研究者通过分析报告，就能探索未知的人类认知加工的内部过程。口语报告法已被广泛用于研究人类认知过程。

[2] 胥兴春. 学习障碍儿童数学问题解决的表征研究 [D]. 重庆：西南师范大学，2002.

第四章 数学学习困难儿童数学问题解决过程的模式研究

表4-3 数学问题解决过程编码

阶段	划分依据和解释	时间界定	记录符号	语句数记录符号	步骤数记录符号
信息感知（表层理解）	理解题目中词语和数字的含义，即把文字符号转换成心理符号	从开始读题到读题完毕	S–S'	SS	SB
情境表征（深层理解）	确定问题所描述的情境，理解问题，把握题目的数量关系，提取相关的图式	从读题完毕至出现解题计划和思路	R–R'	RS	RB
寻求解题方案（设计解题计划）	形成解题思路、方法和步骤	从开始出现解题思路到解题思路呈现完毕	P–P'	PS	PB
解题执行（执行解题计划）	用问题中的数字进行计算	所有数学运算所花的时间总和及记录符号	C—C'	CS	CB

在编码过程中，首先，将被试口语报告材料转化为书面材料，分解成相对独立的语句，并记录句子时间。句子分解的基本规则为：独立意义的语句作为独立句子处理；将转变语气的语句分开处理；感叹词或自我评价词作独立句子处理；明显停顿的句子分开，明显连贯的句子放在一句话中。其次，按照语句的意义，将被试的书面报告划分片段，然后将各片段归类，

根据编码表，用统一特定的符号进行编码，并记录每个语句的时间、每个阶段的时间、语句数及步骤数。需要注意的是，问题解决各个阶段之间并非完全的直线关系，如问题表征阶段可能会贯穿问题解决的全过程，各层次、各阶段之间的时间可能会出现交叉重叠，各层次的时间总和并不一定等于解题的总时间；有些儿童可能还会跳过或缺少某一环节，可能会联合一些步骤和环节。因此，在编码过程中，需要全面考虑各种因素，客观、准确地整体考察每道题的各项指标。最后，针对不同阶段出现的不同类型的错误，依据表 4-4 进行编码。将错误类型分为四种类型：语义知识错误、图式知识错误、策略知识错误、算术运算技能错误。

表 4-4 数学问题解决过程错误类型编码

错误类型	错误标准	记录符号	计分标准
语义知识错误	口语报告中表述上的错误，包括口误	SE	每出现一次计 1 分，重复错误计 0.5 分；但如果被试在后面改正了错误，则相应地更改计分为 0.5 分（若无"情境表征"步骤，且在解题方案阶段出现错误，则在情境表征阶段记录一次错误，计为 0.5 分）
图式知识错误	被试没有正确理解问题，对问题中的一些关系形成了错误理解，提取了错误的图式	RE	
策略知识错误	被试出现了策略使用的错误，导致问题不能正确解答，包括列式错误	PE	
算术运算技能错误	被试在进行数学运算时错误，但不包括列式错误	CE	

第四章 数学学习困难儿童数学问题解决过程的模式研究

因问题表征是问题解决的关键所在，因此，本研究对被试在情境表征阶段的问题表征类型及频次进行编码。参考已有研究，❶ 将小学生常用的问题表征方式分为七类：（1）前表征方式（难以流畅地将题目读出来，一个字一个字地念出来，有不认识或不理解的词语，无法理解题目含义）；（2）复述内容（复述题目内容）；（3）图形表征（在纸上画一些图形和图案帮助理解题目）；（4）形象表征（表述题目中的具体情景与场景以理解题目）；（5）直译表征（寻找题目中的主要数字和关键词，列式前或主试追问列式原因时，将原题中表述条件关系的部分重念一遍）；（6）关系表征（根据语义结构对文字中的符号和逻辑关系进行描述来帮助解题）；（7）图式表征（描述问题中空间关系并进行空间上的转换以帮助解题）。

通过主试示范、同伴互相练习等方法让被试熟悉口语报告的程序和注意事项。在研究中，主试将被试的口语报告过程用录像机记录下来。其间密切注意被试的行为反应，对特别行为予以记录。对口语报告的编码主要遵循问题解决过程的一般模式，对被试问题解决过程各阶段所用时间、步骤数及错误类型进行统计和分析（参见附录2示例）。

为保证编码的客观准确，由特殊教育专业的一名硕士研究生对随机抽取的30%的口语报告录像进行编码统计，并与研究者的编码结果比较，计算评分者一致性信度（以皮尔逊积差相关计算评分者信度，编码时间、语句数、错误数及错误类型的

---

❶ 许勇.小学低年级数学学习不良儿童应用题问题表征的特点［D］.开封：河南大学, 2008.

评分者信度分布在 0.80~0.90)。

（四）统计指标

应用题解决的成绩：从列式及计算（包括单位名称）两个方面进行计分。具体标准为：（1）列式和计算完全正确，记 4 分；（2）列式正确但最后一步计算错误记 3 分；（3）列对一个步骤并计算正确记 2 分，列式正确但各步计算均错误记 2 分；（4）仅一步列式正确且计算错误记 1 分；（5）列式和计算都错误记 0 分。在口语报告部分，考虑口语报告的结果，若存在口误扣 0.2 分；单位错误扣 0.2 分。

应用题解决过程的其他指标：（1）时间长度（绝对时间），根据口语报告结果，依据编码表中各阶段的时间界定，分别记录各阶段所用时间，即为时间长度；（2）时间分配比例（相对时间），各阶段所用时间长度占口语报告总时间的比例；（3）步骤数，依据编码表中各阶段的划分，按照句子分解原则，进行口语报告语句划分与记录，并根据语句意义划分片段，片段数量即为各阶段的步骤数；（4）错误类型及错误数，依据错误类型编码表，分别记录错误类型，并记录各阶段错误出现的次数即为错误数。

（五）数据分析

使用单因素方差分析（One-Way ANOVA）、多变量方差分析（GLM）对不同类型儿童问题解决过程的时间长度、时间分配比例、步骤数、错误类型和错误数以及解题成绩进行差异分析。

第四章 数学学习困难儿童数学问题解决过程的模式研究

第二节 数学学习困难儿童数学问题解决模式的分析

一、数学学习困难儿童数学问题解决过程的模式分析

（一）数学问题解决的动态过程分析

各类儿童在应用题解决过程中各阶段时间长度（绝对时间）的平均数和标准差、各阶段时间占总时间的百分比（相对时间）如表4-5、表4-6所示。结果发现，单纯型、混合型和数优型儿童都经历问题解决的四个阶段，即信息感知、情境表征、寻求解题方案、解题执行，符合应用题解决的一般规律。但是，单纯型和混合型儿童在各个阶段的相对时间差异较大，在信息感知和情境表征上的相对时间最少，均低于20%；在解题执行上的相对时间最多，均高于40%。数优型儿童虽在信息感知阶段相对时间较少，为12.23%，在解题执行上的相对时间最多，但相较于单纯型和混合型儿童其在情境表征上的相对时间较多（见表4-6）。

表 4-5　不同年级不同类型儿童数学问题解决过程各阶段时间的平均数与标准差

年级	类型	信息感知 M±SD	%	情境表征 M±SD	%	寻求解题方案 M±SD	%	解题执行 M±SD	%	总计 M±SD
三年级	单纯型	23.21±4.09	13.3	31.78±10.53	18.2	60.10±25.35	34.4	55.00±20.14	31.5	174.58±37.95
	混合型	23.33±4.89	15.4	27.89±10.11	18.4	53.83±36.05	35.5	49.06±16.86	32.3	151.70±48.26
	数优型	17.55±1.41	13.5	39.42±14.44	30.3	30.36±12.85	23.3	41.40±16.08	31.8	130.22±35.80
四年级	单纯型	15.79±3.44	9.4	25.87±6.65	15.4	44.62±15.86	26.5	81.87±40.49	48.7	168.15±54.71
	混合型	18.07±6.01	8.6	35.97±15.14	17.0	42.67±18.46	20.2	102.12±59.56	48.3	211.31±62.48
	数优型	13.05±1.46	10.7	33.59±15.69	27.6	24.29±8.98	20.0	49.52±15.23	40.7	121.64±27.45
五年级	单纯型	17.72±2.26	9.6	24.61±5.65	13.3	57.33±14.38	31.0	85.50±41.27	46.2	185.17±50.64
	混合型	18.58±4.21	9.7	20.96±9.52	10.9	68.33±33.83	35.6	84.13±35.80	43.8	192.00±70.15
	数优型	13.20±1.93	11.4	24.78±6.68	21.4	34.96±11.74	30.1	43.07±12.89	37.1	116.00±26.45

注：$M±SD$ 为绝对时间的平均数和标准差，单位为"秒"。%为相对时间，即"各阶段时间/问题解决总时间"。

第四章　数学学习困难儿童数学问题解决过程的模式研究

表 4-6　不同类型儿童问题解决过程各阶段的相对时间

单位：%

类型	信息感知 M	信息感知 SD	情境表征 M	情境表征 SD	寻求解题方案 M	寻求解题方案 SD	解题执行 M	解题执行 SD
单纯型	11.28	3.81	16.39	5.49	31.04	7.30	41.29	11.04
混合型	11.59	4.73	15.59	7.32	29.53	10.35	43.28	12.09
数优型	12.23	2.81	25.79	7.52	24.97	7.74	37.01	8.00

注：表中各值为各阶段所占总时间的百分比（相对时间）的平均数和标准差。

（二）数学问题解决过程时间长度的差异分析

多变量方差分析发现，三年级不同类型儿童在问题解决过程中的"信息感知""情境表征""寻求解题方案"及"总时间"上存在显著差异（见表 4-7）。多重比较发现，在"信息感知"上，单纯型和混合型所用时间显著多于数优型；在"情境表征"上，混合型所用时间显著少于数优型；在"寻求解题方案"和"总时间"上，单纯型所用时间显著多于数优型。

四年级不同类型儿童在问题解决过程中的"信息感知""寻求解题方案""解题计划"及"总时间"上存在显著差异（见表 4-7）。多重比较发现，在"信息感知"和"寻求解题方案"上，单纯型和混合型所用时间显著多于数优型；在"解题执行"上，混合型所用时间显著多于数优型；在"总时间"上，单纯型和混合型所用时间显著多于数优型，且混合型所用时间显著多于单纯型。

五年级不同类型儿童在问题解决过程中的"信息感知""寻

109

求解题方案""解题计划"及"总时间"上存在显著差异（见表4-7）。多重比较发现，在"信息感知""寻求解题方案""解题执行"和"总时间"上，单纯型和混合型所用时间显著多于数优型。

表 4-7 不同年级不同类型儿童问题解决过程各阶段时间的方差分析

年级	阶段	SS	df	MS	F	Post Hoc	ω^2
三年级	信息感知	264.907	2	132.454	8.758***	1>3, 2>3	0.369
	情境表征	739.036	2	369.518	2.559+	2<3	0.146
	寻求解题方案	5784.167	2	2892.084	4.802*	1>3	0.243
	解题执行	1444.622	2	722.311	2.153		0.126
	总时间	11810.648	2	5905.324	3.648*	1>3	0.196
四年级	信息感知	181.490	2	90.745	5.038*	1>3, 2>3	0.224
	情境表征	707.031	2	353.515	2.061+		0.105
	寻求解题方案	3687.388	2	1843.694	8.187***	1>3, 2>3	0.319
	解题执行	23072.364	2	11536.182	6.650***	2>3	0.275
	总时间	50271.112	2	25135.556	10.008***	2>1, 1>3, 2>3	0.364
五年级	信息感知	245.713	2	122.857	13.433***	1>3, 2>3	0.408
	情境表征	135.654	2	67.827	1.179		0.057
	寻求解题方案	8632.971	2	4316.486	8.324***	1>3, 2>3	0.299
	解题执行	16759.476	2	8379.738	8.378***	1>3, 2>3	0.301
	总时间	51645.952	2	25822.976	9.422***	1>3, 2>3	0.326

注：Post Hoc 中，除特殊说明外，1=单纯型，2=混合型，3=数优型。*$P<0.05$，**$P<0.01$，***$P<0.001$，+$P<0.10$。ω^2 为关联强度，等于调整后的 R 平方值，表示自变量与因变量的关联强度。根据 Cohen（1988）的观点，ω^2 值大于 0.138，表示是一种高度关联；介于 0.059~0.138，属于中度关联；小于 0.059 为低度关联。

（三）数学问题解决过程时间分配的差异分析

多变量方差分析发现，不同类型儿童在"情境表征""寻求解题方案""解题执行"三个阶段所用时间的百分比存在显著差异（见表4-8）。多重比较发现，在"情境表征"阶段，单纯型、混合型所用时间的百分比均显著低于数优型；而在"寻求解题方案"阶段，单纯型、混合型所用时间的百分比均显著高于数优型，且在解题执行阶段混合型所用时间的百分比显著高于数优型。因此，在问题解决过程中，数学学习困难儿童分配较多的时间在"寻求解题方案"和"解题执行"方面，数优儿童在"情境表征"上分配更多时间。

表 4-8　不同类型儿童问题解决过程各阶段所用时间百分比的方差分析

阶段	SS	df	MS	F	Post Hoc	ω^2
信息感知	0.002	2	0.001	0.612		0.011
情境表征	0.249	2	0.125	26.513***	1<3, 2<3	0.325
寻求解题方案	0.077	2	0.039	5.314**	1>3, 2>3	0.088
解题执行	0.079	2	0.039	3.610*	2>3	0.062

采用多变量方差分析，分别对各年级不同类型儿童问题解决过程各阶段所用时间的百分比进行方差分析，结果如表4-9所示。三年级、四年级不同类型儿童在"情境表征"和"寻求解题方案"两个阶段所用时间的百分比存在显著差异。多重比较发现，在"情境表征"阶段，三、四年级单纯型和混合型所

用时间的百分比显著低于数优型；在"寻求解题方案"阶段，三年级混合型所用时间的百分比显著高于数优型，四年级单纯型所用时间的百分比显著高于数优型。因此，在问题解决过程中，三、四年级数学学习困难儿童在"寻求解题方案"方面分配较多时间，相较而言，数优型儿童在"情境表征"上分配更多时间。

表 4-9 不同年级不同类型儿童问题解决过程各阶段所用时间百分比的方差分析

年级	阶段	SS	df	MS	F	Post Hoc	ω^2
三年级	信息感知	0.004	2	0.002	1.382		0.084
	情境表征	0.095	2	0.048	9.714***	1<3, 2<3	0.393
	寻求解题方案	0.076	2	0.038	5.419**	2>3	0.265
	解题执行	0.002	2	0.001	0.121		0.008
四年级	信息感知	0.003	2	0.001	1.573		0.082
	情境表征	0.083	2	0.041	7.406***	1<3, 2<3	0.297
	寻求解题方案	0.030	2	0.015	2.773+	1>3	0.137
	解题执行	0.045	2	0.022	2.145		0.109
五年级	信息感知	0.002	2	0.001	1.035		0.050
	情境表征	0.079	2	0.040	26.752***	1<3, 2<3	0.578
	寻求解题方案	0.017	2	0.008	1.706		0.080
	解题执行	0.046	2	0.023	4.003*	1>3, 2>3	0.170

五年级不同类型儿童在"情境表征"和"解题执行"两个阶段所用时间的百分比存在显著差异。多重比较发现，在"情

境表征"阶段，单纯型和混合型所用时间的百分比显著低于数优型；而在"解题执行"阶段，单纯型和混合型所用时间的百分比显著高于数优型。因此，在问题解决过程中，五年级数学学习困难儿童分配较多时间执行解题计划；相较而言，数优型儿童在"情境表征"上分配更多时间。

二、数学学习困难儿童数学问题解决有效性的差异分析

（一）数学问题解决过程的步骤数差异分析

各年级儿童在数学问题解决过程中的各阶段的平均步骤数、标准差如表4-10、表4-11所示。多变量方差分析发现，三年级不同类型儿童在"寻求解题方案"阶段的步骤数存在显著差异，即单纯型、混合型的步骤数均显著多于数优型。四年级不同类型儿童在"信息感知"和"寻求解题方案"两个阶段的步骤数存在显著差异。多重比较发现，在"信息感知"阶段，混合型的步骤数显著多于单纯型和数优型；在"寻求解题方案"阶段，单纯型的步骤数显著多于数优型。五年级不同类型儿童在"信息感知""寻求解题方案""解题执行"各阶段的步骤数和总步骤数上存在显著差异。多重比较发现，在"信息感知"阶段，混合型的步骤数显著多于数优型；在"寻求解题方案"和"解题执行"阶段及总步骤数上，单纯型和混合型的步骤数显著多于数优型（见表4-11）。

表 4-10　不同年级不同类型儿童问题解决过程各阶段的步骤数（$M \pm SD$）

年级	类型	信息感知	情境表征	寻求解题方案	解题执行	总步骤
三年级	单纯型	4.43 ± 0.61	4.50 ± 0.66	4.43 ± 1.64	1.95 ± 0.26	15.03 ± 2.16
	混合型	4.53 ± 0.58	4.22 ± 0.58	4.78 ± 2.20	1.89 ± 0.54	15.26 ± 2.43
	数优型	4.36 ± 0.31	4.36 ± 1.41	2.79 ± 0.89	2.05 ± 0.18	13.67 ± 1.33
四年级	单纯型	4.69 ± 0.62	4.33 ± 1.42	4.00 ± 1.42	3.10 ± 0.64	16.13 ± 2.98
	混合型	5.10 ± 0.77	5.22 ± 1.87	3.24 ± 0.51	3.19 ± 0.85	16.94 ± 2.59
	数优型	4.31 ± 0.16	4.79 ± 1.96	2.93 ± 0.23	2.90 ± 0.24	14.92 ± 2.15
五年级	单纯型	4.31 ± 0.10	3.61 ± 0.87	3.58 ± 0.74	3.64 ± 0.36	15.14 ± 1.66
	混合型	4.67 ± 0.75	3.51 ± 1.42	3.22 ± 0.75	3.36 ± 0.74	14.76 ± 2.49
	数优型	4.04 ± 0.35	3.58 ± 0.92	2.60 ± 0.54	2.73 ± 0.36	12.96 ± 1.48

表 4-11　不同年级不同类型儿童问题解决过程各阶段步骤数的方差分析

年级	阶段	SS	df	MS	F	Post Hoc	ω^2
三年级	信息感知	0.741	2	0.371	2.112		0.123
	情境表征	0.400	2	0.200	0.205		0.013
	寻求解题方案	20.362	2	10.181	4.172*	1>3, 2>3	0.218
	解题执行	0.407	2	0.203	2.065		0.121
	总步骤数	16.560	2	8.280	2.104		0.123
四年级	信息感知	4.313	2	2.156	6.133**	2>1, 2>3	0.260
	情境表征	4.941	2	2.470	0.798		0.044
	寻求解题方案	7.816	2	3.908	4.885*	1>3	0.218
	解题执行	1.040	2	0.520	1.338		0.071
	总步骤数	25.968	2	12.984	1.930		0.099

续表

年级	阶段	SS	df	MS	F	Post Hoc	ω^2
五年级	信息感知	2.925	2	1.463	5.925**	2>3	0.233
	情境表征	0.071	2	0.036	0.029		0.001
	寻求解题方案	6.777	2	3.388	7.342**	1>3, 2>3	0.274
	解题执行	5.933	2	2.966	10.597***	1>3, 2>3	0.352
	总步骤数	38.417	2	19.208	5.063*	1>3, 2>3	0.206

（二）数学问题解决过程的错误类型及错误数分析

各年级不同类型儿童在问题解决过程各阶段错误步骤数的比较如表4-12所示。单纯型和混合型数学学习困难儿童的错误类型均涉及"信息感知"错误、"情境表征"错误、"寻求解题方案"错误和"解题执行"错误。数优型儿童的错误类型未涉及"信息感知"错误，仅三年级数优型儿童存在"情境表征"错误。

表4-12 不同年级不同类型儿童问题解决过程各阶段的错误步骤数（$M \pm SD$）

年级	类型	信息感知	情境表征	寻求解题方案	解题执行	总错误数
总体	单纯型	0.02 ± 0.07	0.13 ± 0.29	0.77 ± 0.62	0.35 ± 0.38	1.27 ± 0.94
	混合型	0.11 ± 0.21	0.30 ± 0.40	1.31 ± 0.86	0.78 ± 0.71	2.50 ± 1.65
	数优型	0.00 ± 0.00	0.08 ± 0.26	0.14 ± 0.31	0.13 ± 0.21	0.34 ± 0.54
三年级	单纯型	0.03 ± 0.10	0.06 ± 0.15	0.96 ± 0.54	0.25 ± 0.25	1.29 ± 0.73
	混合型	0.07 ± 0.22	0.20 ± 0.45	1.30 ± 0.51	0.39 ± 0.44	1.96 ± 1.12
	数优型	0.00 ± 0.00	0.25 ± 0.43	0.39 ± 0.46	0.03 ± 0.10	0.67 ± 0.83

续表

年级	类型	信息感知	情境表征	寻求解题方案	解题执行	总错误数
四年级	单纯型	0.01 ± 0.05	0.18 ± 0.40	0.77 ± 0.70	0.28 ± 0.31	1.24 ± 0.98
	混合型	0.11 ± 0.23	0.19 ± 0.29	1.32 ± 0.86	0.43 ± 0.38	2.06 ± 1.32
	数优型	0.00 ± 0.00	0.00 ± 0.00	0.03 ± 0.09	0.13 ± 0.26	0.15 ± 0.26
五年级	单纯型	0.01 ± 0.05	0.14 ± 0.26	0.60 ± 0.61	0.53 ± 0.50	1.28 ± 1.14
	混合型	0.13 ± 0.20	0.45 ± 0.42	1.32 ± 1.06	1.33 ± 0.74	3.24 ± 1.98
	数优型	0.00 ± 0.00	0.00 ± 0.00	0.04 ± 0.12	0.20 ± 0.21	0.24 ± 0.27

采用多变量方差分析对解题各阶段错误数进行比较发现，不同类型儿童在"信息感知""情境表征""寻求解题方案""解题执行"阶段的错误数及"总错误数"存在显著差异（见表4-13）。多重比较发现，在"信息感知""情境表征""寻求解题方案""解题执行"阶段错误数及"总错误数"上，混合型的错误数显著多于单纯型和数优型，并且在"寻求解题方案"和"解题执行"阶段错误数及"总错误数"上，单纯型的错误数显著多于数优型。

表4-13 不同年级不同类型儿童问题解决过程各阶段错误数的方差分析

年级	阶段	SS	df	MS	F	Post Hoc	ω^2
总体	信息感知	0.251	2	0.126	8.285***	2>1, 2>3	0.132
	情境表征	1.017	2	0.508	5.034**	2>1, 2>3	0.085
	寻求解题方案	25.850	2	12.925	33.082***	2>1, 2>3, 1>3	0.378
	解题执行	8.189	2	4.095	18.413***	2>1, 2>3, 1>3	0.253
	总错误数	87.503	2	43.751	35.126***	2>1, 2>3, 1>3	0.392

续表

年级	阶段	SS	df	MS	F	Post Hoc	ω^2
三年级	信息感知	0.028	2	0.014	0.855		0.054
	情境表征	0.244	2	0.122	0.932		0.059
	寻求解题方案	4.484	2	2.242	8.886**	1>3, 2>3	0.372
	解题执行	0.705	2	0.353	4.499*	2>3	0.231
	总错误数	8.679	2	4.339	5.541**	2>3	0.270
四年级	信息感知	0.091	2	0.046	2.658+	2>3	0.132
	情境表征	0.299	2	0.150	1.839		0.095
	寻求解题方案	10.574	2	5.287	13.070***	2>1, 2>3, 1>3	0.428
	解题执行	0.571	2	0.286	2.856+	2>3	0.140
	总错误数	22.835	2	11.417	12.677***	2>1, 2>3, 1>3	0.420
五年级	信息感知	2.925	2	0.072	5.140*	2>1, 2>3	0.213
	情境表征	0.071	2	0.768	9.503***	2>1, 2>3	0.333
	寻求解题方案	6.777	2	5.921	11.829***	2>1, 1>3, 2>3	0.384
	解题执行	5.933	2	4.855	17.567***	2>1, 2>3	0.480
	总错误数	38.417	2	33.168	19.018***	1>3, 2>1, 2>3	0.500

三年级不同类型儿童在"寻求解题方案"和"解题执行"阶段的错误数及"总错误数"存在显著差异。多重比较发现，在"寻求解题方案"和"解题执行"阶段错误数及"总错误数"上，混合型的错误数显著多于数优型，并且在"寻求解题方案"上单纯型的错误数显著多于数优型。

四年级不同类型儿童在"寻求解题方案"阶段的错误数及"总错误数"存在显著差异，在"信息感知"和"解题执行"阶段的错误数存在边缘显著差异。多重比较发现，在"信息感知""寻求解题方案"和"解题执行"阶段错误数及"总错误数"上,混合型的错误数显著多于数优型;在"寻求解题方案"和"总错误数"上,混合型的错误数显著多于单纯型,单纯型的错误数显著多于数优型。

五年级不同类型儿童在"信息感知""情境表征""寻求解题方案""解题执行"阶段的错误数及"总错误数"存在显著差异。多重比较发现,在解题各阶段及"总错误数"上,混合型的错误数显著多于单纯型和数优型;在"寻求解题方案"阶段错误数和"总错误数"上,单纯型的错误数显著多于数优型。

(三)数学问题解决过程的表征类型差异分析

1.问题表征的种类差异分析

以不同类型儿童的问题表征种类为因变量,以类型为自变量,以年级为控制变量,进行协方差分析,结果显示类型在问题表征种类上的主效应并不显著,但年级在问题表征种类上主效应显著(见表4-14)。结果说明单纯型、混合型和数优型在问题表征的种类上并不存在显著差异;但是不同年级的儿童在问题表征的种类上存在显著差异,即三年级儿童的问题表征种类显著多于四、五年级。

表4-14 不同年级不同类型儿童问题表征种类的协方差分析

类型	M	SD	变异来源	SS	df	MS	F	Post Hoc	ω^2
单纯型	2.13	0.77	年级	10.834	1	10.834	20.296***	3>4, 3>5	0.146
混合型	2.00	0.87	类型	0.233	2	0.116	0.218		0.004
数优型	2.00	0.72	误差	63.525	128	0.534			

注:Post Hoc中,3代表"三年级儿童",4代表"四年级儿童",5代表"五年级儿童"。

为考察处于不同年级的不同类型儿童问题表征种类的差异，以三、四、五年级不同类型儿童问题表征种类为因变量，以年级为自变量，进行单因素方差分析，结果显示单纯型和数优型群体中，年级在问题表征种类上主效应显著（见表4-15）。多重比较发现，三年级儿童问题表征种类要显著多于四年级和五年级。

表4-15 不同类型不同年级儿童问题表征种类的方差分析

类型	年级	M	SD	变异来源	SS	df	MS	F	Post Hoc	ω^2
单纯型	三年级	2.64	0.74	年级	5.786	2	2.893	6.284**	3>4, 3>5	0.259
	四年级	1.85	0.55	误差	16.573	41	0.460			
	五年级	1.83	0.72							
混合型	三年级	2.25	0.97	年级	1.888	2	0.944	1.276		0.063
	四年级	2.07	0.92	误差	28.112	41	0.740			
	五年级	1.73	0.70							
数优型	三年级	2.57	0.65	年级	6.781	2	3.390	8.911***	3>4, 3>5	0.308
	四年级	1.71	0.73	误差	15.219	41	0.380			
	五年级	1.73	0.46							

注：Post Hoc中，3代表"三年级儿童"，4代表"四年级儿童"，5代表"五年级儿童"。

2. 问题表征方式的频次差异分析

对不同类型儿童使用的表征方式频次进行统计（见表4-16、表4-17），结果发现不同类型的儿童选择的问题表征方式具有不同的特点。单纯型较常使用复述表征、直译表征，也会使用关系表征。混合型较常使用的类型是前表征、复述表征和直译表征。数优型儿童更倾向于使用关系表征。

表 4-16　不同年级不同类型儿童问题表征方式的总频次

年级	类型	前表征	复述表征	图形表征	形象表征	直译表征	关系表征	图式表征
总体	单纯型	11	53	1	0	65	48	0
总体	混合型	45	44	0	0	65	20	0
总体	数优型	0	11	18	5	34	114	2
三年级	单纯型	9	36	1	0	16	14	0
三年级	混合型	20	22	0	0	18	3	0
三年级	数优型	0	7	6	5	10	31	0
四年级	单纯型	2	11	0	0	29	14	0
四年级	混合型	11	11	0	0	25	11	0
四年级	数优型	0	4	0	0	15	40	0
五年级	单纯型	0	6	0	0	20	20	0
五年级	混合型	14	11	0	0	22	6	0
五年级	数优型	0	0	12	0	9	43	2

表 4-17　不同类型儿童问题表征方式频次的平均数和标准差（$M \pm SD$）

类型	前表征	复述表征	图形表征	形象表征	直译表征	关系表征	图式表征
单纯型	0.28 ± 0.69	1.36 ± 1.40	0.03 ± 0.16	0.00 ± 0.00	1.67 ± 1.15	1.23 ± 1.13	0.00 ± 0.00
混合型	1.10 ± 1.28	1.07 ± 1.27	0.00 ± 0.00	0.00 ± 0.00	1.59 ± 1.24	0.49 ± 0.87	0.00 ± 0.00
数优型	0.00 ± 0.00	0.26 ± 0.69	0.42 ± 0.73	0.12 ± 0.32	0.79 ± 1.12	2.65 ± 0.61	0.05 ± 0.21

第四章　数学学习困难儿童数学问题解决过程的模式研究

为进一步考察不同类型儿童在问题表征方式频次上的差异，以儿童类型、年级为自变量，七种问题表征方式频次作为因变量，进行多变量方差分析发现（见表4-18），儿童类型在前表征、复述表征、图形表征、形象表征、直译表征、关系表征频次上有显著的主效应；儿童年级在前表征、复述表征、图形表征、形象表征、关系表征频次上有显著的主效应，在直译表征频次上有边缘显著主效应。儿童类型与年级在图形表征和形象表征频次上的交互作用显著，表明同一年级的不同类型的儿童在图形表征和形象表征上的频次存在差异。

多重比较发现，在前表征频次上，混合型显著多于单纯型和数优型；在复述表征、直译表征频次上，数优型显著少于单纯型和混合型；在图形表征、形象表征频次上，单纯型和混合型显著少于数优型；在关系表征上，单纯型和混合型显著少于数优型，且混合型显著少于单纯型。结果说明数学学习困难儿童更多采用复述表征、直译表征等较低水平的表征方式，尤其是混合型儿童难以理解题目含义，使用前表征方式的频次较高；数优型儿童则较多选择关系表征、图形表征和形象表征等水平较高的表征形式。

对不同年级儿童使用的表征方式的次数进行统计（见图4-1），结果发现，各类型儿童问题表征方式随着年级增长有所变化，即使用前表征、复述表征等较低级表征方式的次数减少，使用关系表征、图形表征、图式表征等较高级表征方式的次数增多。具体而言，随着年级增长，单纯型较少使用前表征、复述表征、图形表征，关系表征的使用次数增多。混合型

121

表 4-18 不同年级不同类型儿童问题表征方式频次的方差分析

变异来源	df	前表征 MS	F	Post Hoc	复述表征 MS	F	Post Hoc	图形表征 MS	F	Post Hoc
年级	2	2.812	4.281*	3>4, 3>5	17.090	16.877***	3>4, 3>5	0.747	4.542*	5>4
类型	2	14.363	21.871***	1<2, 3<2	12.873	12.713***	1>3, 2>3	2.213	13.450***	1<3, 2<3
年级×类型	4	0.849	1.293		2.804	2.769		0.758	4.608**	
误差	123	0.657			1.013			0.165		

变异来源	MS	形象表征 F	Post Hoc	直译表征 MS	F	Post Hoc	关系表征 MS	F	Post Hoc	图式表征 MS	F	Post Hoc
年级	0.190	6.746**	3>4, 3>5	3.742	2.749+	3<4	2.823	3.759*	3<4, 3<5	0.027	1.782	
类型	0.198	7.008***	1<3, 2<3	9.831	7.223***	1>3, 2>3	50.628	67.424***	1>2, 1<3, 2<3	0.028	1.811	
年级×类型	0.195	6.930***		0.751	0.552		0.938	1.249		0.028	1.844	
误差	0.028			1.361			0.751			0.015		

注:"类型",1代表"多重比较中",2代表"单纯型",3代表"混合型";"年级"多重比较中,3代表"三年级",4代表"四年级",5代表"五年级"。

第四章 数学学习困难儿童数学问题解决过程的模式研究

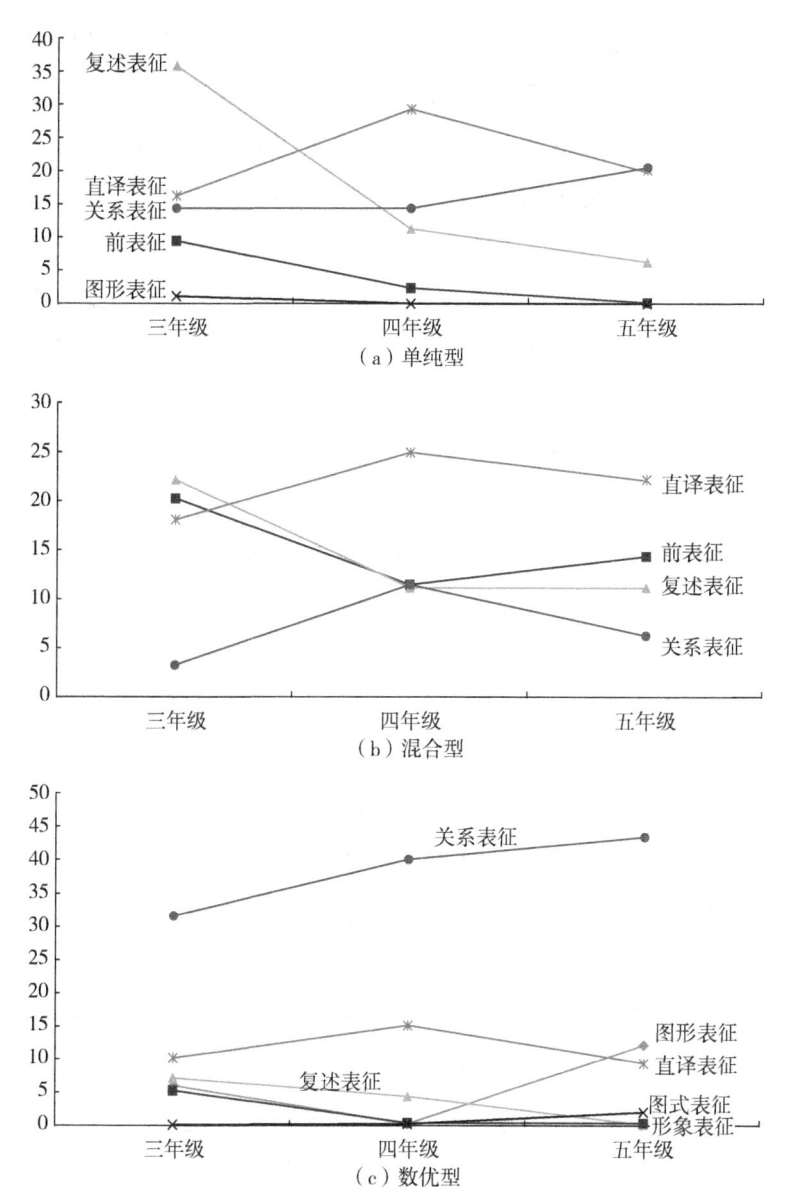

（a）单纯型

（b）混合型

（c）数优型

图 4-1 不同类型儿童问题表征方式频次随年级变化趋势

三年级儿童较少使用关系表征，但是四年级、五年级儿童较多使用直译表征。数优型较多使用关系表征，且随年级增长，图形表征使用次数增多、形象表征的次数逐渐减少；但在直译表征上，四年级儿童使用最多，五年级儿童使用最少。

为进一步考察不同类型儿童在年级上表现出的问题表征方式频次上的差异，以年级为自变量，七种问题表征方式频次作为因变量，进行多变量方差分析，结果显示，单纯型数学学习困难儿童在前表征 $[F(2, 42) = 3.612, P < 0.05]$、复述表征 $[F(2, 42) = 14.040, P < 0.001]$、直译表征 $[F(2, 42) = 3.364, P < 0.05]$ 频次上表现出显著的年级差异。多重比较发现，在前表征上，三年级儿童的频次显著多于五年级儿童；在复述表征频次上，三年级儿童的使用频次显著高于四年级儿童和五年级儿童；在直译表征频次上，三年级儿童的使用频次显著低于四年级儿童。混合型数学学习困难儿童在复述表征频次上表现出显著的年级差异 $[F(2, 42) = 3.396, P < 0.05]$。多重比较发现，在复述表征频次上，三年级儿童的使用频次显著高于四年级儿童和五年级儿童。数学学业优良儿童在图形表征 $[F(2, 42) = 5.201, P < 0.01]$、形象表征 $[F(2, 42) = 7.494, P < 0.01]$ 和关系表征 $[F(2, 42) = 6.714, P < 0.01]$ 上的频次表现出显著的年级差异。多重比较发现，在图形表征频次上，五年级儿童的使用频次显著高于四年级儿童；在形象表征频次上，三年级儿童的使用频次显著高于四年级儿童和五年级儿童；在关系表征频次上，三年级儿童的使用频次显著低于四年级儿童和五年级儿童（见表4-19）。

表 4-19　不同类型不同年级儿童问题表征方式的频次平均数和标准差（$M \pm SD$）

类型	年级	前表征	复述表征	图形表征	形象表征	直译表征	关系表征	图式表征
单纯型	三年级	0.64 ± 0.93	2.57 ± 0.94	0.07 ± 0.27	0.00 ± 0.00	1.14 ± 1.03	1.00 ± 0.96	0.00 ± 0.00
单纯型	四年级	0.15 ± 0.55	0.85 ± 1.34	0.00 ± 0.00	0.00 ± 0.00	2.23 ± 1.09	1.08 ± 1.19	0.00 ± 0.00
单纯型	五年级	0.00 ± 0.00	0.50 ± 0.90	0.00 ± 0.00	0.00 ± 0.00	1.67 ± 1.15	1.67 ± 1.23	0.00 ± 0.00
混合型	三年级	1.67 ± 1.23	1.83 ± 1.47	0.00 ± 0.00	0.00 ± 0.00	1.50 ± 1.45	0.25 ± 0.45	0.00 ± 0.00
混合型	四年级	0.79 ± 1.25	0.79 ± 1.12	0.00 ± 0.00	0.00 ± 0.00	1.79 ± 1.12	0.79 ± 1.12	0.00 ± 0.00
混合型	五年级	0.93 ± 1.28	0.73 ± 1.03	0.00 ± 0.00	0.00 ± 0.00	1.47 ± 1.25	0.40 ± 0.83	0.00 ± 0.00
数优型	三年级	0.00 ± 0.00	0.50 ± 0.94	0.43 ± 0.51	0.36 ± 0.50	0.71 ± 0.91	2.21 ± 0.70	0.00 ± 0.00
数优型	四年级	0.00 ± 0.00	0.29 ± 0.73	0.00 ± 0.00	0.00 ± 0.00	1.07 ± 1.21	2.86 ± 0.53	0.00 ± 0.00
数优型	五年级	0.00 ± 0.00	0.00 ± 0.00	0.80 ± 1.01	0.00 ± 0.00	0.60 ± 1.24	2.87 ± 0.35	0.13 ± 0.35

3. 问题表征的有效性分析

以年级为控制变量,通过考察七种表征方式频次与解题正确率之间的相关性来考察各类儿童问题表征的有效性(见表4-20),结果发现问题解决正确率与前表征频次、复述表征频次存在显著的负相关,与图形表征、形象表征及关系表征频次达到显著的正相关。据此说明,使用图形表征、形象表征和关系表征对促进问题解决是有积极效果的。

表 4-20　问题解决正确率与表征方式频次的相关分析

项目	前表征	复述表征	图形表征	形象表征	直译表征	关系表征	图式表征
解题正确率	−0.688***	−0.183*	0.293***	0.235**	−0.141	0.704***	0.058

(四)数学问题解决成绩的差异分析

采用单因素方差分析分别对各年级不同类型儿童的解题成绩进行比较(见表4-21),结果发现不同类型儿童的解题成绩存在显著的差异(三年级 $F(2, 42)=16.357$,$P<0.001$,$\omega^2=0.469$;四年级 $F(2, 42)=11.238$,$P<0.001$,$\omega^2=0.366$;五年级 $F(2, 39)=31.087$,$P<0.001$,$\omega^2=0.615$)。多重比较发现,在各个年级,数学学习困难儿童的解题成绩显著低于数优型,并且混合型的解题成绩显著低于单纯型。

表 4-21　不同年级不同类型儿童问题解决成绩的平均数和标准差

年级	类型	n	$M \pm SD$	正确率
三年级	单纯型	15	6.79 ± 2.08	0.57
	混合型	15	4.88 ± 2.71	0.41
	数优型	15	9.79 ± 1.85	0.82
四年级	单纯型	16	7.92 ± 3.97	0.66
	混合型	15	5.86 ± 3.80	0.49
	数优型	14	11.33 ± 0.82	0.94
五年级	单纯型	13	9.08 ± 1.62	0.76
	混合型	14	4.93 ± 3.15	0.41
	数优型	15	11.00 ± 0.93	0.92

第三节　数学学习困难儿童数学问题解决模式的特征

一、数学学习困难儿童遵循一般问题解决模式，但表现出跳跃的特点

应用题解决是信息感知、情境表征、寻求解题方案、解题执行的动态过程。[1] 本研究发现，数学学习困难儿童在问题解决过程中也经历了问题解决的基本过程，符合一般问题解决模

---

[1] MAYER R E, LARKIN J H, KADANE J B. A Cognitive Analysis of Mathematical Problem Solving Ability [J]. Advances in the Psychology of Human Intelligence, 1984, 9（2）:231-237.

式。但是，应用题解决的过程并非简单的直线关系，并非每个儿童都会严格按照信息感知、情境表征、寻求解题方案、解题执行的直线顺序进行，可能会缺失某一环节，每个阶段之间的界限也并不十分明晰，各层级、各阶段之间可能会出现交叉、重叠。这与基克等研究者所发现的问题解决过程中跳跃式、各阶段重叠或循环的特点相似，❶ 数学学习困难儿童的应用题解决过程也表现出非直线、跳跃性特点。本研究发现，有些数学学习困难儿童在解题过程中跳过了情境表征（深层理解）环节，直接进入寻求解题方案环节的特殊情况，也有儿童在解题过程中出现先进入寻求解题方案阶段后又回到情境表征并再次进入寻求解题方案阶段的循环情况。这与以往的研究结果相一致，❷ 也符合一般问题解决模型中所强调的非直线理论。

二、数学学习困难儿童问题解决过程的时间分配不佳

（一）数学学习困难儿童问题表征不充分，信息感知存困难，情境表征不深入

问题表征是信息在头脑中的呈现方式。研究表明，建构一个恰当的问题表征是解决数学问题的关键环节，正确的表征是解决问题的必要前提，在错误的或者不完整的问题空间中进行

---

❶ GICK M L, HOLYOAK K J. Schema Induction and Analogical Transfer [J]. Cognitive Psychology, 1983, 15: 1–38.
❷ 胥兴春. 学习障碍儿童数学问题解决的表征研究 [D]. 重庆：西南师范大学，2002; 李新宇. 小学数困生加减应用题解题过程及补救教学的实验研究 [D]. 金华：浙江师范大学，2004.

搜索，不可能求得问题的正确解决。[1] 问题表征是双重的，第一层为问题表层理解，即信息感知，主要指解题者逐字逐句读懂描述问题的每一个句子，是将问题中的每一个陈述转换成解题者内部的心理表征的过程；第二层为问题深层理解，即情境表征，指在表层理解的基础上，进一步把问题的每一个陈述综合成条件和目标统一的心理表征，是问题理解和表征的核心。[2]

本研究发现，数学学习困难儿童在信息感知阶段花费的时间要显著长于数优型儿童，单纯型和混合型数学学习困难儿童间并不存在显著差异。这进一步说明，数学学习困难儿童在对问题进行表层理解、将问题陈述转换为内部心理表征的过程方面存在困难。问题表层理解需要两种知识：一是词语知识，二是事实知识。数学学习困难儿童在问题表层理解中占用了大量的时间，一方面推测与其词语知识和事实知识的不足有关，数学学习困难儿童已有知识基础不足，与问题相关的陈述性知识欠缺。如本研究中发现，在词语知识上，部分数学学习困难儿童不认识题目中的某些字，存在语法与断句错误，这在布莱恩特（Bryant）等的研究中也有所发现。[3] 在数学事实知识上，数学学习困难儿童弄混长方形和正方形的面积和周长计算公式，不知道米、厘米的进制等。另一方面也可能与数学学习困难儿

---

[1] 赵微. 学习困难儿童的发展与教育 [M]. 北京：北京大学出版社，2011:108-109.
[2] 皮连生. 教育心理学 [M]. 3版. 上海：上海教育出版社，2004:167-168.
[3] BRYANT D P, BRYANT B R, HAMMILL D D. Characteristic Behaviors of Students with LD Who Have Teacher-Identified Math Weaknesses [J]. Journal of Learning Disabilities, 2000, 33:168-177.

童的信息提取缺陷有关，已有研究也发现数学学习困难儿童存在事实提取困难。[1] 问题解决的前提条件是能在长时记忆中搜寻并提取到与当前问题相关的知识。已有研究发现，数学学习困难儿童可能存在两种形式的提取缺陷，一种表现为在工作记忆、存储和从长时记忆中提取数学事实方面存在缺陷；[2] 另一种表现为记忆过程受干扰，无法在提取记忆材料时控制其他无关信息的干扰。[3]

在情境表征阶段，数学学习困难儿童的时间分配的百分比显著低于数优型儿童。研究还发现，有些数学学习困难儿童仅简单依据题目中的"多""少""几倍"等字词决定运算符号，有些混合型数学学习困难儿童甚至跳过情境感知，直接进入数学运算阶段，因为在这些儿童的概念里，真正的解题活动就是进行数学运算而得到答案，这与前人的研究是一致的。[4] 研

---

[1] GEARY D C, HOARD M K, BYRD-CRAVEN J, et al. Strategy Choices in Simple and Complex Addition: Contributions of Working Memory and Counting Knowledge for Children with Mathematical Disability [J]. Journal of Experimental Child Psychology, 2004, 88:121-151; GONZÁLEZ J E, JIMÉNEZ, ESPINEL A, et al. Strategy Choice in Solving Arithmetic Word Problems: Are There Differences Between Students with Learning Disabilities, G-V Poor Performance and Typical Achievement Students? [J]. Learning Disability Quarterly, 2002, 25（2）:113-122.

[2] 王恩国, 刘昌, 赵国祥. 数学学习困难儿童的加工速度与工作记忆 [J]. 心理科学, 2008,31（4）:856-860, 847.

[3] GEARY D C, HOARD M K, BYRD-CRAVEN J, et al. Strategy Choices in Simple and Complex Addition: Contribution of Working Memory and Counting Knowledge for Children with Mathematical Disability [J]. Journal of Experimental Child Psychology, 2004, 88:121-151; 王恩国, 刘昌. 数学学习困难与工作记忆关系研究的现状与前瞻 [J]. 心理科学进展, 2005（1）:39-47.

[4] 胥兴春. 学习障碍儿童数学问题解决的表征研究 [D]. 重庆: 西南师范大学, 2002; 许勇. 小学低年级数学学习不良儿童应用题问题表征的特点 [D]. 开封: 河南大学, 2008.

究证明，数学学习困难儿童在问题深层理解上存在困难，究其原因，与其在工作记忆上的普遍缺陷有关。❶ 问题深层理解包括两个方面：识别问题类型；区分问题中的有关信息和无关信息。❷ 问题深层理解需要问题图式的知识，储存于长时记忆中。问题解决过程中，儿童头脑中必须贮存有关题型的图式，才能迅速识别问题题型，进而区分问题中的有关信息和无关信息。数学学习困难儿童工作记忆上存在明显缺陷，这就使得儿童在有关题型的图式提取上存在困难。工作记忆中的中央执行系统主要与策略选择、任务转换、抑制控制等相关，数学学习困难儿童表现出的中央执行功能缺陷也造成其在问题深层表征中无法抑制分心，难以将问题中的无关信息排除并构建或更新问题模型，造成问题深层表征的错误或不足。❸

（二）数学学习困难儿童急于"解题"，不断"试误"

本研究发现，数学学习困难儿童在"寻求解题方案"和"解题执行"两个阶段的时间占到了总时间的70%以上，显著多于数优型儿童；在时间长度上，单纯型数学学习困难儿童在

---

❶ PASSOLUNGHI M C, SIEGEL L S. Short-Term Memory, Working Memory and Inhibitory Control in Children with Difficulties in Arithmetic Problem Solving [J]. Journal of Experimental Child Psychology, 2001, 80:44-57; FUCHS L S, FUCHS D. Mathematical Problem-Solving Profiles of Students with Mathematics Disabilities with and Without Comorbid Reading Disabilities [J]. Journal of Learning Disabilities, 2002, 35（6）:564-574.

❷ 皮连生. 教育心理学 [M]. 3版. 上海：上海教育出版社, 2004:167-168.

❸ MAEHLER C, SCHUCHARDT K. Working Memory in Children with Learning Disabilities: Rethinking the Criterion of Discrepancy [J]. International Journal of Disability, Development and Education, 2011, 58（1）:5-17.

寻求解题方案的时间显著多于数优型儿童，五年级单纯型数学学习困难儿童在解题执行上的时间显著多于数优型儿童；四、五年级的混合型数学学习困难儿童在寻求解题方案和解题执行上的时间都显著多于数优型儿童。究其原因，一方面在于数学学习困难儿童"盲目"解题、急于求成，由于问题表征的错误或不充分，使得解题计划往往无法顺利进行，进而反复地尝试各种解题方法，不断"试误"，直到得到一个"合理"的结果（如除法能够除尽等），陷入设计解题计划—执行—无解否定—解题计划的怪圈，浪费了大量的时间。数学学习困难儿童解题过程中的"试误法"在前人研究中也得到了证实。[1]另一方面，数学学习困难儿童解题执行中表现出较差的计算技能，特别是混合型数学学习困难儿童计算能力最差，往往在计算中耗费很长时间。以往研究也发现，在算术策略上，数学学习困难儿童更多依赖不成熟的计数策略，策略效能的准确性也不如普通儿童，且普通儿童懂得根据问题难度选择策略，碰到难题使用计数策略，碰到容易题使用提取策略，而数学学习困难儿童很少有适应性的策略选择。[2]研究发现，阅读困难儿童工作记忆的缺陷部分涉及语音环路，语音环路似乎更多地与计数和复杂计算的信息保持有关，而混合型数学学习困难儿童兼具数学学习困难和阅读困难儿童工作记忆的缺陷特点，这就造成其更为低效的算术能力。

---

[1] MONTAGE M, APPLEGATE B. Mathematical Problem-Solving Characteristics of Middle School Students with Learning Disabilities [J]. Journal of Special Education, 1993, 27（2）: 47-61.

[2] 徐速. 西方数学学习困难研究的综述 [J]. 心理科学, 2005, 28（1）:143-145.

三、数学学习困难儿童问题解决有效性差

对于应用题解决的有效性，以往研究也积累了较多的成果。研究者通过关注儿童应用题解决的行为来区分应用题解决"成功者"和"失败者"。[1] 例如："成功者"能够快速准确地辨别数学问题的结构，并加以分类；过滤无关信息，辨识出有效信息。还有研究通过关注儿童应用题解决时使用的表征策略及其他认知和元认知策略来判断儿童应用题解决的有效性。[2] 然而，研究者往往忽略了应用题解决的过程性指标，如解题步骤数、错误类型和数量等。本研究以上述指标为依据，对数学学习困难儿童应用题解决的有效性进行了分析。

从研究结果来看，数学学习困难儿童应用题解决的有效性差，主要表现在解题步骤多、错误多、解题成绩差等方面。尤以混合型儿童的应用题解决有效性最差，表现出与单纯型儿童的显著差异，如信息感知阶段较多的步骤数、在寻求解题方案和解题执行阶段较多的错误数以及显著落后的解题成绩，体现了两类数学学习困难儿童核心特征的异同。这与混合型儿童存

---

[1] QUILICI J L, MAYER R E. Role of Examples in How Students Learn to Categorize Statistics Word Problems [J]. Journal of Educational Psychology, 1996, 88（1）: 144.

[2] MACCINI P, RUHL K L. Effects of a Graduated Instructional Sequence on the Algebraic Subtraction of Integers by Secondary Students with Learning Disabilities [J]. Education & Treatment of Children, 2001, 23: 465-489; KRAWEC J, HUANG J, MONTAGUE M, et al. The Effects of Cognitive Strategy Instruction on Knowledge of Math Problem-Solving Processes of Middle School Students with Learning Disabilities [J]. Learning Disabilities Quarterly, 2012, 36（3）: 80-92.

在阅读和数学双重困难有关。混合型儿童的阅读困难，使其在读题及理解题目表层意义的过程中即表现出困难。本研究发现，有些混合型儿童无法流利地阅读题目、不认识某些字词、不能正确断句等，在信息感知阶段的步骤数（语句数）显著增多。因此，混合型儿童的双重困难，造成其在信息感知和情境表征上表现出步骤数、错误数显著多于单纯型和数优型儿童的特点。此外，数学学习困难儿童在问题表征时的欠缺或错误建构，造成其在寻求解题方案和解题执行中不断"试误"，步骤数和错误数随之增加，解题成绩也显著低于数优型儿童，并且混合型儿童的解题成绩显著低于单纯型儿童。这与已有研究成果也是一致的，即单纯型数学学习困难儿童在有语言介入的数学任务上解题成绩要优于混合型数学学习困难儿童。[1]

四、数学学习困难儿童问题表征策略使用不当

（一）数学学习困难儿童多使用较低层次表征方式，表征有效性较差

对于不同表征的使用偏好与解题正确率密切相关，本研究发现解题正确率与图形表征、形象表征、关系表征的使用呈现显著正相关，与前表征、复述表征则显著负相关，进一步说明

---

[1] HANICH L B, JORDAN N C, KAPLAN D, et al. Performance Across Different Areas of Mathematical Cognition in Children with Learning Disabilities [J]. Journal of Educational Psychology, 2001, 93: 615–626.

第四章 数学学习困难儿童数学问题解决过程的模式研究

了较高层级表征的使用对应用题解决的有效性。[1]这是因为在小学中高年级儿童解决复合应用题时,更加强调问题中相关信息的关系模式,图形表征、形象表征、关系表征等更能清晰呈现问题情境中的各种数量关系,充分体现了对问题的深层表征过程。

但是,与已有结果相似,[2]本研究发现单纯型数学学习困难儿童较常使用复述、直译等层级较低的表征方式,混合型儿童以前表征方式为主,数优型倾向使用较高层级的关系表征。数学学习困难儿童更倾向于使用有效性欠缺的复述表征,主要是因为该表征方式对工作记忆要求小,不依赖于广泛的问题类型知识。[3]但是,尽管他们复述题目,却更多关注孤立、无关紧要的信息片段,难以将各个数学成分联系起来并转化为有助于问题解决的数量关系,而且占用了本已有限的工作记忆资源,妨碍了对变量关系的理解。[4]其中的混合型儿童甚至对词语、句子的理解也存在缺陷,在问题表征的第一环节就出现问题,表现为前表征方式。此外,已有研究指出数学学习困难儿童和普通儿童及优秀儿童的最大差异在于数学问题解决的知识及知识的应用,他们的头脑中缺乏可以提取的基本数学事实或知识

---

[1] 李清.基于 PASS 理论的小学数学学习困难儿童应用题问题表征研究[D]. 上海:华东师范大学,2009.
[2] 许勇.小学低年级数学学习不良儿童应用题问题表征的特点[D]. 开封:河南大学, 2008.
[3] 吴庆麟.认知教学心理学[M]. 上海:上海科学技术出版社, 2000: 335–344.
[4] VAN GARDEREN D, MONTAGUE M. Visual–Spatial Representation, Mathematical Problem Solving, and Students of Varying Abilities[J]. Learning Disabilities Research & Practice, 2003, 18: 246–254.

总量不足，无法提取相应的知识，也难以产生丰富的表征方式。❶甚至，数学学习困难儿童的头脑中不但没有知识，而且还装错了许多知识，❷对其问题解决的有效性产生消极影响。相较而言，数优型儿童头脑中的知识较为丰富，且具有结构化、层次化特征，便于快速提取和应用，因此他们可以针对不同的问题提取多样化的表征方式来处理，从而有利于问题的正确表征和解决。因此，在问题解决的初始阶段，数学学习困难儿童就因无效或错误的表征方式造成解题思路的混乱和错误，这也是其解题正确率低的重要原因。

（二）单纯型数学学习困难儿童问题表征水平发展"有限"，混合型儿童呈现持续性发展"迟滞"

在问题表征的种类上，三个年级间的儿童的表征种类表现出显著差异，三年级儿童所使用的表征种类显著多于四年级和五年级。以往研究却发现各年级儿童之间不存在策略运用种类的差异，主要表现为策略运用频次的差异。❸究其原因，可能是因为本研究中三年级的儿童刚开始接触复合应用题，对复合应用题的熟悉水平不及四、五年级儿童，选择问题表征方

---

❶ MONTAGE M, APPLEGATE B. Mathematical Problem-Solving Characteristics of Middle School Students with Learning Disabilities [J]. Journal of Special Education, 1993, 27（2）: 47-61.

❷ HEGARTY M, MAYER R, MONK C. Comprehension of Arithmetic Word Problems: A Comparison of Successful and Unsuccessful Problem Solvers [J]. Journal of Educational Psychology, 1995, 87（1）: 18-32.

❸ 陈英和，赵笑梅. 小学三～五年级儿童类比问题解决及策略运用发展 [J]. 心理发展与教育，2007（2）: 18-22.

式的准确性及熟练程度不足,因此,三年级儿童无法在问题表征过程中准确选择一种恰当的表征方式,会尝试并调整不同的表征方式;并且本研究中所使用的材料包括三种难度水平,这也可能会影响儿童表征方式的选择,但这一结果仍需继续深入探讨。

在不同表征方式的使用频次上,研究发现,随年级增长,儿童越来越少使用前表征、复述表征、形象表征等低层级方式,图形和关系表征的使用频次增多,这进一步说明儿童随着年级增长更倾向于对问题信息之间进行抽象的关系剖析。❶

不同类型儿童问题表征方式的种类和频次也随年级增长有所变化。单纯型儿童随年级增长较少使用前表征和复述表征,但图形表征、关系表征的使用次数并未显著增多,且四年级儿童出现直译表征使用的高峰。这说明单纯型数学学习困难儿童的问题表征方式随年级增长低层次表征方式使用次数减少,但问题表征水平的发展仍然有限,在高层级表征的运用上呈现持续性困难。混合型数学学习困难儿童的问题表征方法并未随年级增长有发展,呈现出持续的发展迟滞,前表征、直译表征为主要表征方式。这与哈尼奇等的研究结果相似,即混合型数学学习困难儿童在数学学业发展各个方面均呈现比较稳定的态势,而单纯型儿童则可能会在数学认知的选择性领域得到早期

---

❶ 李清.基于PASS理论的小学数学学习困难儿童应用题问题表征研究[D].上海:华东师范大学,2009.

的补偿呈现一定的发展。❶ 相较而言，数优型儿童在表征的选择和运用上呈现出随年级增长从形象表征向图形和关系表征进阶的趋势，这呈现了小学高年级儿童认知发展由具体运算阶段向形式运算阶段发展的规律，其思维水平也从形象思维向抽象思维方向发展。❷

---

❶ HANICH L B, JORDAN N C, KAPLAN D, et al. Performance across Different Areas of Mathematical Cognition in Children with Learning Disabilities [J]. Journal of Educational Psychology, 2001, 93: 615-626.
❷ 桑标. 当代儿童发展心理学 [M]. 上海：上海教育出版社，2003：119.

第五章　数学学习困难儿童数学问题解决的影响因素研究

第一节　研究背景与方法

一、研究背景

在数学问题解决中主要需要哪些认知和元认知能力？它们对问题解决又产生何种影响？综观以往研究，研究者或是致力于影响数学问题解决的认知能力的研究，或是关注数学问题解决过程中元认知能力的作用，更多的研究关注某种单一能力对问题解决的影响，这样的研究很难全面、系统地了解问题解决的整体认知机制。正如意大利学者丹妮拉·卢坎格里（Daniela Lucangeli）所言，"问题解决的文献十分丰富，但是鲜少有实证研究致力于探究融合影响应用题解决的各种认知和元认知能力的单一综合模型"❶。因此，丹妮拉·卢坎格里等做了一项具有深远意义的工作，他们收集以往数学问题解决研究文献，从作用于数学问题解决的各种能力中挑选出普遍认可的且具有实证研究支持的对数学问题解决产生重要影响的六种能力（因素）：情境理解、问题表征、问题分类、解题估计、解题计划和自我评价（包括对列式的自我评价和对计算的自我评价）。通过实证研究，建立了数学问题解决影响因素的理论模型，探讨了各认知和元认知能力对数学问题解决的作用机制。国内研究者借鉴丹妮拉·卢坎格里等人的理论模型，分别对我国3—6年级的普通小学生、初中阶段聋生和学业不良学生问题解决的影响机制进行了探讨，验证了该模型在我国儿童问题解决中的适应性。❷但是，针对小学数学学习困难儿童数学问题解决的影响作用及模式有待进一步探讨。

因此，本研究拟以丹妮拉·卢坎格里等的理论模型为基础，探讨不同亚型数学学习困难儿童数学问题解决的影响因素及作用模式。本研究提出如下假设：数学学习困难儿童和数学学业优良儿童在情境理解、问题表征、问题分类、解题估计、解题计划、自我评价各能力上的表现存在差异（H1）；情境理

---

❶ LUCANGELI D, TRESSOLDI P E, CENDRON M. Cognitive and Metacognitive Abilities Involved in the Solution of Mathematical Word Problems: Validation of a Comprehensive Model [J]. Contemporary Educational Psychology, 1998, 23:257–275.

❷ 路海东. 小学生数学应用题解决的认知与元认知策略及其训练研究 [D]. 长春：东北师范大学，2004；万莉莉. 聋生复合应用题解决的影响因素及其干预研究 [D]. 上海：华东师范大学，2009；杜月红. 数学学业不良学生问题解决机制研究 [D]. 上海：华东师范大学，2005.

解、问题表征、问题分类、解题估计、解题计划、自我评价对儿童解题成绩存在直接影响（H2）；情境理解通过问题表征、问题分类、解题估计、解题计划、自我评价对儿童解题成绩产生间接影响（H3）。

二、研究方法

（一）被试

本研究包括两组被试。第一组被试来自第四章研究被试所在学校，从该校三、四、五年级各抽取语文及数学学业成绩综合排名均位于年级中等水平的一个自然班，用以实施《数学应用题解决能力测验Ⅱ》，所获数据用于检验测验的信度和效度。第二组被试为正式研究被试，其中数困、数优被试同第四章研究被试（见第四章第一节），另随机抽取该校三、四、五年级中位于中等水平的一个自然班学生为本研究正式被试（见表5-1）。

表5-1 被试基本信息

组别	年级	男（名）	女（名）	合计（名）	年龄（岁）$M \pm SD$
预研究	三年级	47	23	70	9.03 ± 0.54
	四年级	32	36	68	9.89 ± 0.47
	五年级	47	31	78	11.10 ± 0.45
正式研究	三年级	35	33	68	8.84 ± 0.56
	四年级	34	36	70	9.92 ± 0.63
	五年级	40	35	75	11.00 ± 0.64

（二）研究工具

以丹妮拉·卢坎格里等的研究为理论基础，抽取情境理解、问题表征、问题分类、解题估计、解题计划、程序自我评估和计算自我评估七种因素为自变量自编问卷《数学应用题解决能力测验Ⅱ》。该测验由两部分组成，每部分有6道应用题。测试应用题均选自研究一的预测题库，难度水平0.3~0.4、0.5~0.6和0.7~0.9的各2道。

第一部分为数学应用题测试题（同研究一数学应用题解决能力测验Ⅰ的第二部分），要求被试对这6道题进行解答。第一部分的应用题主要用来检验第二部分应用题的信效度。第二部分为认知与元认知问卷（见附录3），也由6道应用题组成，其难度水平和题目类型与第一部分测验相匹配。每道应用题下面有8个小问题，其中7个小问题是以所抽取的七种认知因素和元认知因素为维度编制，分别是：①情境理解题；②问题表征题；③问题分类题；④解题估计题；⑤解题计划题；⑥解答应用题；⑦对列式进行自我评价；⑧对计算结果进行自我评价。除第⑤、⑥题外，其余6个问题均是四择一的选择题。①~④题的四个备选答案分别为完全正确答案、不完全正确答案、错误答案、无关答案。第⑤题为解题计划排序题。第⑦、⑧两题的四个选项为正确、可能正确、可能错误、错误。为使被试在测试前对第二部分测试题的操作方式有所熟悉，在第二部分测试前附有与测题模式相似的例题。

经检验，三个年级的测验的克伦巴赫（Cronbach）α系数和分半信度均在 0.8 以上，说明测验具有良好的信度。每套测验第二部分应用题解决成绩与第一部分测试具有高水平相关（$P<0.001$）；并且两部分的应用题解题成绩均无显著差异（$t_{三年级}=1.715$，$df=69$，$P>0.05$；$t_{四年级}=1.301$，$df=67$，$P>0.05$；$t_{五年级}=0.740$，$df=77$，$P>0.05$），说明本测验是一个效度较高的测验，测验操作方式并没有干扰儿童的应用题解题成绩。

（三）研究程序

第一阶段以班级为单位对第一组被试进行集体测试，数据结果用以检验测验工具的信度和效度。每个班级 1 名主试，由各班级数学老师担任；1 名辅助人员，由语文老师担任。测试前对主试和辅助人员进行测试程序的培训。整套测试在一周内分两次测完，第一部分测试要求被试按照数学测验时解应用题的要求，列出算式、写出解题过程并求出答案；第二部分测试先由主试讲解测试要求并带领被试完成例题，至其完全理解后开始正式测试。测试后，由研究者及主试共同整理测试卷，对于两部分试卷不完整、题目漏答等问题及时补全。

第二阶段为正式研究部分，分别以年级和班级为单位对被试进行集体施测，每次测试由研究者担任主试，辅助人员由学校负责数学教研工作的主任担任。整套测试在一周内分两次测完。测试要求及流程与第一阶段测试相同。两次测试完成后由研究者检查测试卷并进行及时补全。

本测试所有测试题均为两步或三步复合应用题，计分包括列式和计算两方面。第一部分测试的计分标准为：列式和计算完全正确计4分；列式正确但最后一步计算错误计3分；列对一个步骤并计算正确计2分，列式正确但各步计算均错误计2分；仅一步列式正确且计算错误计1分；列式和计算都错误计0分。第二部分中的"情境理解题""问题表征题""问题分类题""解题估计题"的计分标准为：选择"完全正确答案"计4分；选择"不完全正确答案"计3分；选择"错误答案"计2分；选择"不相关答案"计1分；"漏选"计0分。"解题计划题"根据正确的步骤数计分（最低分值0分，最高分值4分）。"解答应用题"按照第一部分的计分标准计分。"对列式进行自我评价"和"对计算结果进行自我评价"结合"解答应用题"的成绩计分，若评价与实际成绩一致（解题正确且评价正确，解题错误且评价错误）计3分；选择"可能错误"或"可能正确"的计2分；评价与实际成绩不一致计1分；未评价计0分。

（四）数据分析

使用方差分析（单因素方差分析、多变量方差分析、重复测量方差分析）、相关分析、多元逐步线性回归分析、路径分析对儿童数学问题解决过程的因素水平差异、作用机制进行分析。

第二节　数学学习困难儿童数学问题解决的影响因素分析

一、数学学习困难儿童数学问题解决中认知和元认知能力的差异分析

不同年级不同类型儿童在数学问题解决中认知和元认知能力及解题成绩的平均数和标准差如表5-2和表5-3所示。

表5-2　不同年级不同类型儿童数学问题解决中认知能力的平均数和标准差（$M±SD$）

年级	类型	n	认知总水平	情境理解	问题表征	问题分类	解题计划
三年级	单纯型	15	17.13 ± 2.36	20.93 ± 2.71	19.27 ± 2.43	17.13 ± 2.72	11.18 ± 4.23
	混合型	15	17.07 ± 2.83	20.33 ± 2.89	20.27 ± 2.74	17.33 ± 3.35	10.35 ± 5.50
	数优型	15	21.38 ± 0.75	22.93 ± 1.10	23.53 ± 0.64	22.00 ± 1.73	17.04 ± 2.21

续表

年级	类型	n	认知总水平	情境理解	问题表征	问题分类	解题计划
四年级	单纯型	16	19.49 ± 1.65	21.31 ± 2.30	21.44 ± 1.90	18.81 ± 2.40	16.41 ± 4.23
	混合型	15	17.81 ± 2.94	20.47 ± 2.88	19.73 ± 3.10	18.47 ± 2.36	12.58 ± 5.97
	数优型	14	22.04 ± 1.00	23.21 ± 1.37	23.36 ± 1.01	21.64 ± 1.45	19.23 ± 2.36
五年级	单纯型	13	21.24 ± 1.67	21.69 ± 2.66	22.00 ± 2.20	20.77 ± 1.79	20.51 ± 3.63
	混合型	14	18.27 ± 2.27	20.21 ± 3.45	18.43 ± 3.44	18.14 ± 2.77	16.29 ± 3.40
	数优型	15	23.04 ± 0.80	23.60 ± 0.83	23.00 ± 1.36	22.27 ± 1.44	23.29 ± 1.50

表 5-3 不同年级不同类型儿童数学问题解决中元认知能力及解题成绩的平均数和标准差（$M \pm SD$）

年级	类型	n	元认知总水平	解题估计	列式评价	计算评价	解题成绩
三年级	单纯型	15	16.07 ± 2.65	15.87 ± 5.11	16.00 ± 2.76	16.36 ± 2.33	12.80 ± 6.20

续表

年级	类型	n	元认知总水平	解题估计	列式评价	计算评价	解题成绩
三年级	混合型	15	15.97 ± 2.38	14.67 ± 3.56	16.44 ± 2.79	16.80 ± 2.51	6.53 ± 6.75
三年级	数优型	15	18.50 ± 2.34	19.40 ± 2.80	18.40 ± 3.31	17.69 ± 3.47	18.00 ± 4.02
四年级	单纯型	16	16.72 ± 3.03	16.50 ± 5.03	17.25 ± 3.28	16.42 ± 2.78	25.25 ± 4.28
四年级	混合型	15	15.62 ± 1.25	15.67 ± 3.31	15.38 ± 1.32	15.82 ± 1.11	23.40 ± 1.55
四年级	数优型	14	19.93 ± 2.63	20.36 ± 2.98	20.10 ± 3.07	19.33 ± 3.04	29.57 ± 4.45
五年级	单纯型	13	15.76 ± 2.37	16.92 ± 3.09	16.00 ± 3.65	14.36 ± 3.36	11.77 ± 6.06
五年级	混合型	14	15.81 ± 1.65	17.14 ± 1.88	14.95 ± 2.52	15.33 ± 2.85	7.14 ± 4.87
五年级	数优型	15	18.76 ± 2.43	18.67 ± 2.89	19.64 ± 3.28	17.96 ± 2.98	19.80 ± 3.26

对不同类型儿童在各认知和元认知能力上的总分进行差异分析，结果发现，各类儿童表现出相似的特点，即认知能

力得分显著高于元认知能力得分（见表 5-4）。就儿童在各能力上的得分而言，数学学习困难儿童在"情境理解""问题表征""问题分类"上的得分较高，在"解题计划"上的得分较低；不同年级也略有差异，三、四年级儿童在"解题计划"上的得分最低，五年级儿童在"计算评价"和"列式评价"上的得分最低。数优型儿童在各认知能力上的得分差异较小；三、四年级儿童在"解题计划"上的得分最低，在"情境理解"和"问题表征"上的得分较高；五年级儿童在"问题分类"上的得分最低，在"情境理解"和"解题计划"上的得分较高。

表 5-4 不同年级不同类型儿童数学问题解决的认知能力与元认知能力间差异分析

统计量	三年级			四年级			五年级		
	单纯型	混合型	数优型	单纯型	混合型	数优型	单纯型	混合型	数优型
t	1.342	1.358	5.052***	4.450***	2.474*	3.038**	7.450***	3.612**	7.091***
df	14	14	14	15	14	13	12	13	14
P	0.201	0.196	<0.001	<0.001	0.027	0.010	<0.001	0.003	<0.001

（一）数学问题解决中认知能力水平的差异分析

采用多变量方差分析，分别对各年级不同类型儿童数学问题解决认知能力水平进行比较。在进行事后多重比较时，对方差齐次性的变量使用最小显著性差异法（Least-Significant Difference，LSD）进行平均数多重比较，对方差不具齐次性的因素，采用 Tamhane's T2 法进行平均数多重比较。结果发现，不同类型儿童在数学问题解决中的认知能力及认知能力总水平上存在显著的差异。多重比较发现,在所有认知能力及总认知能力上,三、四年级的单纯型和混合型数学学习困难儿童的得分均显著低于数优型儿童,但这两类儿童间不存在显著差异。五年级群体中,在问题表征、问题分类、解题计划及认知能力总水平上,单纯型和混合型数学学习困难儿童的得分显著低于数优型儿童,并且在问题表征、解题计划和认知能力总水平上混合型显著低于单纯型;在情境理解上,仅呈现出混合型显著落后的特征(见表5-5)。

表5-5 不同年级不同类型儿童问题解决认知能力水平的方差分析

年级	认知能力	SS	df	MS	F	Post Hoc	ω^2
三年级	情境理解	55.600	2	27.800	4.922*	1<3, 2<3	0.190
	问题表征	149.378	2	74.689	16.203**	1<3, 2<3	0.436
	问题分类	227.511	2	113.756	15.765**	1<3, 2<3	0.429
	解题计划	399.175	2	199.588	11.283**	1<3, 2<3	0.350
	认知能力总水平	183.017	2	91.508	19.411**	1<3, 2<3	0.480
四年级	情境理解	57.050	2	28.525	5.457**	1<3, 2<3	0.206
	问题表征	95.115	2	47.557	9.884**	1<3, 2<3	0.320
	问题分类	87.593	2	43.796	9.611**	1<3, 2<3	0.314
	解题计划	394.622	2	197.311	9.863**	1<3, 2<3	0.320
	认知能力总水平	130.930	2	65.465	15.724**	1<3, 2<3	0.428
五年级	情境理解	83.678	2	41.839	6.560**	2<3, 2<1	0.252
	问题表征	164.405	2	82.202	13.503**	1<3, 2<3, 2<1	0.409
	问题分类	125.330	2	62.665	14.638**	1<3, 2<3	0.429
	解题计划	358.433	2	179.216	20.566**	1<3, 2<1, 2<3	0.513
	认知能力总水平	167.150	2	83.575	29.734**	1<3, 2<3, 2<1	0.604

为进一步探究各类型儿童在不同难度水平应用题解决中的认知能力水平的差异，以儿童类型（被试间变量）和问题难度水平（被试内变量）为自变量、四种认知能力及认知能力总水平为因变量，进行重复测量方差分析，结果发现，在各认知能力及认知能力总水平上儿童类型主效应显著。但是，难度水平的影响存在差异。对于三年级儿童，在情境理解、解题计划、认知能力总水平上难度水平主效应显著，即儿童在高难度水平上的得分显著低于中、低难度水平。四年级儿童在问题分类、解题计划、认知能力总水平上难度水平主效应显著，即在问题分类上，儿童在中难度水平题目上的得分显著低于高、低难度；在解题计划上，儿童在高难度水平题目上的得分显著低于中、低难度；在认知能力总水平上，在高、中难度水平题目上的得分显著低于低难度水平。五年级儿童在问题表征、问题分类、解题计划、认知能力总水平上难度水平主效应显著，即在问题表征和认知能力总水平上，儿童在高难度水平题目上的得分显著低于中、低难度水平；在问题分类上，儿童在高难度水平题目上的得分显著低于低难度水平；在解题计划上，高难度水平题目上的得分显著低于中难度水平（见表5-6、表5-7、表5-8）。

就难度水平和儿童类型的交互作用而言，三年级儿童在解题计划和认知能力总水平上的交互作用显著；四年级儿童在问题表征和解题计划上的交互作用显著；难度水平和儿童类型并未对五年级儿童的数学问题解决中认知能力总水平产生交互影响。

表 5-6　三年级不同类型儿童在不同难度水平数学问题解决中的认知能力水平的方差分析

变异来源	认知能力	SS	df	MS	F	Post Hoc	ω^2
难度水平（被试内）	情境理解	2.411	2	1.206	5.396**	高<中,高<低	0.114
	问题表征	1.081	2	0.541	1.822		0.042
	问题分类	0.026	2	0.013	0.028		0.972
	解题计划	55.355	2	27.677	29.169**	高<中,高<低	0.410
	认知能力总水平	70.909	2	35.455	17.984**	高<中,高<低	0.300
被试类型（被试间）	情境理解	4.633	2	2.317	4.922*	1<3,2<3	0.190
	问题表征	12.448	2	6.224	16.203**	1<3,2<3	0.436
	问题分类	18.959	2	9.480	15.765**	1<3,2<3	0.429
	解题计划	33.265	2	16.632	11.283**	1<3,2<3	0.350
	认知能力总水平	244.023	2	122.011	19.411**	1<3,2<3	0.480
难度水平×被试类型	情境理解	0.322	4	0.081	0.361		0.017
	问题表征	1.152	4	0.288	0.970		0.044
	问题分类	2.596	4	0.649	1.402		0.063
	解题计划	10.830	4	2.708	2.854*		0.120
	认知能力总水平	22.047	4	5.512	2.796*		0.117

表 5-7　四年级不同类型儿童在不同难度水平数学问题解决中的认知能力水平的方差分析

变异来源	认知能力	SS	df	MS	F	Post Hoc	ω^2
难度水平（被试内）	情境理解	0.346	2	0.173	0.590		0.014
	问题表征	1.183	2	0.591	2.017		0.046
	问题分类	8.304	2	4.152	12.143**	中<高, 中<低	0.224
	解题计划	15.089	2	7.544	13.538**	高<低, 高<中	0.246
	认知能力总水平	24.516	2	12.258	8.791**	高<低, 中<低	0.173
被试类型（被试间）	情境理解	7.434	2	1.859	6.341**	1<3, 2<3	0.206
	问题表征	7.926	2	3.963	9.884**	1<3, 2<3, 2<1	0.320
	问题分类	7.299	2	3.650	9.611**	1<3, 2<3, 2<1	0.314
	解题计划	32.885	2	16.443	9.863**	1<3, 2<3, 2<1	0.320
	认知能力总水平	174.573	2	87.286	15.724**	1<3, 2<3, 2<1	0.428
难度水平×被试类型	情境理解	0.346	4	0.173	0.590		0.019
	问题表征	7.434	4	1.859	6.341**		0.232
	问题分类	0.518	4	0.130	0.379		0.018
	解题计划	5.328	4	1.332	2.610*		0.103
	认知能力总水平	7.518	4	1.879	1.348		0.060

表 5-8 五年级不同类型儿童在不同难度水平数学问题解决中的认知能力水平的方差分析

变异来源	认知能力	SS	df	MS	F	Post Hoc	ω^2
难度水平 (被试内)	情境理解	0.844	2	0.422	1.970		0.048
	问题表征	3.733	2	1.867	6.592**	高<低, 高<中	0.145
	问题分类	1.778	2	0.889	3.397*	高<低	0.080
	解题计划	5.300	2	2.650	3.540*	高<中	0.083
	认知能力 总水平	35.956	2	17.978	16.122**	高<低, 高<中	0.292
被试类型 (被试间)	情境理解	6.973	2	3.487	6.560**	2<3	0.252
	问题表征	13.700	2	6.850	13.503**	2<1, 2<3	0.409
	问题分类	10.444	2	5.222	14.638**	2<1, 2<3	0.429
	解题计划	29.869	2	14.935	20.566**	1<3, 2<1, 2<3	0.513
	认知能力 总水平	222.866	2	111.433	29.734**	1<3, 2<1, 2<3	0.604
难度水平 × 被试类型	情境理解	0.303	4	0.076	0.354		0.018
	问题表征	0.886	4	0.221	0.782		0.039
	问题分类	0.839	4	0.210	0.802		0.039
	解题计划	2.169	4	0.542	0.725		0.036
	认知能力 总水平	4.686	4	1.171	1.050		0.051

1. 三年级被试群体

简单效应检验发现,在解题计划上,就难度水平而言,三年级不同类型儿童在不同难度水平上表现出显著差异[$F_{单纯型}(2, 41) = 7.920$, $P = 0.001 < 0.01$; $F_{混合型}(2, 41) = 3.288$,

$P=0.047<0.05$；$F_{数优型}(2, 41)=23.717$，$P<0.001$]。多重比较发现，单纯型、数优型儿童在高难度的题目上解题计划的得分显著低于中、低难度水平题目，混合型儿童在高难度水平的题目上解题计划的得分显著低于中等难度水平的得分（见图5-1）。就儿童类型而言，在中、低难度水平上，各类儿童解题计划上的得分均存在显著差异[$F_{中}(2, 42)=6.099$，$P=0.005<0.01$；$F_{低}(2, 42)=10.510$，$P<0.001$]。多重比较发现，在中、低难度水平下，单纯型、混合型儿童的解题计划得分均显著低于数优型儿童（见图5-2）。

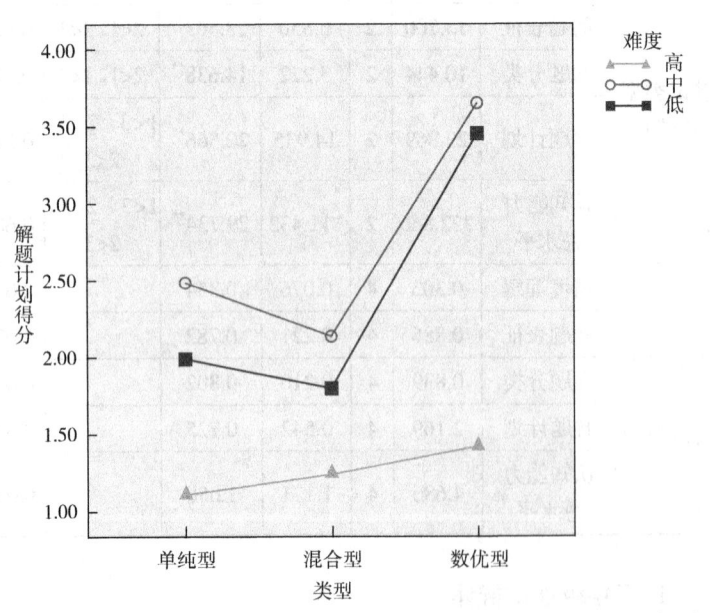

图5-1 三年级不同类型儿童在不同难度水平题目上的解题计划得分

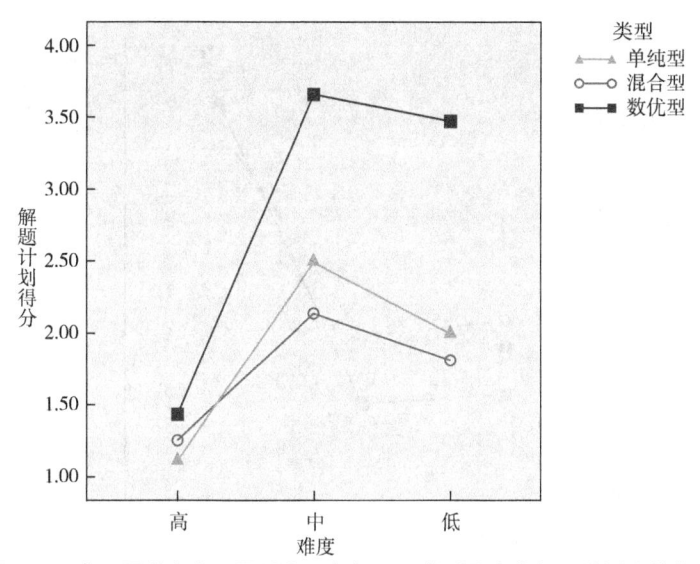

图 5-2 在不同难度水平题目上三年级不同类型儿童在解题计划上的得分

在认知能力总水平上，就难度水平而言，三年级不同类型儿童在不同难度水平上表现出显著差异 [$F_{单纯型}(2, 41) = 5.641$, $P = 0.007 < 0.01$; $F_{混合型}(2, 41) = 0.130$, $P = 0.057 < 0.10$; $F_{数优型}(2, 41) = 0.449$, $p < 0.001$]。多重比较发现，单纯型和混合型儿童在高难度题目上认知能力总水平的得分显著低于在中难度水平题目上的得分，数优型儿童在高难度水平的题目上认知能力总水平的得分显著低于低、中难度水平题目上的得分（见图 5-3）。就儿童类型而言，在低、中、高难度水平上，各类儿童在认知能力总水平上的得分均存在显著差异 [$F_{低}(2, 42) = 7.426$, $P = 0.002 < 0.01$; $F_{中}(2, 42) = 10.338$, $P < 0.001$; $F_{高}(2, 42) = 18.511$, $P < 0.001$]。多重比较发现，在各难度水平下，单纯型、混合型儿童的认知能力总水平得分均显著低于数优型儿童（见图 5-4）。

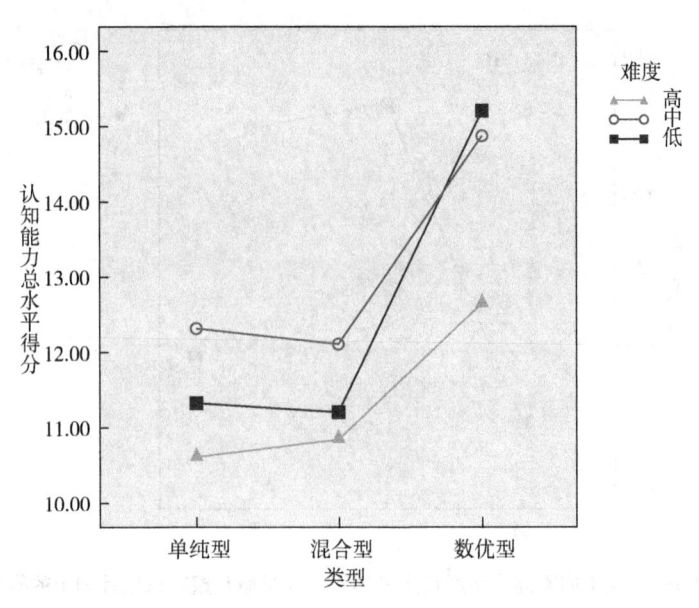

图 5-3 三年级不同类型儿童在不同难度水平题目上的认知能力总水平得分

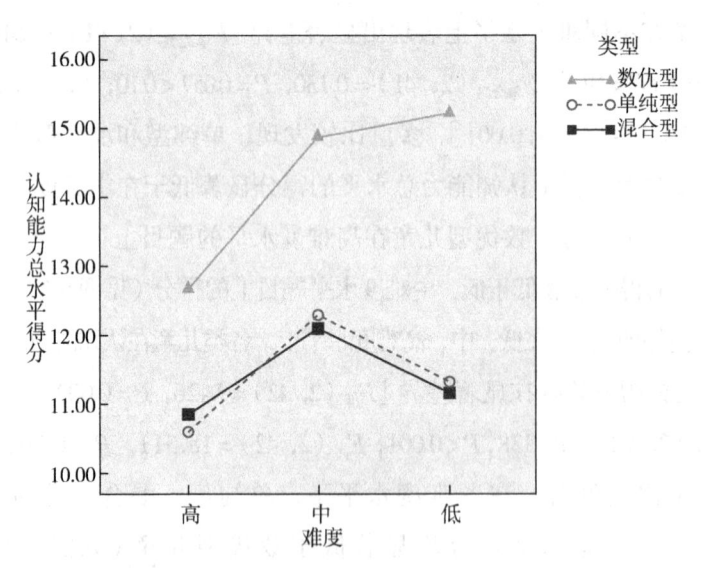

图 5-4 在不同难度水平题目上三年级不同类型儿童在认知能力总水平上的得分

第五章 数学学习困难儿童数学问题解决的影响因素研究

2. 四年级被试群体

简单效应检验发现，在问题表征上，就难度水平而言，单纯型、混合型儿童在不同难度水平上表现出显著差异 [$F_{单纯型}$（2，41）= 3.165，P = 0.053 < 0.10；$F_{混合型}$（2，41）= 14.110，P < 0.01]。多重比较发现，单纯型儿童在低难度水平题目上的问题表征得分显著低于高难度水平题目，混合型儿童在低难度水平题目上的得分显著高于中、高难度水平题目上的得分（见图5-5）。从儿童类型而言，各类型儿童在问题表征上的得分均存在显著差异 [$F_{低}$（2，42）= 8.473，P = 0.001 < 0.01；$F_{中}$（2，42）= 6.413，P = 0.004 < 0.01；$F_{高}$（2，42）= 8.915，P = 0.001]。多重比较发现，在中、高难度水平下，混合型儿童的问题表征得分显著低于单纯型和数优型儿童，并且在低难度水平下混合型儿童的得分显著低于数优型儿童（见图5-6）。

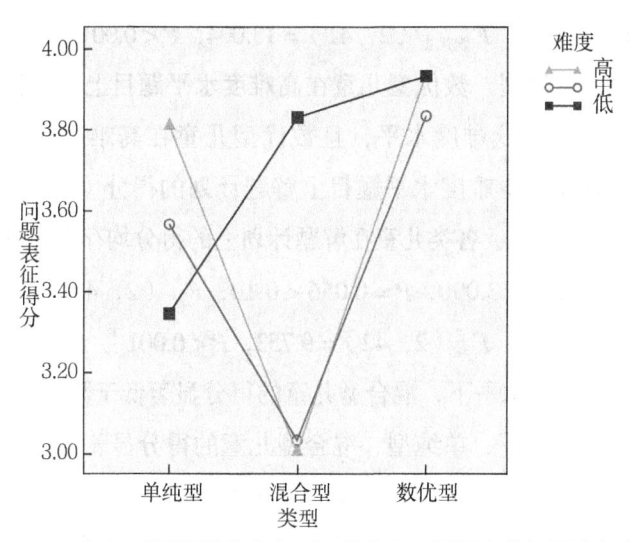

图5-5 四年级不同类型儿童在不同难度水平题目上的问题表征得分

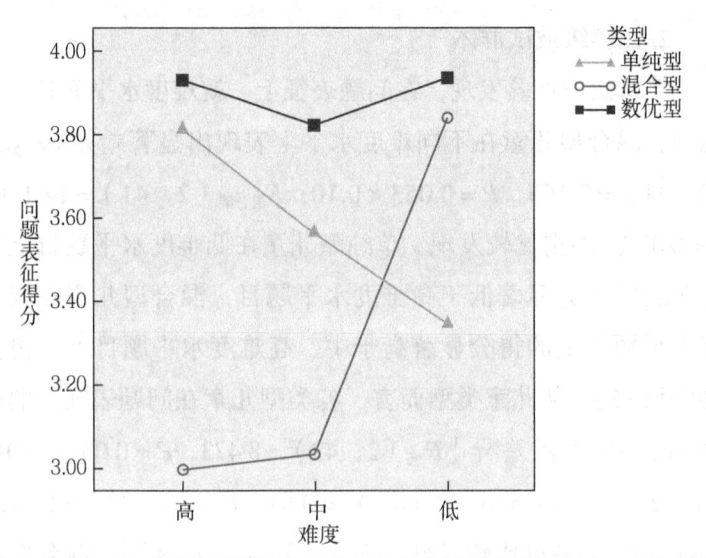

图5-6 在不同难度水平题目上四年级不同类型儿童在问题表征上的得分

在解题计划上，就难度水平而言，单纯型、数优型儿童在不同难度水平题目上表现出显著差异[$F_{单纯型}$(2, 41) = 5.473, P = 0.008 < 0.01；$F_{数优型}$(2, 41) = 13.004, P < 0.001]。多重比较发现，单纯型、数优型儿童在高难度水平题目上解题计划的得分显著低于低难度水平，且数优型儿童在高难度水平上的得分显著低于中难度水平题目上解题计划的得分（见图5-7）。从儿童类型而言，各类儿童在解题计划上的得分均存在显著差异[$F_{低}$(2, 42) = 3.090, P = 0.056 < 0.10；$F_{中}$(2, 42) = 6.041, P = 0.005 < 0.01；$F_{高}$(2, 42) = 9.753, P < 0.001]。多重比较发现，在低难度水平下，混合型儿童的得分显著低于数优型儿童；在中难度水平下，单纯型、混合型儿童的得分显著低于数优型儿童；在高难度水平下，混合型儿童的得分显著低于单纯型、数优型儿童，单纯型儿童显著低于数优型儿童（见图5-8）。

第五章 数学学习困难儿童数学问题解决的影响因素研究

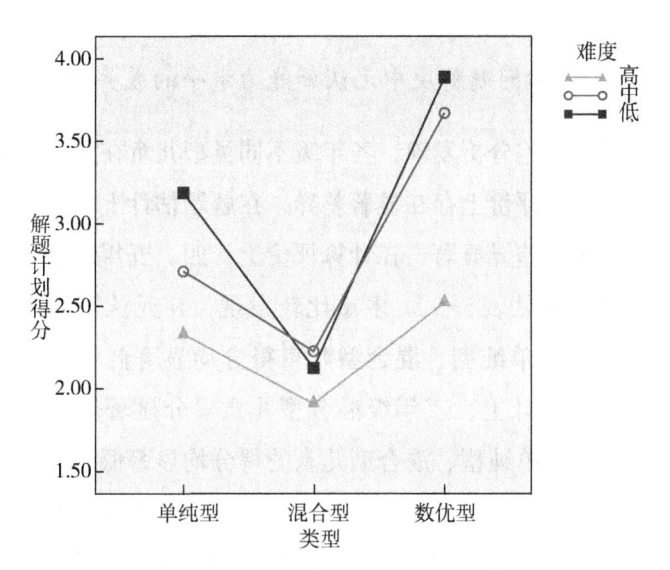

图 5-7 四年级不同类型儿童在不同难度水平题目上的解题计划得分

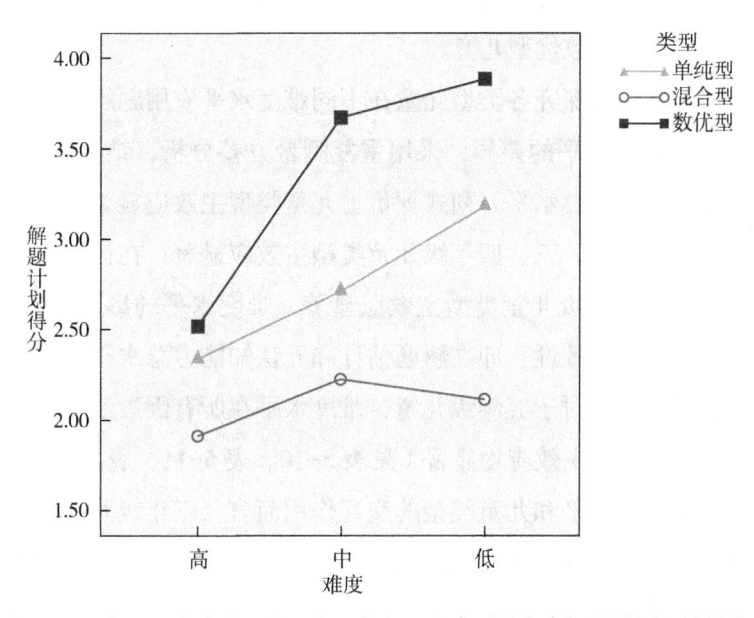

图 5-8 在不同难度水平题目上四年级不同类型儿童在解题计划上的得分

(二）数学问题解决中元认知能力水平的差异分析

多变量方差分析发现，各年级不同类型儿童在元认知能力总水平、列式评价上存在显著差异；在解题估计上，三、四年级各类儿童的差异显著；在计算评价上，四、五年级各类儿童的差异显著（见表5-9）。多重比较发现，在元认知能力总水平上，各年级单纯型、混合型儿童得分均显著低于数优型儿童；在解题估计上，三年级混合型儿童得分显著低于数优型儿童，四年级单纯型、混合型儿童的得分均显著低于数优型儿童；在列式评价上，三年级、五年级单纯型、混合型儿童的得分显著低于数优型儿童，四年级仅混合型儿童得分显著低于数优型儿童；在计算评价上，四、五年级单纯型、混合型儿童的得分显著低于数优型儿童。

为进一步探究各类型儿童在不同难度水平应用题解决中的元认知能力水平的差异，采用重复测量方差分析，结果发现，在元认知能力总水平、列式评价上儿童类型主效应显著，并且在解题估计上，三、四年级儿童类型主效应显著，在计算评价上，四、五年级儿童类型主效应显著。难度水平的影响在三、四年级具有一致性，即在解题估计和元认知能力总水平上主效应显著，但是对于五年级儿童，难度水平在所有因素及元认知能力总水平上主效应均显著（见表5-10、表5-11、表5-12）。

就难度水平和儿童类型的交互作用而言，三年级儿童在解题估计上的交互作用边缘显著；难度水平和儿童类型对四年级儿童元认知能力总水平产生交互作用。

表 5-9　不同年级不同类型儿童数学问题解决中的元认知能力水平的方差分析

年级	元认知能力	SS	df	MS	F	Post Hoc	ω^2
三年级	解题估计	181.644	2	90.822	5.845**	2<3	0.218
	列式评价	48.909	2	24.454	2.781+	1<3, 2<3+	0.117
	计算评价	13.827	2	6.914	0.871		0.040
	元认知能力总水平	61.291	2	30.646	5.055**	1<3, 2<3	0.194
四年级	解题估计	180.430	2	90.215	5.842**	1<3, 2<3	0.218
	列式评价	162.846	2	81.423	11.081**	2<3	0.345
	计算评价	101.760	2	50.880	8.425**	1<3, 2<3	0.286
	元认知能力总水平	144.170	2	72.085	12.111**	1<3, 2<3	0.366
五年级	解题估计	25.934	2	12.967	1.819		0.085
	列式评价	176.499	2	88.250	8.749**	1<3, 2<3	0.310
	计算评价	98.551	2	49.276	5.259**	1<3, 2<3	0.212
	元认知能力总水平	85.049	2	42.524	8.971**	1<3, 2<3	0.315

表 5-10　三年级不同类型儿童在不同难度水平数学问题解决中的元认知能力水平的方差分析

变异来源	元认知能力	SS	df	MS	F	Post Hoc	ω^2
难度水平（被试内）	解题估计	3.448	2	1.724	3.344*	高<中，低<中	0.074
	列式评价	0.404	2	0.202	1.065		0.025
	计算评价	1.470	2	0.735	3.681*	高<中	0.081
	元认知能力总水平	12.744	2	6.372	5.628**	高<中，低<中	0.118

续表

变异来源	元认知能力	SS	df	MS	F	Post Hoc	ω^2
被试类型（被试间）	解题估计	15.137	2	7.569	5.845**	1<3, 2<3	0.218
	列式评价	7.633	2	3.817	11.080***	1<3, 2<3	0.117
	计算评价	0.648	2	0.324	0.871		0.040
	元认知能力总水平	36.478	2	18.239	5.527**	1<3, 2<3	0.208
难度水平×被试类型	解题估计	4.574	4	1.144	2.218+		0.096
	列式评价	0.674	4	0.169	0.889		0.041
	计算评价	0.085	4	0.021	0.107		0.005
	元认知能力总水平	4.311	4	1.078	0.952		0.043

表 5-11　四年级不同类型儿童在不同难度水平数学问题解决中的元认知能力水平的方差分析

变异来源	元认知能力	SS	df	MS	F	Post Hoc	ω^2
难度水平（被试内）	解题估计	6.669	2	3.334	7.777**	中<低, 高<低	0.156
	列式评价	0.360	2	0.180	1.655		0.038
	计算评价	0.502	2	0.251	1.493		0.034
	元认知能力总水平	11.941	2	5.970	8.222**	中<低, 高<低	0.164
被试类型（被试间）	解题估计	15.036	2	7.518	5.842**	1<3, 2<3	0.218
	列式评价	7.633	2	3.817	11.081**	1<3, 2<3	0.345
	计算评价	4.770	2	2.385	8.425**	1<3, 2<3	0.286
	元认知能力总水平	76.828	2	38.414	11.657**	1<3, 2<3	0.357

续表

变异来源	元认知能力	SS	df	MS	F	Post Hoc	ω^2
难度水平×被试类型	解题估计	1.324	4	0.331	0.772		0.035
	列式评价	0.881	4	0.220	2.023		0.088
	计算评价	1.058	4	0.265	1.574		0.070
	元认知能力总水平	7.536	4	1.884	2.595*		0.110

表5-12 五年级不同类型儿童在不同难度水平数学问题解决中的元认知能力水平的方差分析

变异来源	元认知能力	SS	df	MS	F	Post Hoc	ω^2
难度水平（被试内）	解题估计	8.896	2	4.448	10.220**	高<低，高<中	0.208
	列式评价	1.476	2	0.738	3.154*	高<低，高<中	0.075
	计算评价	2.517	2	1.259	5.514**	高<低，高<中，中<低	0.124
	元认知能力总水平	31.829	2	15.914	12.364**	高<低，高<中，中<低	0.241
被试类型（被试间）	解题估计	2.161	2	1.081	1.819		0.085
	列式评价	8.273	2	4.137	8.749**	1<3，2<3	0.310
	计算评价	4.620	2	2.310	5.259**	1<3，2<3	0.212
	元认知能力总水平	40.397	2	20.198	8.899**	1<3，2<3	0.313
难度水平×被试类型	解题估计	0.190	4	0.047	0.109		0.006
	列式评价	0.219	4	0.055	0.234		0.012
	计算评价	1.169	4	0.292	1.280		0.062
	元认知能力总水平	2.362	4	0.590	0.459		0.023

简单效应检验发现,在元认知能力总水平上,四年级单纯型、数优型儿童在不同难度水平上表现出显著差异 [$F_{单纯型}$ (2, 41) = 8.721, P = 0.001; $F_{数优型}$ (2, 41) = 4.259, P = 0.021 < 0.05]。多重比较发现,单纯型儿童在低、高难度的题目上解题估计的得分显著高于中难度水平题目,数优型儿童在低难度水平上的得分显著高于高难度水平题目(见图 5-9)。从儿童类型而言,在低、中、高难度水平上,各类儿童在解题估计上的得分均存在显著差异 [$F_{低}$ (2, 42) = 8.349, P = 0.001; $F_{中}$ (2, 42) = 15.324, P < 0.001; $F_{高}$ (2, 42) = 4.351, P = 0.019 < 0.05]。多重比较发现,在高难度水平下,混合型儿童的得分显著低于数优型儿童;在低、中难度水平下,两种类型的数学学习困难儿童的元认知能力得分均显著低于数优型儿童(见图 5-10)。

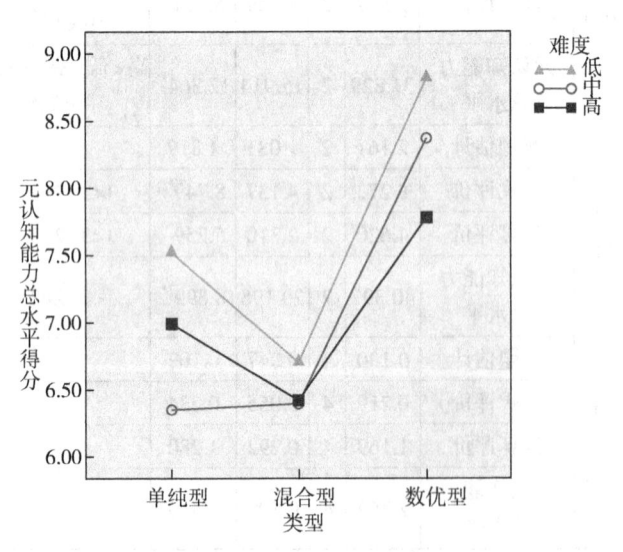

图 5-9 四年级不同类型儿童在不同难度水平题目上的元认知能力总水平得分

第五章 数学学习困难儿童数学问题解决的影响因素研究

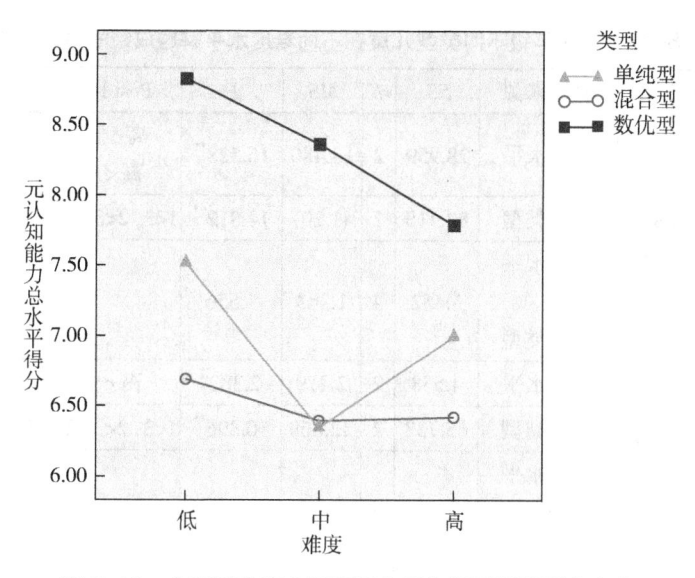

图 5-10 在不同难度水平题目上四年级不同类型儿童在
元认知能力总水平上的得分

（三）数学问题解决中解题成绩的差异分析

采用重复测量方差分析，探究不同类型儿童在不同难度水平应用题上解题成绩的差异，结果如表 5-13 所示。在不同年级、难度水平和儿童类型的主效应均显著，但难度水平和儿童类型的交互作用并不显著。多重比较发现，在各年级，单纯型和混合型儿童的解题成绩显著低于数优型儿童，并且混合型儿童的解题成绩显著低于单纯型儿童。从难度水平上来看，各年级儿童在低难度水平题目上的得分显著高于高难度水平题目，并且三年级、五年级儿童在中难度水平题目上的得分显著高于高难度水平题目。

表 5-13 不同年级不同类型儿童在不同难度水平解题成绩的方差分析

因变量	变异来源	SS	df	MS	F	Post Hoc	ω^2
解题成绩（三年级）	难度水平	28.959	2	14.480	16.528**	高<低, 高<中	0.282
	被试类型	82.415	2	41.207	14.812**	1<3, 2<3, 2<1	0.414
	难度水平×被试类型	5.452	4	1.363	1.556		0.069
解题成绩（四年级）	难度水平	4.558	2	2.279	2.382+	高<低	0.054
	被试类型	65.738	2	32.869	10.896**	1<3, 2<3, 2<1	0.342
	难度水平×被试类型	2.635	4	0.659	0.688		0.032
解题成绩（五年级）	难度水平	13.718	2	6.859	9.327**	高<低, 高<中	0.193
	被试类型	99.433	2	49.717	25.956**	1<3, 2<3, 2<1	0.571
	难度水平×被试类型	2.419	4	0.605	0.822		0.040

二、数学问题解决中认知和元认知能力对问题解决的作用模式

（一）认知和元认知能力与解题成绩的相关分析

相关分析结果显示，不同年级儿童各认知和元认知能力与解题成绩之间存在显著中等水平相关（见表 5-14、表 5-15、表 5-16）。各认知和元认知能力间存在显著的低、中等水平相

关,但是三年级儿童的"解题估计"与"计算评价"相关不显著;五年级儿童的"解题计划"与"问题分类","列式评价"与"情境理解"及"问题分类","计算评价"与"情境理解"、"问题表征"及"问题分类"相关不显著。

表 5-14　三年级儿童认知和元认知能力间及与解题成绩的相关分析

维度	情境理解	问题表征	问题分类	解题估计	解题计划	列式评价	计算评价
情境理解	1						
问题表征	0.420**	1					
问题分类	0.540**	0.537**	1				
解题估计	0.294**	0.211*	0.385**	1			
解题计划	0.589**	0.445**	0.524**	0.374**	1		
列式评价	0.252**	0.356**	0.226*	0.229*	0.380**	1	
计算评价	0.184*	0.307**	0.189*	0.168	0.338**	0.896**	1
解题成绩	0.608**	0.479**	0.596**	0.443**	0.674**	0.449**	0.409**

表 5-15　四年级儿童认知和元认知能力间及与解题成绩的相关分析

维度	情境理解	问题表征	问题分类	解题估计	解题计划	列式评价	计算评价
情境理解	1						
问题表征	0.435**	1					
问题分类	0.507**	0.381**	1				
解题估计	0.479**	0.369**	0.400**	1			
解题计划	0.573**	0.460**	0.449**	0.324**	1		
列式评价	0.241*	0.233*	0.191	0.333**	0.386**	1	
计算评价	0.221*	0.208*	0.193*	0.321**	0.356**	0.864**	1
解题成绩	0.610**	0.467**	0.533**	0.573**	0.513**	0.467**	0.467**

表 5-16　五年级儿童认知和元认知能力与解题成绩的相关分析

维度	情境理解	问题表征	问题分类	解题估计	解题计划	列式评价	计算评价
情境理解	1						
问题表征	0.471**	1					
问题分类	0.330**	0.647**	1				
解题估计	0.183*	0.311**	0.266**	1			
解题计划	0.224*	0.410**	0.178	0.220*	1		
列式评价	0.095	0.249**	0.105	0.182*	0.545**	1	
计算评价	0.091	0.084	−0.006	0.208*	0.491**	0.769**	1
解题成绩	0.500**	0.554**	0.511**	0.293**	0.478**	0.485**	0.370**

（二）认知和元认知能力对儿童问题解决的影响模式

为进一步分析"情境理解""问题表征""问题分类""解题估计""解题计划""自我评价"（包括列式评价和计算评价）六个认知和元认知能力对不同类型儿童问题解决的影响模式，根据丹妮拉·卢坎格里等的模型，[1]假设原始路径模型如图 5-11 所示。

---

[1] 路海东. 小学生数学应用题解决的认知与元认知策略及其训练研究 [D]. 长春：东北师范大学，2004；万莉莉. 聋生复合应用题解决的影响因素及其干预研究 [D]. 上海：华东师范大学，2009；杜月红. 数学学业不良学生问题解决机制研究 [D]. 上海：华东师范大学，2005.

第五章 数学学习困难儿童数学问题解决的影响因素研究

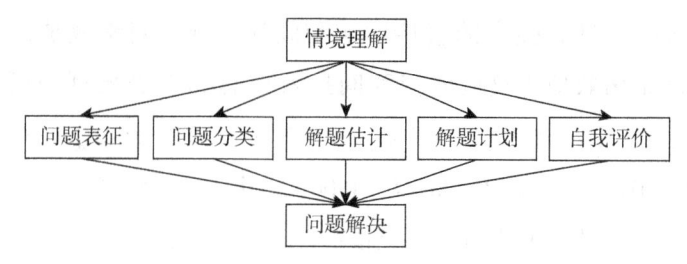

图 5-11 认知与元认知能力影响模型原始路径

采用极大似然法（Maximum Likelihood, ML）对各年级儿童认知与元认知能力影响模型进行分析，但原始模型适配度检验结果未达到适配标准，需对模型进行适当修正。根据各模型第一次路径分析结果中的修正指标，将不显著的路径系数删除，并依据修正指标增列部分遗漏的路径，结合认知与元认知能力对问题解决的影响模型的相关研究，对模型进行修正，修正后的模型拟合指标如表 5-17 所示。各拟合指标达到理想水平，模型的适配度良好。不同年级的最终模型解释了 50%~60% 的解题成绩的变异。

表 5-17 不同年级数学问题解决中认知与元认知能力
影响模型修正模型拟合度

年级	χ^2/df	GFI	AGFI	TLI	CFI	RMSEA
三年级	1.643	0.982	0.904	0.963	0.990	0.075
四年级	1.443	0.976	0.915	0.969	0.988	0.063
五年级	1.164	0.974	0.932	0.990	0.995	0.037

基于模型结果，有如下几项重点发现：第一，情境理解、问题表征、解题计划、问题分类及自我评价是进入模型的主要变量，且在各年级呈现出一致性；第二，情境理解对

169

解题成绩具有强大的直接影响和间接影响，对解题成绩的总标准化效应（直接效应和间接效应总和）是模型中所有预测因子中影响最大的（$B_{三年级} = 0.617$，$P < 0.001$；$B_{四年级} = 0.609$，$P < 0.001$；$B_{五年级} = 0.488$，$P < 0.001$）；第三，解题计划和自我评价对解题成绩的总效应值次之；第四，解题计划对三年级儿童解题成绩影响较强（$B_{三年级} = 0.413$，$P < 0.001$），自我评价对四、五年级儿童解题成绩的影响更强（$B_{四年级} = 0.339$，$P < 0.001$；$B_{五年级} = 0.399$，$P < 0.001$）。

在假设模型中（见图 5-11），研究者并没有提出问题表征、解题计划、问题分类、自我评价间如何作用。然而，从理论及实践逻辑上来讲，问题表征会对问题分类、解题计划、自我评价产生直接影响，解题计划也可能会影响自我评价的结果。因此，在建模过程中需要充分考虑这些路径，并且结果也发现未增加这些路径的模型拟合度比较差，各项指标均达不到统计学要求。所以，在最终模型中，问题表征、解题计划、问题分类、自我评价变量间存在显著的直接影响。在各个年级的模型中，问题表征对解题计划（$B_{三年级} = 0.240$，$P = 0.003$；$B_{四年级} = 0.260$，$P = 0.002$；$B_{五年级} = 0.410$，$P < 0.001$）、问题分类（$B_{三年级} = 0.376$，$P < 0.001$；$B_{四年级} = 0.198$，$P = 0.025$；$B_{五年级} = 0.647$，$P < 0.001$）均具有较强影响，解题计划对自我评价也存在显著的直接影响（$B_{三年级} = 0.369$，$P < 0.001$；$B_{四年级} = 0.385$，$P < 0.001$；$B_{五年级} = 0.552$，$P < 0.001$）（见图 5-12、图 5-13、图 5-14，表 5-18、表 5-19、表 5-20）。

第五章　数学学习困难儿童数学问题解决的影响因素研究

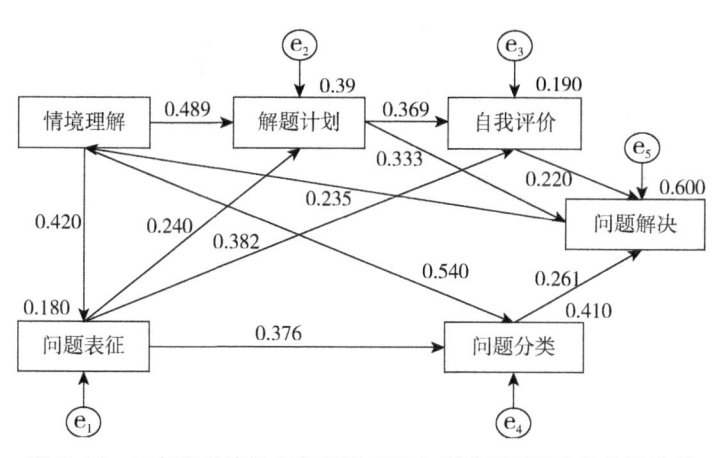

图 5-12　三年级儿童认知与元认知能力影响模型标准化估计值的路径分析模型

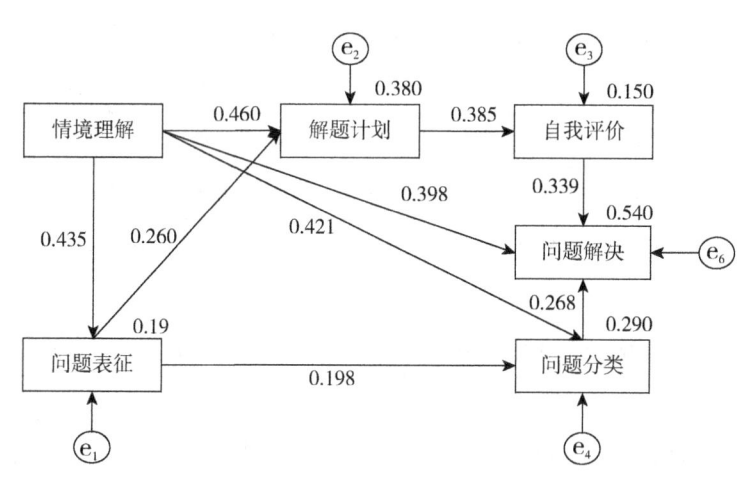

图 5-13　四年级儿童认知与元认知能力影响模型标准化估计值的路径分析模型

数学学习困难儿童数学问题解决的机制与干预

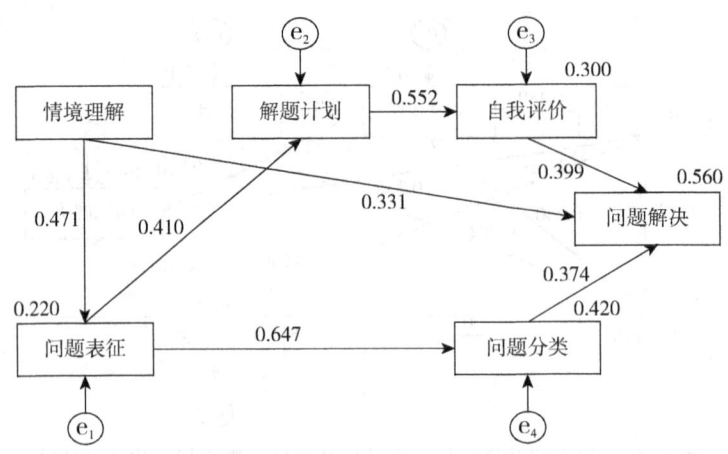

图 5-14 五年级儿童认知与元认知能力影响模型标准化估计值的路径分析模型

表 5-18 三年级儿童认知与元认知能力影响模型的效应值

	路径	B	β	$SE(\beta)$	P	$95\%CI(\beta)$
直接效应	情境理解→问题表征	0.420	0.424	0.086	0.001	[0.242, 0.587]
	情境理解→解题计划	0.489	0.966	0.159	<0.001	[0.625, 1.260]
	问题表征→解题计划	0.240	0.470	0.157	0.003	[0.166, 0.786]
	解题计划→自我评价	0.369	0.212	0.068	<0.001	[0.150, 0.436]
	情境理解→问题分类	0.540	0.530	0.109	<0.001	[0.340, 0.743]
	问题表征→问题分类	0.376	0.517	0.109	<0.001	[0.325, 0.690]
	问题表征→自我评价	0.382	0.338	0.146	0.020	[0.079, 0.587]
	自我评价→问题解决	0.220	0.466	0.137	<0.001	[0.183, 0.762]
	解题计划→问题解决	0.333	0.553	0.135	<0.001	[0.273, 0.816]
	情境理解→问题解决	0.235	0.772	0.259	0.003	[0.272, 1.320]
	问题分类→问题解决	0.261	0.617	0.177	0.001	[0.238, 1.056]

续表

	路径	B	β	$SE(\beta)$	P	95%$CI(\beta)$
间接效应	情境理解→解题计划	0.101	0.199	0.087	0.001	[0.067, 0.421]
	情境理解→自我评价	0.218	0.337	0.092	<0.001	[0.068, 0.530]
	情境理解→问题分类	0.158	0.219	0.056	<0.001	[0.125, 0.350]
	情境理解→问题解决	0.382	1.264	0.214	<0.001	[0.872, 1.717]
	问题表征→自我评价	0.088	0.136	0.057	0.001	[0.046, 0.269]
	问题表征→问题解决	0.196	0.323	0.132	0.001	[0.107, 0.630]
	解题计划→问题解决	0.080	0.134	0.052	0.001	[0.053, 0.262]

表 5-19 四年级儿童认知与元认知能力影响模型的效应值

	路径	B	β	$SE(\beta)$	P	95%$CI(\beta)$
直接效应	情境理解→问题表征	0.435	0.452	0.088	<0.001	[0.258, 0.651]
	情境理解→解题计划	0.460	0.865	0.155	<0.001	[0.456, 1.305]
	问题表征→解题计划	0.260	0.471	0.149	0.002	[0.146, 0.843]
	解题计划→自我评价	0.385	0.309	0.070	<0.001	[0.150, 0.508]
	问题表征→问题分类	0.198	0.206	0.092	0.025	[0.008, 0.414]
	情境理解→问题分类	0.421	0.455	0.095	<0.001	[0.262, 0.678]
	问题分类→问题解决	0.268	0.801	0.224	<0.001	[0.291, 1.273]
	自我评价→问题解决	0.339	0.725	0.142	<0.001	[0.415, 1.049]
	情境理解→问题解决	0.398	1.283	0.244	<0.001	[0.712, 1.917]

续表

	路径	B	β	$SE(\beta)$	p	95% $CI(\beta)$
间接效应	情境理解→解题计划	0.113	0.213	0.091	0.004	[0.069, 0.425]
	情境理解→自我评价	0.221	0.333	0.095	<0.001	[0.172, 0.541]
	情境理解→问题分类	0.086	0.093	0.054	0.036	[0.006, 0.224]
	情境理解→问题解决	0.211	0.680	0.182	<0.001	[0.372, 1.093]
	问题表征→自我评价	0.100	0.146	0.071	0.005	[0.041, 0.327]
	问题表征→问题解决	0.087	0.271	0.115	0.003	[0.099, 0.547]
	解题计划→问题解决	0.131	0.224	0.081	<0.001	[0.053, 0.420]

表 5-20 五年级儿童认知与元认知能力影响模型的效应值

	路径	B	β	$SE(\beta)$	P	95%$CI(\beta)$
直接效应	情境理解→问题表征	0.471	0.583	0.100	<0.001	[0.367, 0.789]
	问题表征→解题计划	0.410	0.600	0.122	<0.001	[0.358, 0.860]
	问题表征→问题分类	0.647	0.536	0.058	<0.001	[0.377, 0.690]
	解题计划→自我评价	0.552	0.415	0.057	<0.001	[0.271, 0.555]
	问题分类→问题解决	0.374	1.080	0.187	<0.001	[0.589, 1.571]
	自我评价→问题解决	0.399	0.865	0.133	<0.001	[0.606, 1.114]
	情境理解→问题解决	0.331	0.976	0.192	<0.001	[0.464, 1.455]

续表

路径		B	β	$SE(\beta)$	P	95%$CI(\beta)$
间接效应	情境理解→解题计划	0.193	0.350	0.082	<0.001	[0.203, 0.528]
	情境理解→自我评价	0.107	0.145	0.043	<0.001	[0.076, 0.250]
	情境理解→问题分类	0.305	0.312	0.074	<0.001	[0.183, 0.478]
	情境理解→问题解决	0.157	0.462	0.108	<0.001	[0.286, 0.713]
	问题表征→自我评价	0.226	0.249	0.067	<0.001	[0.141, 0.402]
	问题表征→问题解决	0.332	0.794	0.152	0.001	[0.497, 1.090]
	解题计划→问题解决	0.220	0.359	0.073	<0.001	[0.219, 0.503]

第三节 数学学习困难儿童认知和元认知能力特征及作用模式

一、数学学习困难儿童认知和元认知能力的特点

（一）数学学习困难儿童认知和元认知能力水平整体落后，且发展不平衡

数学学习困难儿童在数学问题解决认知、元认知能力上普遍显著落后于数优型儿童，再次验证了数学学习困难儿童在应

用题解决上的困难与障碍并非表现在解题结果或某个单一能力上，而是在问题解决过程中所涉及的认知和元认知能力上弥漫性的落后。[1]数学学习困难儿童个体内部总体表现出认知能力优于元认知能力，呈现出发展不均衡，这与数优型儿童及普通儿童的发展表现相似。但在不同年级水平上略有差异。三年级数学学习困难儿童的认知和元认知能力总体发展水平是一致的，并未表现出显著的差异，究其原因可能是三年级儿童刚开始接触复合应用题，且其思维发展水平相较四、五年级处于较低水平，这就制约了儿童对于应用题解决的元认知能力的发展；数学学习困难儿童在数学应用题解决方面本就存在较大的困难和障碍，问题解决过程中所需要的认知能力水平也呈现出较低水平。

在各认知能力上，数学学习困难儿童的"情境理解"能力较优，而"解题计划"能力较差。在元认知能力上，三年级单纯型和混合型儿童及四、五年级混合型儿童在"计算评价"上的表现要优于"列式评价"。元认知随着思维能力的发展而发展，[2]在各项认知能力和元认知能力水平一致偏低的情况下，低年级的单纯型和混合型儿童的列式困难更大，而计算困难则会

---

[1] GONZÁLEZ J E J, ESPINEL A I G. Strategy Choice in Solving Arithmetic Word Problems: Are There Differences Between Students with Learning Disabilities, G-V Poor Performance and Typical Achievement Students? [J]. Learning Disability Quarterly, 2002, 25（2）: 113-122; MONTAGUE M, APPLEGATE B, MARQUARD K. Cognitive Strategy Instruction and Mathematical Problem-Solving Performance of Students with Learning Disabilities [J]. Learning Disabilities Research & Practice, 1993, 8（4）: 223-232.

[2] 梁宁建. 当代认知心理学 [M]. 上海：上海教育出版社，2003：319.

随年级增长及练习经验积累有所缓解,故而低年级及困难程度更重的混合型儿童对列式的评价更加不准确。

(二)单纯型和混合型数学学习困难儿童各项认知和元认知能力差异随年级升高、难度上升而凸显

首先,在不同年级水平上,就单纯型和混合型的数学学习困难儿童而言,三、四年级的单纯型和混合型数学学习困难儿童在各个认知和元认知能力水平上均未表现出差异,而随着年级的升高,这两类儿童间的差异逐渐显现。在五年级,混合型数学学习困难儿童在"情境理解""问题表征""解题计划"及认知能力总水平上显著低于单纯型数学学习困难儿童。究其原因,与数学学习困难发生与发展的一般规律有关,随着年级的升高,学科知识水平不断上升,学业要求也不断增强,儿童在学业上的问题表现会越来越凸显,若不进行适当合理的教育干预,学习困难儿童与普通儿童、数优型儿童间的差距会越来越大。在数学领域,应用题的复杂程度及对成功解决问题所需的各项能力水平要求也越来越高,数学学业对于学习困难儿童的困难程度会越来越严重。与此同时,混合型数学学习困难儿童不仅在数学上表现出学习问题,同样存在语文或阅读上的问题,这就加剧了其在数学应用题解题过程中的困难程度。单纯型数学学习困难儿童尽管在数学学业上存在困难,但其语文及阅读能力是正常发展的,不会对其数学应用题的解决产生消极影响。因此,随着年级的升高,单纯型和混合型数学学习困难儿童的各项能力水平差距逐渐拉大,差异逐渐凸显。

应用题难度水平对不同亚型数学学习困难儿童的认知和元认知能力影响也存在差异。单纯型数学学习困难儿童在"情境理解""问题表征""问题分类""解题计划""解题估计"上表现出随着难度水平的升高得分逐渐降低。其中，三年级单纯型儿童在"情境理解""解题计划""解题估计"上的得分受难度水平的影响最明显；四年级单纯型儿童在"问题表征""问题分类""解题计划""解题估计"上的表现受难度水平影响最甚；五年级单纯型儿童在"问题分类""解题估计"上的表现受应用题难度水平的影响显著。相较而言，混合型儿童在各难度水平上并未表现出明显的认知和元认知能力差异，仅五年级混合型儿童在"问题表征""解题计划""解题估计"上有所显现。这一结果说明混合型儿童在各难度水平上表现出一致的认知和元认知困难，呈现出"地板效应"，使得难度水平对认知、元认知能力的影响并不显著，进一步验证了已有研究发现。[1]

此外，低难度水平的应用题并不能有效展现出两类数学学习困难儿童在问题解决过程中所涉及的各种认知和元认知能力的差异及应用题解题成绩的差异；在中等难度水平的应用题上，不同类型的数学学习困难儿童在"问题表征"能力上表现出明显的差异，在应用题解题成绩上也表现出差异；而在高难度水平的应用题上，单纯型和混合型数学学习困难儿童在问题解决过程中所涉及的各项认知和元认知能力及应用题解题成

---

[1] POWELL S R, FUCHS L S, FUCHS D, et al. Do Word-Problem Features Differentially Affect Problem Difficulty as a Function of Students Mathematics Difficulty with and Without Reading Difficulty?[J]. Journal of Learning Disabilities, 2009, 42（2）: 99-110.

第五章　数学学习困难儿童数学问题解决的影响因素研究

绩上的差异加剧，在"问题表征""问题分类""解题计划""列式评价"等方面都表现出明显的差异。这与已有研究结果具有一致性。[1] 究其原因，主要在于低难度水平的应用题在解题过程中更多地依赖儿童所掌握的计算技能和策略，对儿童的阅读理解和问题分析能力要求较低。哈尼奇（Hanich）和乔丹（Jordan）的早期研究成果已证实单纯型数学学习困难儿童在有语言介入的数学任务上要优于混合型儿童，而在如计算、估算等无须语言介入的数学任务上两者的差异并不显著。[2] 而且，福克斯等也发现，单纯型和混合型数学学习困难儿童在算术应用题上的成绩并不因题目难度水平的提升表现出显著的差异，而在复合应用题和现实问题上，随着难度水平的提高，两类儿童的解题成绩差异逐渐显著。这主要是因为高难度水平的复合应用题题目结构更为复杂，与现实问题联系更为紧密，需要更多的语言介入和更高的阅读理解和分析能力，而这些方面正是混合型数学学习困难儿童的核心缺陷所在，所以，相较于单纯型儿童，混合型数学学习困难儿童的表现更为糟糕。[3]

---

[1] CIRINO P T, FUCHS L S, ELIAS J T, et al. Cognitive and Mathematical Profiles for Different Forms of Learning Difficulties [J]. Journal of Learning Disabilities, 2015, 48: 156-175；李清. 基于 PASS 理论的小学数学学习困难儿童应用题问题表征研究 [D]. 上海：华东师范大学，2009.

[2] HANICH L B, JORDAN N C, KAPLAN D, et al. Performance across Different Areas of Mathematical Cognition in Children with Learning Disabilities [J]. Journal of Educational Psychology, 2001, 93: 615-626.

[3] FUCHS L S, FUCHS D. Mathematical Problem-Solving Profiles of Students with Mathematics Disabilities with and Without Comorbid Reading Disabilities [J]. Journal of Learning Disabilities, 2002, 35 (6): 563-573.

二、数学问题解决中认知、元认知能力对问题解决的影响作用及模式

本研究发现，在小学数学问题解决中情境理解、问题表征、问题分类、解题计划和自我评价对解题成绩产生直接或间接影响。与以往实证研究一致，这些发现表明以情境理解、问题表征、问题分类、解题计划为核心的认知能力及以自我评价为核心的元认知能力与成功的应用题解决密切相关。例如，路海东等依据意大利学者丹妮拉·卢坎格里的理论，对影响小学生应用题解决的认知因素及其作用机制进行了探讨。结果还发现，情境理解、问题表征、问题分类、解题计划和自我评价是影响小学生应用题解决的主要认知因素。其中，情境理解首先影响问题表征、问题分类、解题计划和自我评价，后四个因素又进一步影响解题成绩。[1]

情境理解和问题表征能力是影响问题解决的两种重要认知能力。本研究结果也表明，情境理解对解题成绩具有更强的预测作用，比本研究中其他认知和元认知能力更强。情境理解能力不仅间接作用于解题成绩，还对其有直接影响，这与已有理论模型存在不同，也进一步凸显了情境理解在问题解决中的核心作用。研究结果显示，情境理解通过问题表征、问题分类、解题计划以及自我评价对解题成绩产生间接影响。这一结果与

---

[1] 路海东，董妍，王晓平. 小学生数学应用题解决的认知机制研究［J］. 心理科学，2004（4）：867-870.

第五章 数学学习困难儿童数学问题解决的影响因素研究

理论假设模型一致,但与理论模型也并非完全一致。例如,情境理解对自我评价并未有直接影响;而且对于五年级儿童,情境理解仅对问题表征产生直接影响,继而通过问题分类或"解题计划→自我评价"这一路径影响解题成绩。这可能与问题解决过程模式的理论逻辑有关,儿童在问题解决中往往经历"信息感知→情境表征→寻求解题方案→解题执行"的直线过程,儿童也往往遵循这一模式过程展开问题解决,故而情境理解能力也更易通过其他能力对解题成绩产生影响。

有趣的是,研究发现,问题表征能力与解题成绩间并无直接关系,解题计划、问题分类、自我评价在问题表征与解题成绩间起到中介作用;而且在四、五年级中问题表征通过"解题计划→自我评价"的链式中介作用影响解题成绩,这与理论模型存在较大不同。基于数学问题解决的实践过程,儿童需要在对问题充分进行表征的基础上寻求解题计划、执行计划并进行检查和评价,所以,问题表征作为基础的环节也是保证其他解题过程推进的基石,因此,正确的问题表征才有可能带来正确的解题计划或问题分类,进而出现正确的解题结果。这一结果也更加说明数学学习困难儿童较差的问题表征能力是阻碍其数学问题解决成功的重要原因。

问题表征能力的作用虽然显著,但并不及解题计划和自我评价能力对解题成绩的影响更强。其中,自我评价能力对问题解决的影响较为特别。作为一种元认知能力,"自我评价"需要个体具有一种能够正确评价在问题解决过程中所使用的各种程序是否正确的能力。个体所获得的问题解决的结果与对结果的自我评价的结果越一致，越能说明个体在选择解题计划时具有较高水平的元认知能力。若个体得到的是一个错误的解题结果，元认知能力则能帮助其进行基本的检查以及弥补缺憾、寻求进步。一般而言，元认知能力的发展到小学高年级阶段或形式运算阶段（12岁左右）才逐步趋于稳定。[1] 本研究也证实自我评价的影响在四、五年级才显现得更强。问题分类是对问题深层结构的分析能力，对解题成绩也具有显著的预测作用，这一结果与丹妮拉·卢坎格里等所提出的认知和元认知模式是一致的。这一能力的重要作用毋庸置疑，在已有研究所证实的图式教学及其他有效教学策略中，帮助儿童发现问题结构是促进解题的有效策略，而问题分类能力正体现了儿童对问题结构的分析与辨识能力。[2]

总之，对于问题解决认知及元认知影响模型的研究对数学学习困难儿童的教育具有一定的启示作用。首先，可以通过根据模型所开展的系列测试中对个体在问题解决中所具备的认知和元认知能力进行评估，得到更为详细、精确的信息。其次，综合考虑问题解决过程中各"基本能力"的影响作用，确立数学学习困难儿童问题解决的认知和元认知影响模型，这将为数学学习困难儿童问题解决的干预教学提供了明确的思路。

---

[1] VEENMAN M V, WILHELM P, BEISHUIZEN J J. The Relation Between Intellectual and Metacognitive Skills from a Developmental Perspective [J]. Learning and Instruction, 2004, 14（1）: 89–109.

[2] LEIN A E. Effectiveness of Mathematical Word Problem Solving Interventions for Students with Learning Disabilities and Mathematics Difficulties: A Meta-Analysis [D]. Minnesota: University of Minnesota, 2016.

第六章 数学学习困难儿童 PASS 认知特征及对数学问题解决的影响研究

第一节 研究背景与方法

一、研究背景

PASS 理论从信息加工的角度刻画智力操作的心理机制，把智力研究的焦点从特质分析转移到内部动态过程的分析上，因而可以更精确地反映智力发展的本质。PASS 的四个认知过程是人的智能活动中最一般的过程。PASS 模型作为一种较为良好的研究认知加工的工具，为揭示认知加工的心理机制提供了可能。目前基于 PASS 理论对数学学习困难的研究主要集中在 PASS 过程与数学成就之间的关系、对数学学习困难学生认知加工机制的描述以及缺陷模式的考察和教育干预等方面，为数学学习困难领域的研究奠定了基础。然而，基于 PASS 理论的数学学习困难研究尚处于起步阶段，诸如 PASS 各认知成分对数学的各个领域的影响作用有何特点等类似的问题值得深入探讨。应用PASS理论所展开的针对各种类型特殊儿童的研究在国内尚处于起步阶段，PASS各认知成分对于我国儿童数学各类型问题的影响作用机制有待进一步探讨。

数学问题解决是一种认知加工过程，问题解决过程中涉及"情境理解""问题表征""问题分类""解题估计""解题计划""自我评价"（列式自我评价和计算自我评价）六种认知和元认知能力。PASS模型提出计划、注意、编码的三级认知功能系统是"任何一种心理活动所必不可少的"[1]，为数学问题解决及其认知过程的研究提供了心理支持。当前的研究成果也证实了PASS模型是一种良好的研究认知加工的工具，基于PASS模型对数学学习困难儿童数学问题解决的研究及干预实践极为必要。因此，本研究拟采用操作化的PASS模型评估系统，进一步探讨不同亚型数学学习困难儿童是否表现出稳定的特异的认知缺陷，分析数学学习困难儿童在数学问题解决过程中PASS认知过程的特点以及PASS认知成分对数学问题解决过程的影响作用。

"工欲善其事，必先利其器。"对PASS模型操作化（任务化），既是PASS模型本身理论确证的需要，同时也是使之实用化和工具化以便对智力进行有效测量必须解决的环节。[2] 戴斯等研究者经过多年的检验、修订编制出了一套标准化的PASS测验，即DN:CAS。该认知评估系统适用于对5—17岁个体进

---

[1] J.P.戴斯，J.K.纳格利尔里，J.R.柯尔比.认知过程的评估：智力的PASS理论[M].杨艳云，谭和平，译.上海：华东师范大学出版社，1999:13.
[2] 李其维，金瑜.简评一种新的智力理论：PASS模型[J].华东师范大学学报（教育科学版），1995（4）:41-50.

第六章 数学学习困难儿童 PASS 认知特征及对数学问题解决的影响研究

行个别施测，其内容涉及计划、注意、同时性加工和继时性加工四个分量表的共 12 项测验任务。然而该评估系统的中国文化背景下的修订和适用性研究工作尚未完成。虽然个别研究者采用初步修订的 DN: CAS 评估系统对数学学习困难儿童进行了研究，❶但是该评估系统的中国版本尚未正式出版。因此，本研究首先根据 PASS 模型基本结构和已有国内测验，编制《小学生认知评估测试》，作为本研究的核心工具。在此基础上，考察 PASS 各认知过程与小学生数学应用题解决成绩的关系及其对应用题解决成绩的影响，探讨在应用题解题过程中 PASS 各认知过程的作用。

本部分研究包含预测验和正式测验两大部分，通过预测验对自编的《小学生认知评估测试》进行初步的信度和效度检验；通过正式测验进一步验证其信度和效度，并探讨数学学习困难儿童的 PASS 认知特征及其在数学问题解决中的影响作用。

在已有研究基础上，本研究提出如下假设：PASS 认知过程对儿童数学学业成绩具有显著的预测作用，且表现出年级差异（H1）；PASS 认知过程对儿童的数学学习困难具有较强的解释力（H2）；不同亚型的数学学习困难儿童表现出不同的 PASS 认知特征（H3）；PASS 认知过程对儿童数学问题解决能力及解决过程具有显著影响作用（H4）。

---

❶ 蔡丹，李其维，邓赐平. 3—8 年级学生数学学习的 PASS 过程特点［J］. 心理科学，2010, 33（2）：274-277.

二、研究方法

（一）被试

1. 预测验被试

在某中部城市一所普通小学进行试测，从3—5年级分别随机选取2个自然班的学生，排除有生理缺陷学生、随班就读学生及参与研究的数困和数优被试。删除未能完成所有测验的被试，最终获得有效被试314人，其基本信息如表6-1所示。

表6-1 预测验被试基本信息

单位：人

年级	男	女	合计	年龄($M \pm SD$)
三年级	58	49	107	9.79 ± 0.57
四年级	60	49	109	10.65 ± 0.59
五年级	58	40	98	11.54 ± 0.62
总计	176	138	314	10.69 ± 0.93

2. 正式测验被试

用于验证自编工具信度和效度的被试选自某中部城市两所普通小学（其中一所为预测验实施学校），从预测验学校的3—5年级分别选取1个自然班，从另一所普通小学的3—5年级选取2个自然班，排除有生理缺陷学生、随班就读学生及参与研究的数困和数优被试。有效被试共438人，其基本信息如表6-2所示。

第六章 数学学习困难儿童 PASS 认知特征及对数学问题解决的影响研究

表 6-2 正式测验被试基本信息

单位：人

年级	学校1 男	学校1 女	学校2 男	学校2 女	合计（男/女）	年龄($M \pm SD$)
三年级	33	32	50	42	83/74	9.77 ± 0.65
四年级	36	32	48	36	84/68	10.59 ± 0.62
五年级	35	22	43	29	78/51	11.50 ± 0.67
总计	104	86	141	107	245/193	10.53 ± 0.93

数困、数优被试同第四章研究被试，作为正式被试，其测验结果用于检验数学学习困难儿童 PASS 认知过程特征及对数学问题解决的影响作用。

（二）研究工具

小学生认知过程评估测验：基于 PASS 理论及已有国内相关研究编制，共包括四个分测验，即计划分测验、注意分测验、同时性加工分测验和继时性加工分测验。测验基本构架如图 6-1 所示，各分测验测题范例见附录 4。

1. 计划分测验

DN: CAS 中的计划测验要求个体形成一种能以高效和有力的方式去解决任务的方法。计划任务的特点要求儿童形成一个能完成相对简单任务的高效率系统。具体而言，其要求儿童创建一个行动计划，运用计划确定行动与原始目标相一致，并根据需要修改计划。计划分测验包含的任务相对容易执行，但要求个体对如何解决新异任务作出决定。DN: CAS 计划分量表包

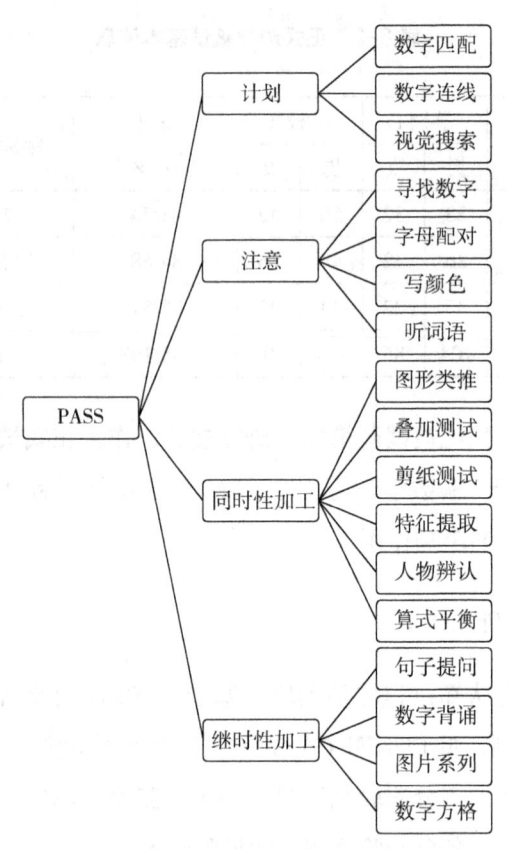

```
PASS ─┬─ 计划 ─┬─ 数字匹配
      │       ├─ 数字连线
      │       └─ 视觉搜索
      │
      ├─ 注意 ─┬─ 寻找数字
      │       ├─ 字母配对
      │       ├─ 写颜色
      │       └─ 听词语
      │
      ├─ 同时性加工 ─┬─ 图形类推
      │             ├─ 叠加测试
      │             ├─ 剪纸测试
      │             ├─ 特征提取
      │             ├─ 人物辨认
      │             └─ 算式平衡
      │
      └─ 继时性加工 ─┬─ 句子提问
                    ├─ 数字背诵
                    ├─ 图片系列
                    └─ 数字方格
```

图 6-1 基于 PASS 理论的小学生认知评估测验基本构架

含计划编码、计划连接、数字匹配。基于此，本研究计划分测验主要包括数字匹配、数字连线、视觉搜索三个测验。该部分以被试完成每种类型任务的正确数计分。

2. 注意分测验

DN: CAS 中对注意的测量要求个体有选择地注意一个两维刺激的一个方面而忽略其另一方面，对注意任务进行结构分析

第六章 数学学习困难儿童 PASS 认知特征及对数学问题解决的影响研究

可以发现,其中有对刺激维度的检验和觉察的程序,以及决定对一个做反应而不对另一个竞争的维度做反应。这些任务总包含有一个与目标刺激同样显著甚至比目标刺激更显著的竞争性刺激。DN:CAS 注意分量表包含表达性注意、寻找数字和接受性注意三个分测验,涉及对认知活动的聚焦、特定刺激的检测及抑制对分心刺激的反应。借鉴 DN: CAS 的基本理念,基于纳格利里与戴斯的研究,形成注意分测验,主要包括寻找数字、字母配对(接受阶段的选择性注意)、写颜色(表达阶段的选择性注意)、听词语(维持性注意)四个测验。其中,"写颜色"和"听词语"以被试反应正确的次数计分;"寻找数字"和"字母配对"以正确数计分。

3. 同时性加工和继时性加工分测验

同时性编码或加工过程是使输入信息片段之间的关系成为一个单一或整合的编码。DN:CAS 同时性加工分量表包括图形记忆、矩阵、同时性言语加工任务。继时性编码或加工任务要求个体理解和把握按照特定顺序呈现的信息,其难易程度取决于刺激的数目和刺激之间次序关系的复杂性。DN: CAS 继时性加工分量表包括词语系列、句子复述、言语速率/句子提问。基于戴斯等关于同时性加工和继时性加工过程的研究,借鉴杜晓新等编制的《五项认知能力团体测验量表》和蔡红霞编制的

《儿童信息编码测验》,[1] 形成同时性加工和继时性加工分测验。

同时性加工测验由6项测验构成，每一项测验有10道题目，总计60题；每一项测验的总分为10分，每题1分，总计60分。继时性加工测验由4项测验构成，共计30题，每一项测验的总分为10分，共计40分。其中，"句子提问"共5小题，每题难度水平一致，每小题2分；"数字背诵"共9小题，数字个数从4个逐渐上升至10个，将满分10分按照题目难度加权后各题计分标准为第1题0.29分，第2题0.57分，第3、4题0.86分，第5、6题1.14分，第7题1.43分，第8题1.71分，第9题2分；"图片系列"共6小题，第1题3张图片，第2、第3题各4张图片，第4—6题各5张图片，计分标准为第1小题1分，第2、第3小题每题1.5分，第4—6小题每题2分；"数字方格"共10小题，每小题1分。

数学应用题解决能力测验同第五章《数学应用题解决能力测验Ⅱ》。

（三）研究程序

首先，在阅读和梳理已有文献的基础上，基于PASS理论及其认知评估系统的相关研究，形成《小学生认知过程评估测

---

[1] DAS J P, KIRBY J R, JARMAN R F. Simultaneous and Successive Cognitive Processes [M]. New York: Academic Press, 1979; 杜晓新，王小慧.《上海市区6至9岁儿童五项认知能力团体测验量表》编制报告 [J]. 心理科学，2001，24（3）：348-349；陈彦，杜晓新，黄昭鸣. 听障儿童五项认知能力评估与训练的个案研究 [J]. 听力学及言语疾病杂志，2009，17（2）：183-184；蔡红霞. 学习困难儿童信息编码过程的实验研究 [D]. 上海：华东师范大学，2004.

第六章 数学学习困难儿童PASS认知特征及对数学问题解决的影响研究

验》基本架构。基于从已有测验中筛选测题,并征询心理学专家、特殊教育专家及基层学校教师的修改建议,并选取3—5年级各10名学生进行预测考察测题的文化适应性、表述清晰度、各分测验答题要求和作答时间设置的合理性及团体测试适用性,进而对题目斟酌与修改,形成初步的完整测验。

其次,在某中部城市的一所普通小学随机抽取2个自然班,并按照被试要求筛选预测被试。为排除地域、文化对正式测验造成的影响,正式测验被试仍选取该学校及同一区县的另一普通小学。

最后,以班级为单位实施团体测试,由研究者担任主试,班主任及数学老师担任辅助人员。测试前,研究者对辅助人员进行培训和施测练习;测试中由班主任协助研究者进行各项测验材料的准备、发放及计时,由数学老师负责巡视并及时解决各种突发问题;测试后由研究者及辅助人员共同整理测试答题卡,剔除无效测试卷并及时补全学生遗漏基本信息。

为避免被试疲劳效应影响,全部测试共分3次在一周内完成,第一次和第二次分别测试编码测验中的十项测试(每次测试五项,同时性加工和继时性加工分测验交叉进行),第三次测试注意和计划的七项测试,其中第一次的测试顺序为:叠加测试→句子提问→剪纸测试→图形类推→特征提取;第二次测试顺序为数字背诵→图片系列→数字方格→人物辨认→算式平衡;第三次测试顺序为寻找数字→字母配对→听词语→数字连线→写颜色→数字匹配→视觉搜索。

(四)数据管理与处理

收回数据由研究者及特殊教育系研究生按照计分标准进行整理和编码,并依据计分标准对计划和注意分测验中的部分测验进行计分。整理后的测验交由问卷公司统一录入 Epidata 统计数据库中,采用双人录入方法以保证信息录入的准确性与合法性。

采用 SPSS 18.0、Amos 24.0 对数据进行管理和分析,主要统计分析方法有描述性统计、项目分析、信度分析、探索性因素分析、方差分析、相关分析、回归分析、验证性因素分析等。

第二节 数学学习困难儿童的 PASS 认知过程分析

一、小学生认知过程评估测验的信度和效度分析

(一)预测验结果

1. 样本分布

根据心理测量学对人的能力的正态性假设,首先对测试样本的能力分布实施正态性检验。根据 PASS 理论,同时性加工和继时性加工测试均属于编码能力测试,因此将其作为编码能力计算编码能力总分;注意部分的各项测试加权后计算注意总

第六章 数学学习困难儿童 PASS 认知特征及对数学问题解决的影响研究

分；计划部分采用时间计分，完成 3 个分测试的平均时间之和为计划总分；考虑到计分方式的差异，测验总分为编码、注意和计划三部分的总分。

测试样本的能力基本符合正态分布。数据统计分析结果表明，样本能力的平均值为 127.50，标准差为 15.90，偏度和峰度值为 -0.296 和 0.260，且正态性检验结果发现，Kolmogorov-Smirnov 检验统计量为 0.744，显著性概率 $P = 0.637 > 0.05$，进一步说明样本呈正态分布（见表 6-3，图 6-2）。

表 6-3 样本各项测验得分的描述统计

维度	M	SD	最小值	最大值	Kolmogorov-Smirnov检验 统计量	df	sig.
编码	64.34	7.40	45.00	84.00	0.032	314	0.200
同时性加工	30.36	5.76	16.00	46.00	0.040	314	0.200
继时性加工	33.98	3.23	25.72	40.00	0.040	314	0.061
注意	31.60	5.86	9.42	39.67	0.151	314	<0.001
选择性注意	23.43	3.57	9.42	29.67	0.081	314	<0.001
持续性注意	8.18	3.35	0.00	10.00	0.342	314	<0.001
计划	15.13	5.98	3.03	37.59	1.819	314	0.003
总分	127.50	15.90	75.59	165.13	0.744	314	0.637

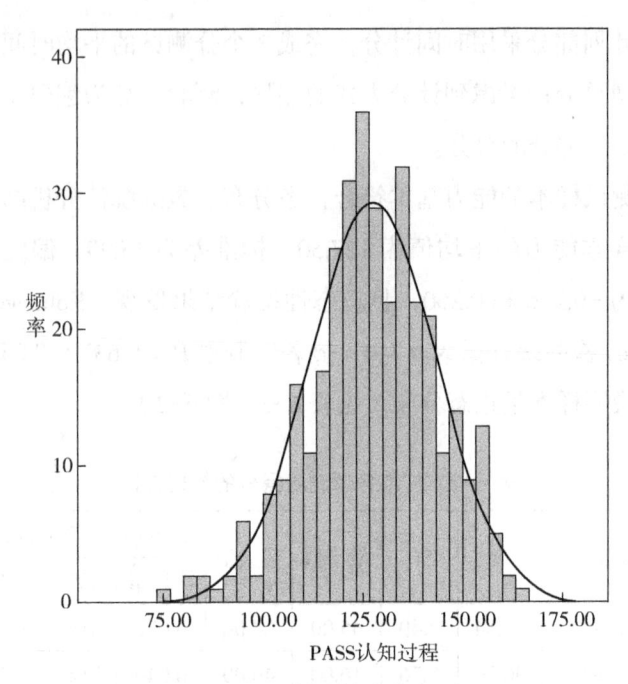

[图 6-2 样本能力分布]

图 6-2 样本能力分布

2. 项目分析

考虑到注意分测验和计划分测验中测题的性质，根据测试样本的数据，仅统计出编码能力测验中 90 个项目的难度及区分度，如表 6-4 所示。编码能力测验的难度值分布在 0.03~0.95，均值为 0.37，总体而言，题项的难度值及分布适宜。

采用极端组比较法和题目总分相关法两种方法计算各个项目的区分度，获得 t 值和题总相关系数两个指标值，其中 t 值和题总相关系数均不显著的题项共 7 项（占全部题目的 7.78%），均属于同时性加工分测验，包括 1 项叠加测试题目

第六章 数学学习困难儿童 PASS 认知特征及对数学问题解决的影响研究

（A5）、1 项剪纸测试题目（C8）、3 项图形类推题目（D2、D5、D8）、2 项人物辨认测试（I8、I9）。

表 6-4 项目分析摘要

项目	难度	t	题总相关系数	项目	难度	t	题总相关系数	项目	难度	t	题总相关系数
A1	0.24	6.418**	0.343**	D6	0.82	2.203*	0.123*	H1	0.09	2.666**	0.233**
A2	0.18	4.678**	0.262**	D7	0.48	−0.153	0.104**	H2	0.09	2.117*	0.271**
A3	0.42	3.864**	0.225**	D8#	0.87	−0.455	−0.007	H3	0.10	1.796	0.304**
A4	0.52	6.483**	0.355**	D9	0.65	3.131**	0.167**	H4	0.15	2.517*	0.207**
A5#	0.93	−0.596	−0.010	D10	0.50	2.646**	0.214**	H5	0.13	2.788**	0.264**
A6	0.46	5.288**	0.341**	E1	0.25	3.842**	0.234**	H6	0.16	2.541**	0.195**
A7	0.51	5.462**	0.345**	E2	0.95	2.390**	0.135**	H7	0.28	3.345**	0.346**
A8	0.49	5.078**	0.310**	E3	0.51	4.706**	0.254**	H8	0.20	2.727**	0.321**
A9	0.71	4.057**	0.225**	E4	0.83	2.263*	0.139*	H9	0.29	0.843	0.315**
A10	0.74	3.229**	0.201**	E5	0.34	5.428**	0.292**	H10	0.24	3.116**	0.329**
B1	0.13	2.307*	0.170**	E6	0.78	2.058**	0.163**	I1	0.12	1.428	0.106**
B2	0.12	2.910**	0.210**	E7	0.45	4.364**	0.242**	I2	0.21	0.566	0.090**
B3	0.36	3.618**	0.197**	E8	0.40	1.568	0.190**	I3	0.21	1.886	0.132**
B4	0.16	3.687**	0.211**	E9	0.25	3.282**	0.190**	I4	0.10	3.417**	0.216**
B5	0.33	2.997**	0.187**	E10	0.52	2.649**	0.181**	I5	0.22	2.058*	0.129*
C1	0.22	4.498**	0.240**	F1	0.03	2.291*	0.148**	I6	0.24	3.909**	0.266**
C2	0.21	2.898**	0.180**	F2	0.03	2.291*	0.190**	I7	0.76	1.983*	0.172**

195

续表

项目	难度	t	题总相关系数	项目	难度	t	题总相关系数	项目	难度	t	题总相关系数
C3	0.14	2.683**	0.160**	F3	0.14	2.973**	0.184**	I8#	0.53	1.538	0.020
C4	0.15	5.916**	0.292**	F4	0.05	1.025	0.189**	I9#	0.80	0.381	0.065
C5	0.17	4.507**	0.243**	F5	0.08	1.678	0.175**	I10	0.59	1.723	0.137**
C6	0.49	3.990**	0.261**	F6	0.10	2.324*	0.137**	J1	0.08	3.444**	0.225**
C7	0.58	5.158**	0.299**	F7	0.24	4.152**	0.222**	J2	0.14	2.031**	0.260*
C8#	0.61	−1.413	−0.063	F8	0.31	4.561**	0.293**	J3	0.32	4.508**	0.336**
C9	0.24	4.575**	0.277**	F9	0.24	2.565*	0.182**	J4	0.43	6.779**	0.403**
C10	0.59	3.533**	0.203**	G1	0.03	2.291*	0.144*	J5	0.70	6.518**	0.332**
D1	0.18	3.919**	0.257**	G2	0.03	0.452	0.093**	J6	0.37	7.969**	0.414**
D2#	0.92	−0.863	−0.070	G3	0.05	1.449	0.203**	J7	0.56	8.689**	0.451**
D3	0.56	3.850**	0.242**	G4	0.05	1.717*	0.106**	J8	0.89	4.338**	0.265**
D4	0.35	4.587**	0.306**	G5	0.08	2.252*	0.116*	J9	0.86	5.189**	0.318**
D5#	0.71	1.183	0.032	G6	0.08	1.443	0.193**	J10	0.88	4.681**	0.319**

为进一步考察上述各区分度不显著的题目是否应该保留，进而采用内部一致性系数（α）作为量表信度的指标，考察保留或删除相关题项时量表的信度，如表 6-5 所示。

在叠加测试中，删除 A5 会提高该测试的内部一致性系数；在剪纸测试中，删除 C8 会提高剪纸测试的内部一致性系数；在图形类推测试中，删除 D2、D5、D8 会提高图形类推

第六章 数学学习困难儿童 PASS 认知特征及对数学问题解决的影响研究

测试的内部一致性系数；在人物辨认测试中，删除 I8、I9 会提高人物辨认测试中的内部一致性系数。因此，编码测验中将删除 A5、C8、D2、D5、D8、I8、I9 共 7 个题目，编码测验最终由 83 题组成。编码测验具有较高的内部一致性信度（α =0.818）；同时性加工测验和继时性加工测验的内部一致性信度值也较高。

表 6-5 编码测试的内部一致性系数

维度	内部一致性系数（Cronbach α）	题目数	备注
同时性加工-叠加测试	0.603	10	
	0.610	9	删除 A5
继时性加工-句子提问	0.597	5	
同时性加工-剪纸测试	0.518	10	
	0.599	9	删除 C8
同时性加工-图形类推	0.591	10	
	0.613	7	删除 D2、D5、D8
同时性加工-特征提取	0.752	10	
继时性加工-数字背诵	0.688	9	
继时性加工-图片系列	0.615	6	
继时性加工-数字方格	0.717	10	
同时性加工-人物辨认	0.587	10	
	0.637	8	删除 I8、I9

续表

维度	内部一致性系数（Cronbach α）	题目数	备注
同时性加工	0.754	60	
	0.757	59	删除A5
	0.763	59	删除C8
	0.756	59	删除D2
	0.756	59	删除D5
	0.759	59	删除D8
	0.761	59	删除I8
	0.757	59	删除I9
	0.786	53	删除A5、C8、D2、D5、D8、I8、I9
继时性加工	0.856	30	
编码测验	0.800	90	
	0.803	59	删除A5
	0.803	59	删除C8
	0.801	59	删除D2
	0.801	59	删除D5
	0.801	59	删除D8
	0.805	59	删除I8
	0.803	59	删除I9
	0.818	53	删除A5、C8、D2、D5、D8、I8、I9

3. 探索性因素分析

为进一步分析各分测验与同时性加工分测验和继时性加

第六章 数学学习困难儿童 PASS 认知特征及对数学问题解决的影响研究

工分测验之间的关系，采用主成分分析法对测试进行探索性因素分析。首先进行 KMO（Kaiser-Meyer-Olkin）和巴特利特（Bartlett）检验。结果表明，抽取合适性度量值 KMO 值为 0.618，表明问卷各个项目间的相关程度无太大差异，数据较适合做因子分析。Bartlett's 球形检验 χ^2 值为 269.760（df=91）达显著水平，表明问卷项目间并非独立，取值是有效的。可见，两个指标的结果都说明数据适合进行探索性因素分析。

采用主成分分析法，进行正交转轴，结果表明特征值大于 1 的因素有 4 个，累计可以解释总体变异的 57.510%。对碎石图进行观察（见图 6-3），第四个因素之后的数据呈现平缓趋势。结合本研究测验编制的理论构想及专家意见，对分测

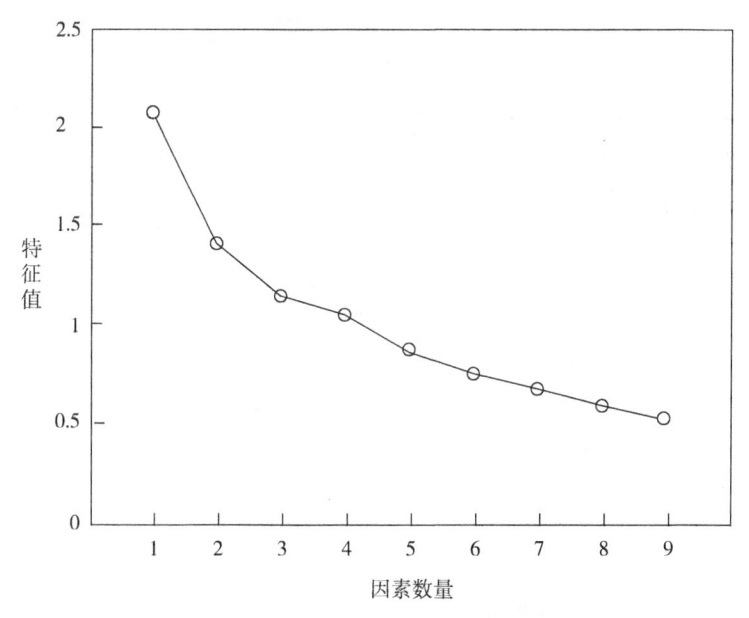

图 6-3 同时性加工和继时性加工测验因素分析碎石图

验进行了删除。以因素负荷小于0.5、在两个及两个以上因素上负荷都大于0.4为原则，删除"人物辨认"分测验，进行多次探索性因素分析，最终抽取出4个因素，共解释总变异量的62.374%（见表6-6），转轴后的成分矩阵如表6-7所示。同时性加工分测验的五项测验均属于因素1，即叠加测试、算式平衡、剪纸测试、图形类推和特征提取。继时性加工分测验的四项测验分属于因素2、因素3和因素4，即因素2包括句子提问和数字方格两项测验，因素3包括数字背诵测验，因素4包括图片系列测验。

表6-6 编码测试因素分析结果

成分	初始特征值			平方和负荷量萃取			转轴平方和负荷量		
	总和	方差的%	累积%	总和	方差的%	累积%	总和	方差的%	累积%
1	2.060	22.884	22.884	2.060	22.884	22.884	2.001	22.236	22.236
2	1.386	15.405	38.288	1.386	15.405	38.288	1.418	15.752	37.989
3	1.133	12.591	50.879	1.133	12.591	50.879	1.153	12.815	50.804
4	1.035	11.494	62.374	1.035	11.494	62.374	1.041	11.570	62.374

表6-7 编码测试各因素负荷矩阵

分测验		因素			
		1	2	3	4
同时性加工	叠加测试	0.741			
	算式平衡	0.660			
	剪纸测试	0.619			
	图形类推	0.560			
	特征提取	0.548			

续表

分测验		因素			
		1	2	3	4
继时性加工	句子提问		0.826		
	数字方格		0.814		
	数字背诵			0.875	
	图片系列				0.967

4. 信度分析

采用分半信度系数和克伦巴赫（Cronbach）α 系数两个内部一致性信度指标考察测验的信度。总测验及各分测验的 α 系数和分半信度系数如表 6-8 所示。

表 6-8　基于 PASS 理论的小学生认知评估测验的
内部一致性系数和分半信度系数

维度	内部一致性系数	分半信度系数
总测验	0.908	0.856
编码测验	0.823	0.741
同时性加工	0.792	0.527
叠加测试	0.610	0.562
剪纸测试	0.601	0.547
图形类推	0.613	0.573
特征提取	0.752	0.756
算式平衡	0.691	0.541
继时性加工	0.856	0.785
句子提问	0.597	0.542
数字方格	0.766	0.712

续表

维度	内部一致性系数	分半信度系数
数字背诵	0.707	0.637
图片系列	0.615	0.670
注意	0.877	0.890
计划	0.635	0.685

同时性加工和继时性加工分测验及各子测验的内部一致性系数和分半信度系数中，除个别子测验由于测验题目数量少导致内部一致性系数较小外（"句子提问"测验仅有5题），其他子测验的内部一致性系数和分半信度测验系数都较高。编码测验的内部一致性系数为0.823，分半信度系数为0.741。注意分测验的内部一致性系数为0.877，分半信度系数为0.890。计划分测验的内部一致性系数为0.635，分半信度系数为0.685，造成其系数较低的原因在于计划分测验的测验形式。总测验的内部一致性系数为0.908，分半信度系数为0.856，说明该测验是一个内部一致性信度较高的测验。

（二）正式测验结果

1. 信度分析

采用与预测验相同的信度检验指标，结果如表6-9所示。该测试具有较高的同质性（全测验 Cronbach $\alpha = 0.917$，分半信度系数 = 0.825），且各分测验的内部一致性系数也都可接受（句子提问除外）。总体而言，该测验是可靠稳定的。

第六章　数学学习困难儿童 PASS 认知特征及对数学问题解决的影响研究

表 6-9　基于 PASS 理论的小学生认知评估测试的内部一致性系数

维度	α
总测验	0.917
注意	0.882
计划	0.614
编码测验	0.818
同时性加工	0.792
继时性加工	0.823
叠加测试	0.613
剪纸测试	0.677
图形类推	0.602
特征提取	0.764
算式平衡	0.731
句子提问	0.425
数字方格	0.781
数字背诵	0.821
图片系列	0.727

2. 效度分析

（1）内容效度。

本研究首先根据 PASS 理论及大量研究确定测验的基本框架，并在戴斯教授的指导下，分析与借鉴相关量表及经典测验任务，编制各分测验项目库。测验编制完成后请多位心理学专家、教师进行评判，从程序上保证了内容的代表性和适宜性。

203

(2) 构想效度。

基于测验最初的框架设计，根据 PASS 理论的基本结构及研究现状，对测验的理论模型的合理性进行验证，结果显示 $\chi^2(98) = 292.852$，$P < 0.001$，$NFI = 0.863$，$CFI = 0.903$，$TLI = 0.882$，$RMSEA = 0.069$，$90\%CI\ [0.060, 0.078]$，$pclose = 0.000$。并且，同时性加工中的特征提取（0.07）、继时性加工中的图片系列（0.25）、注意中的写颜色（0.19）三个分测验的因子载荷均小于 0.4。因此，对模型进行修正，删除上述三个因子后，结果显示 $\chi^2(59) = 173.551$，$P < 0.001$，$NFI = 0.912$，$CFI = 0.940$，$TLI = 0.920$，$RMSEA = 0.068$，$90\%CI\ [0.056, 0.080]$，$pclose = 0.006$；并且说明修正后的模型结构良好，具有较好的结构效度。最终测验结构如图 6-4 所示，各项目在指定因素上的载荷介于 0.54~0.86，表示模型的基本适配度良好；大部分测量指标的信度值均高于 0.50；除个别潜在变量外，大部分潜变量的组合信度及平均抽取变异量也均符合要求（见表 6-10），整体而言，模型的内在质量良好。

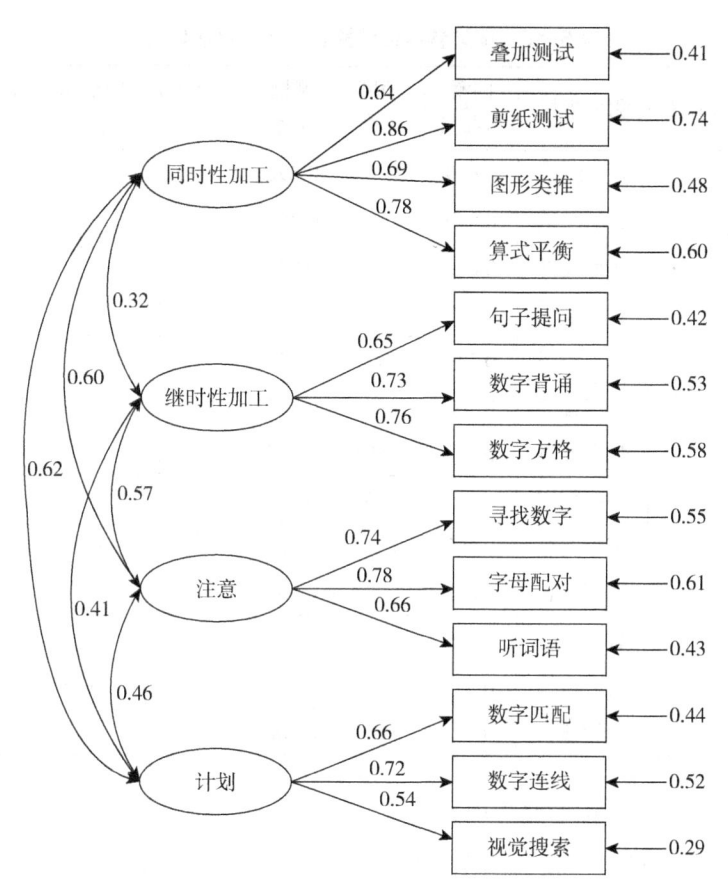

第六章 数学学习困难儿童 PASS 认知特征及对数学问题解决的影响研究

图 6-4 基于 PASS 理论的小学生认知评估测验的结构模型

注：路径系数为标准化估计值，且均达到显著水平（$P<0.05$）。

表 6-10　模型参数估计摘要（标准化估计值）

分量表	测量指标	因素负荷量	信度系数	测量误差	组合信度(CR)	平均变异量抽取值(AVE)
同时性加工	叠加测试	0.639	0.408	0.592	0.720	0.479
	剪纸测试	0.859	0.737	0.263		
	图形类推	0.692	0.478	0.522		
	算式平衡	0.652	0.604	0.396		
继时性加工	句子提问	0.727	0.425	0.575	0.700	0.520
	数字背诵	0.762	0.528	0.472		
	数字方格	0.742	0.581	0.419		
注意	寻找数字	0.781	0.551	0.449	0.691	0.482
	字母配对	0.658	0.610	0.390		
	听词语	0.662	0.433	0.567		
计划	数字匹配	0.718	0.439	0.561	0.574	0.531
	数字连线	0.541	0.515	0.485		
	视觉搜索	0.777	0.292	0.708		

（3）效标关联效度。

本研究将儿童的学业成绩作为效标，考察其与该测验的总分及分测验分数的相关，如表6-11所示，结果显示认知评估测验总分及各分测验与儿童的语文、数学成绩及学业总成绩的相关均达到极其显著水平，说明该测验具有较好的实证效度。

第六章 数学学习困难儿童 PASS 认知特征及对数学问题解决的影响研究

表 6-11 基于 PASS 理论的小学生认知评估测验分数与学业成绩的相关

学科	同时性加工	继时性加工	注意	计划	总分
语文	0.343**	0.271**	0.369**	0.155*	0.467**
数学	0.326**	0.228**	0.275**	0.132*	0.317**
学业总分	0.442**	0.356**	0.373**	0.166*	0.492**

二、PASS 认知过程对儿童数学学习困难的解释力

（一）PASS 认知过程对儿童数学学习是否困难及困难亚型的解释力

为验证 PASS 认知过程对小学生数学学习是否困难的解释力，以 PASS 四个认知过程作为自变量，以儿童类型（数学学习困难、数学学业优良儿童）为因变量，采用 Forward 法对 PASS 认知过程对小学生数学学习是否困难的影响进行 Logistic 回归分析，如表 6-12 所示，结果发现同时性加工和注意两个自变量进入回归方程，表明同时性加工和注意对数学学习是否困难具有较好的解释作用。在三年级至五年级的儿童中表现出相同的态势，即同时性加工和注意是影响三年级至五年级儿童数学学习的主要因素。

表 6-12 PASS 认知过程对是否数学学习困难的 Logistic 回归分析摘要

样本	投入变量顺序	B	S.E.	Wald	df	sig.	Exp(B)	关联强度
总体 $n=132$	(常数项)	−10.569	2.06	26.459	1	<0.001	0.000	Cox & Snell R^2= 0.294 Nagelkerke R^2= 0.411
	同时性加工	0.148	0.041	13.134	1	<0.001	1.160	
	注意	0.131	0.044	8.900	1	0.003	1.140	
	整体模型适配度检验	χ^2=12.336*** Hosmer–Lemeshow 检验值 = 6.302						
三年级 $n=45$	(常数项)	−11.794	3.415	11.926	1	0.001	0.000	Cox & Snell R^2= 0.370 Nagelkerke R^2= 0.516
	同时性加工	0.280	0.103	7.432	1	0.006	1.323	
	注意	0.101	0.054	3.507	1	0.061	1.106	
	整体模型适配度检验	χ^2= 22.661*** Hosmer–Lemeshow 检验值 =10.391						
四年级 $n=45$	(常数项)	−14.627	5.447	7.212	1	0.007	0.000	Cox & Snell R^2= 0.330 Nagelkerke R^2= 0.466
	同时性加工	0.116	0.066	3.146	1	0.076	1.123	
	注意	0.235	0.130	3.270	1	0.071	1.265	
	整体模型适配度检验	χ^2=18.388*** Hosmer–Lemeshow 检验值 = 6.545						

第六章 数学学习困难儿童PASS认知特征及对数学问题解决的影响研究

续表

样本	投入变量顺序	B	S.E.	Wald	df	sig.	Exp(B)	关联强度
五年级 n=42	(常数项)	−20.578	6.163	11.148	1	0.001	0.000	Cox & Snell R^2= 0.434 Nagelkerke R^2= 0.597
	同时性加工	0.345	0.125	7.597	1	0.006	1.412	
	注意	0.202	0.111	3.290	1	0.070	1.224	
	整体模型适配度检验		χ^2=24.437*** Hosmer-Lemeshow检验值=4.366	

为进一步验证 PASS 认知过程对数学学习困难两种亚型的解释力，以 PASS 四个认知过程作为自变量，以数学学习困难亚型（单纯型、混合型）为因变量，采用 Forward 法对 PASS 认知过程对小学生数学学习是否困难的影响进行 Logistic 回归分析，结果发现仅在五年级的儿童中，计划进入回归方程，表明计划对五年级数学学习困难的两个亚型的区分具有较好的解释作用（见表 6-13）。

表6-13 PASS认知过程对数学学习困难亚型的
Logistic回归分析摘要表

年级	投入变量顺序	B	S.E.	Wald	df	sig.	Exp(B)	关联强度
五年级 n=27	(常数项)	−3.811	1.871	4.150	1	0.042	0.022	Cox & Snell R^2= 0.206 Nagelkerke R^2= 0.275
	计划	0.179	0.082	4.740	1	0.029	1.196	
	整体模型适配度检验		χ^2= 6.452* Hosmer-Lemeshow检验值=7.673	

（二）基于 PASS 认知过程的儿童数学学习困难亚型的聚类分析

研究者曾尝试根据数学学习困难的认知缺陷类型对其进行类型划分，因此，本研究以 PASS 四种认知成分的分数为基础，采用聚类分析对数学学习困难的亚型进行探索性分类研究。第一种假设，将数学学习困难儿童看作具有共同核心特征的总体，对其亚型进行一阶划分，即直接对数学学习困难儿童总体进行聚类分析。第二种假设，数学学习困难儿童亚型划分是多层级体系，其中对其学习困难的判断是前提和基础，为第一层级，可参照差异模型等传统诊断评估方法，先将数学学习困难儿童划分为单纯型和混合型两类；再分别对单纯型和混合型儿童进行聚类分析，以进一步对各亚型进行细分。

1. 数学学习困难儿童群体的一阶划分

首先验证第一种假设。通过考察层次聚类的聚合系数变化来确定合适的分类数，如图 6-5、图 6-6、图 6-7 所示。综合考虑三种分层聚类方法产生的分类结果，选取三类时，三种方法的一致性最高，62.6% 的数学学习困难儿童被归入某个特定的类别里，沃尔德法和平均数联接法一致性程度达到 71.4%，沃尔德法和最长距离法的一致性达到 76.9%，平均数联接法和最长距离法的一致性达到 75.8%。

第六章　数学学习困难儿童 PASS 认知特征及对数学问题解决的影响研究

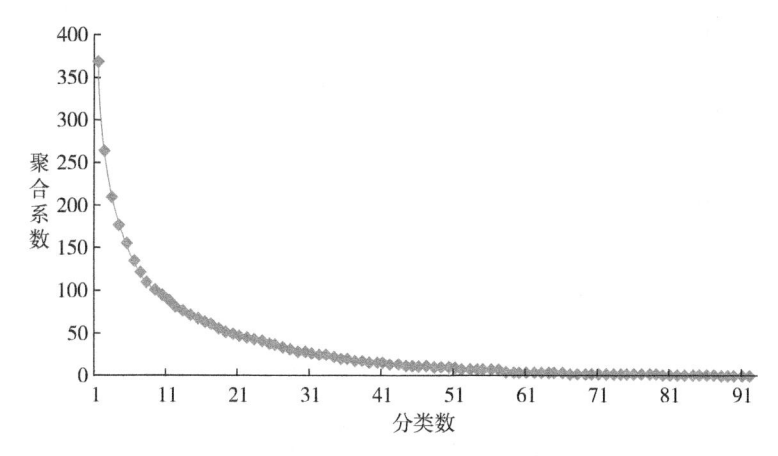

图 6-5　沃尔德法聚合系数随分类数的变化曲线

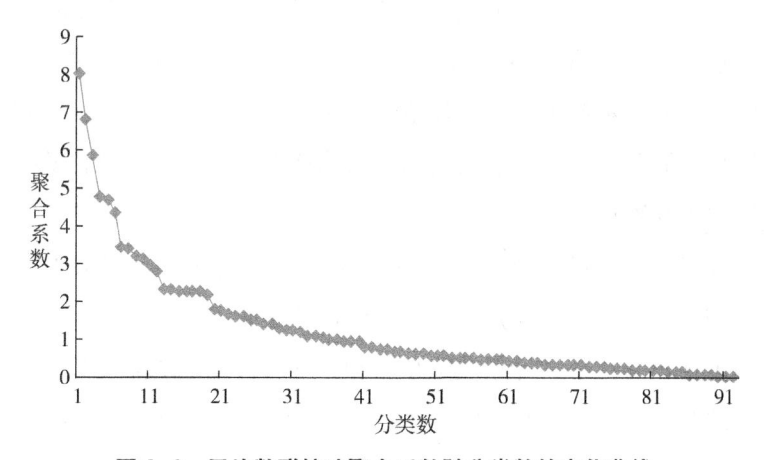

图 6-6　平均数联接法聚合系数随分类数的变化曲线

211

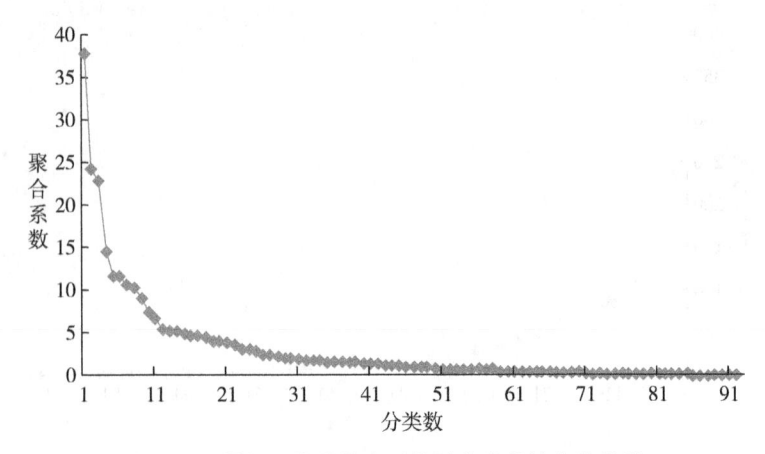

图 6-7 最长距离法聚合系数随分类数的变化曲线

进一步选取三类进行迭代聚类分析，分析结果如表 6-14 所示。为了更直观地理解不同类型儿童 PASS 认知成分的发展特点，基于最终聚类中心均值绘制曲线图，如图 6-8 所示。可以将不同类型儿童初步命名为能力均衡型、计划缺陷型和继时性加工缺陷型。

对不同类型儿童 PASS 各认知成分的方差分析，结果如表 6-15 所示，"能力均衡型"儿童在同时性加工、注意、计划上的表现显著优于"计划缺陷型"和"继时性加工缺陷型"。"计划缺陷型"和"继时性加工缺陷型"的主要差异体现在继时性加工和计划方面："计划缺陷型"在继时性加工上的表现显著优于"继时型加工缺陷型"，且与能力均衡型并无显著差异，而"继时性加工缺陷型"在计划上的表现则显著优于"计划缺陷型"。

第六章 数学学习困难儿童 PASS 认知特征及对数学问题解决的影响研究

表 6-14 迭代聚类分析结果

类别		均值			
		同时性加工	继时性加工	注意	计划
初始聚类中心	1	−0.717	−4.063	−0.471	0.530
	2	0.887	0.470	−1.761	1.579
	3	−1.671	0.076	0.644	−2.243
最终聚类中心	1	−1.349	−1.966	−1.104	−0.370
	2	0.398	0.317	0.520	0.652
	3	−0.119	0.250	−0.411	−0.908

聚类中心之间的差异显著性检验

变量	Cluster MS	df_1	Error MS	df_2	F	sig.
同时性加工	15.092	2	0.687	85	21.973	<0.001
继时性加工	26.674	2	0.429	85	62.109	<0.001
注意	16.682	2	0.652	85	25.604	<0.001
计划	24.212	2	0.484	85	50.006	<0.001

注：均值为 Z 分数。

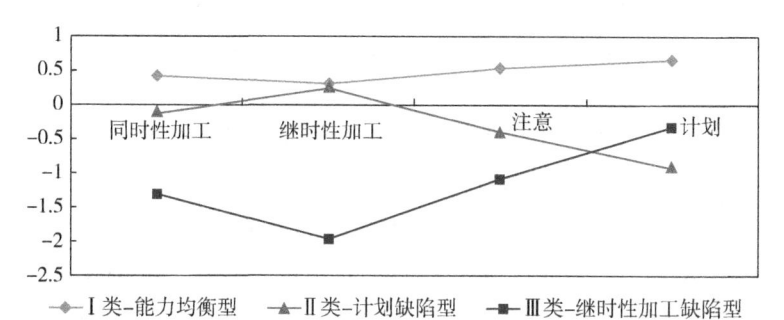

图 6-8 数学学习困难儿童 PASS 认知成分形态分布曲线

表 6-15　不同类型数学学习困难儿童 PASS 认知过程得分的方差分析

变异来源	分量表	SS	df	MS	F	Post Hoc	ω^2
类型（组间）	同时性加工	30.184	2	15.092	21.973***	1>2,1>3,2>3	0.328
	继时性加工	53.348	2	26.674	62.109***	1>3,2>3	0.580
	注意	33.363	2	16.682	25.604***	1>2,1>3	0.363
	计划	48.424	2	24.212	50.006***	1>2,1>3,3>2	0.526
误差	同时性加工	61.816	85	0.687			
	继时性加工	38.652	85	0.429			
	注意	58.637	85	0.652			
	计划	43.576	85	0.484			

注：Post Hoc 中，1 代表"Ⅰ类 - 能力均衡型"，2 代表"Ⅱ类 - 计划缺陷型"，3 代表"Ⅲ类 - 继时性加工缺陷型"。

将聚类分析的结果与原始数学学习困难儿童亚型的分类进行比较，结果如表 6-16 所示。通过学习困难所细分的单纯型和混合型数学学习困难儿童都存在继时性加工缺陷型、能力均衡型、计划缺陷型三种类型，且以能力均衡型所占比重最大。

表 6-16　不同类型数学学习困难儿童频数统计

类型	继时性加工缺陷型	能力均衡型	计划缺陷型	合计
单纯型	5(5/0)	24(14/10)	14(6/8)	43(25/18)
混合型	7(6/1)	24(16/8)	13(9/5)	45(31/14)
总体	12(11/1)	48(30/18)	28(15/13)	88(56/32)

注："( )"中为男、女生分布。

第六章 数学学习困难儿童 PASS 认知特征及对数学问题解决的影响研究

2. 数学学习困难儿童群体的二阶划分

对第二种假设数学学习困难亚型多层级划分进行验证。首先通过层次聚类法考察单纯型数学学习困难儿童的分类数，如图 6-9 所示。综合考虑三种分层聚类方法产生的分类结果，选取两类时，三种方法的一致性最高。因此，选取两类进行迭代聚类分析，分析结果如表 6-17 所示。为了更直观地理解两类儿童 PASS 认知成分的发展特点，基于最终聚类中心均值绘制曲线图，如图 6-10 所示。可以将两类儿童初步命名为能力均衡型、同时性加工和注意缺陷型。

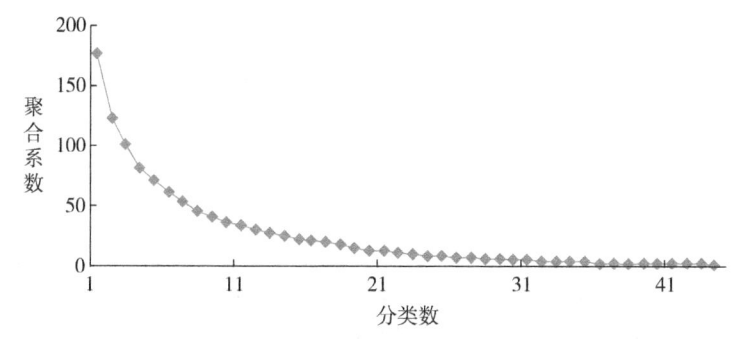

图 6-9 单纯型数学学习困难儿童聚合系数随分类数的变化曲线

表 6-17 单纯型数学学习困难儿童迭代聚类分析结果

类别		均值			
		同时性加工	继时性加工	注意	计划
初始聚类中心	1	2.087	0.273	1.038	0.339
	2	−2.453	−2.782	−2.196	0.249
最终聚类中心	1	0.374	0.232	0.452	0.115
	2	−1.306	−0.521	−1.500	−0.623

续表

聚类中心之间的差异显著性检验

变量	Cluster MS	df_1	Error MS	df_2	F	sig.
同时性加工	21.952	1	0.733	42	29.938	<0.001
继时性加工	4.409	1	0.601	42	7.331	0.010
注意	29.629	1	0.461	42	64.238	<0.001
计划	4.241	1	1.011	42	4.194	0.047

注：均值为 Z 分数。

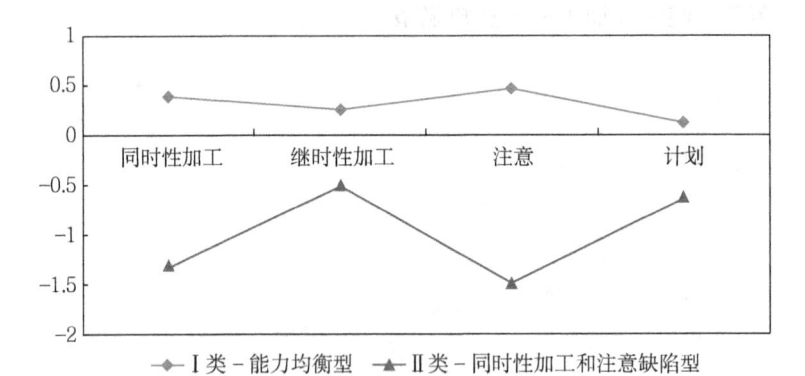

图 6-10　单纯型数学学习困难儿童 PASS 认知成分形态分布曲线

通过层次聚类法考察混合型数学学习困难儿童的分类数，如图 6-11 所示。综合考虑三种分层聚类方法产生的分类结果，选取两类时，三种方法的一致性最高。因此，选取两类进行迭代聚类分析，分析结果如表 6-18 所示。为了更直观地理解两类儿童 PASS 认知成分的发展特点，基于最终聚类中心均值绘制曲线图，如图 6-12 所示。可以将两类儿童初步命名为能力均衡型、继时性加工缺陷型。

第六章 数学学习困难儿童 PASS 认知特征及对数学问题解决的影响研究

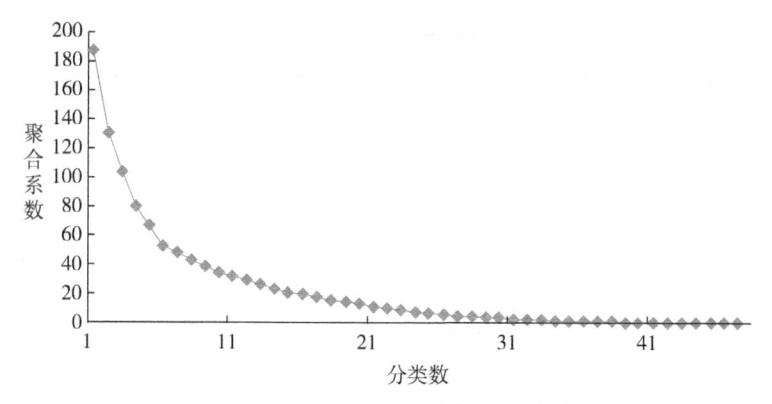

图 6-11 混合型数学学习困难儿童聚合系数随分类数的变化曲线

表 6-18 混合型数学学习困难儿童迭代聚类分析结果

类别		均值			
		同时性加工	继时性加工	注意	计划
初始聚类中心	1	−0.717	−4.063	−0.471	0.530
	2	1.637	0.864	1.299	0.536
最终聚类中心	1	−1.047	−2.432	−0.611	−0.383
	2	0.178	0.344	0.084	0.119

聚类中心之间的差异显著性检验

变量	Cluster MS	df_1	Error MS	df_2	F	sig.
同时性加工	8.976	1	0.642	42	13.978	0.001
继时性加工	46.061	1	0.333	42	138.483	<0.001
注意	2.884	1	0.861	42	3.348	0.074
计划	1.505	1	0.925	42	1.626	0.209

注:均值为 Z 分数。

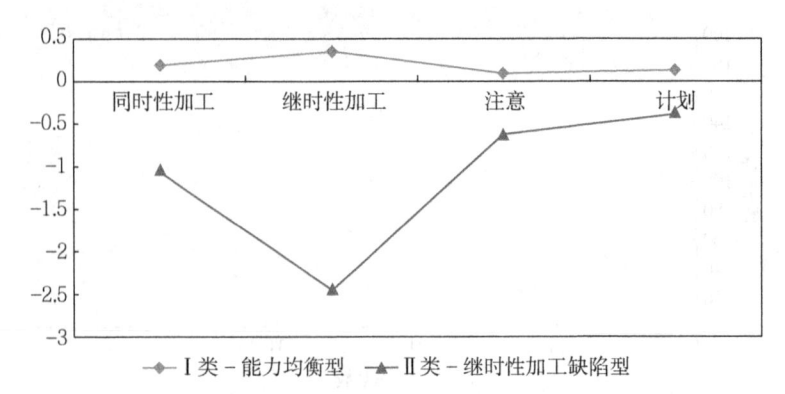

图 6-12　混合型数学学习困难儿童 PASS 认知成分形态分布曲线

　　将对两种亚型的数学学习困难儿童聚类分析的结果进行合并比较,结果如图 6-13 和表 6-19 所示,单纯型和混合型数学学习困难儿童都包含能力均衡型的儿童,且占总被试数的 54.5%;"单纯型Ⅱ-同时性加工和注意缺陷型"的儿童占总被试数的 38.6%;"混合型Ⅱ-继时性加工缺陷型"的儿童占 6.8%。在单纯型数学学习困难儿童中,"能力均衡型"和"同时性加工和注意缺陷型"儿童的比例分别为 22.7% 和 77.3%;在混合型数学学习困难儿童中,"能力均衡型"和"继时性加工缺陷型"儿童的比例分别为 86.4% 和 13.6%。

第六章 数学学习困难儿童 PASS 认知特征及对数学问题解决的影响研究

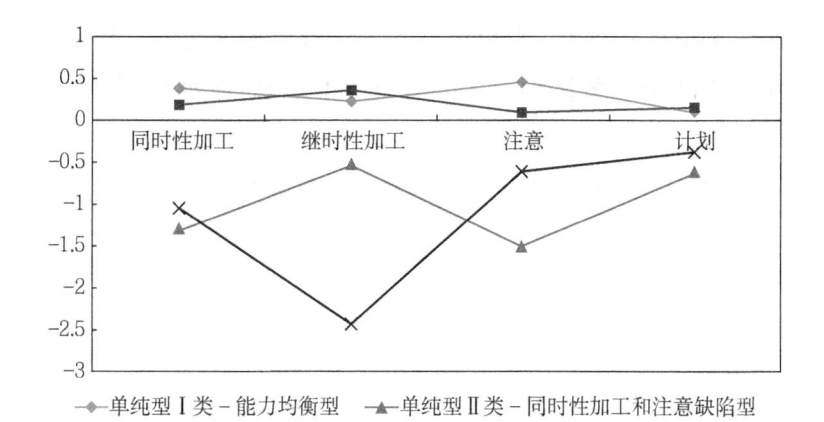

图 6-13 数学学习困难儿童二阶分类 PASS 认知成分形态分布曲线

表 6-19 不同类型数学学习困难儿童频数统计

类型	单纯型 I-能力均衡型	单纯型 II-同时性加工和注意缺陷型	混合型 I-能力均衡型	混合型 II-继时性加工缺陷型
单纯型	10(7/3)	34(19/15)	—	—
混合型	—	—	38(25/13)	6(5/1)

注:"( )"中为男、女生分布。

四种亚型的儿童 PASS 认知过程的得分差异如表 6-20 所示。结果显示,四类儿童在计划成分上并未表现出显著差异。两类能力均衡型的数学学习困难儿童在四个认知成分上的得分均不存在显著差异,且在同时性加工上得分显著高于"单纯型 II 类-同时性加工和注意缺陷型"和"混合型 II 类-继时性加工缺陷型"。"单纯型 II 类-同时性加工和注意缺陷型"和"混合型 II 类-继时性加工缺陷型"的主要差异体现在继时性加工和注意的表现上,从表 6-20 可以看出,"单纯型 II-同时性加工和注意缺陷型"的继时性加工表现要显著优于"混合型Ⅱ-继时性加工缺陷型",但"单纯型Ⅱ-同时性加工和注意缺陷型"的注意得分要显著低于两类均衡型的儿童,而"混合型Ⅱ-继时性加工缺陷型"则与两类均衡型的儿童并未表现出注意上的差异。

表6-20 不同类型数学学习困难儿童 PASS 认知过程得分的方差分析

变异来源	分量表	SS	df	MS	F	Post Hoc	ω^2
类型（组间）	同时性加工	30.929	3	10.310	15.024***	1>2, 1>4, 3>4, 3>2	0.336
	继时性加工	50.838	3	16.946	36.640***	1>4, 2>4, 3>4	0.553
	注意	32.543	3	10.848	16.237***	1>2, 3>2	0.354
	计划	5.955	3	1.985	2.053		0.065
误差	同时性加工	61.071	84	0.686			
	继时性加工	41.162	84	0.462			
	注意	59.457	84	0.668			
	计划	86.045	84	0.967			

注：Post Hoc 中，1代表"单纯型Ⅰ类-能力均衡型"，2代表"单纯型Ⅱ类-同时性加工和注意缺陷型"，3代表"混合型Ⅰ型-能力均衡型"，4代表"混合型Ⅱ类-继时性加工缺陷型"。

三、数学学习困难儿童 PASS 认知过程特征分析

进一步考察单纯型、混合型数学学习困难儿童和数学学业优良儿童的 PASS 认知过程特征，因被试来自不同年级，且性别上未能完全匹配，因此进行统计比较时，对年级和性别变量进行控制。经预分析，类型（单纯型、混合型、数优型）、性别（男、女）、年级（三、四、五年级）三个变量在全量表及各个分量表上的两两交互作用及三者交互作用均不显著，符合协方差分析的要求。因此，以全量表分数为因变量，以类型为自变量，以年级和性别为控制变量进行协方差分析，结果显示三类被试在全量表分上具有极其显著的差异 $[F(2,127) = 24.086, P < 0.001]$。

（一）不同类型儿童在 PASS 认知过程总分上的差异比较

以不同类型儿童的 PASS 认知过程总分为因变量，类型为自变量，性别、年级为控制变量进行协方差分析，结果显示类型在认知过程总分上的主效应极其显著，组间效应检验结果如表 6-21 所示。多重比较显示，单纯型和混合型数学学习困难儿童在 PASS 认知过程总分上显著低于数优型儿童。

表 6-21　不同类型儿童 PASS 认知过程总分差异的协方差分析

类型	M	SD	变异来源	SS	df	MS	F	Post Hoc	偏 η^2
单纯型	77.95	12.22	年级	3169.093	1	3169.093	32.182***		0.202
混合型	77.24	12.75	性别	71.585	1	71.585	0.727		0.006
数优型	90.58	7.95	类型	4416.013	2	2208.007	22.422***	1<3,2<3	0.261
			误差	12506.241	127	98.474			

注：Post Hoc 中，1 代表"单纯型数学学习困难儿童"，2 代表"混合型数学学习困难儿童"，3 代表"数学学业优良儿童"。（下同）

（二）不同类型儿童在计划过程上的差异比较

对不同类型儿童计划过程得分的描述性统计结果如表 6-22 所示。在控制了年级、性别两变量后，协方差分析结果显示，儿童类型在数字匹配分测验上的主效应显著 $[F(2,127)=3.716, P=0.026<0.05]$。多重比较发现，单纯型和混合型数学学习困难儿童在数字匹配分测验上的得分显著低于数优型儿童，但是单纯型和混合型儿童间的差异并不显著（见表 6-23）。

表 6-22　不同类型儿童计划能力量表分的描述统计结果

类型	计划		数字连线		数字匹配		视觉搜索	
	M	SD	M	SD	M	SD	M	SD
单纯型	13.48	4.97	2.19	2.10	3.21	1.94	8.08	2.74
混合型	13.84	4.56	2.27	2.04	3.00	1.50	8.57	2.54
数优型	15.47	4.12	2.38	1.66	4.12	2.21	8.97	2.10

第六章 数学学习困难儿童PASS认知特征及对数学问题解决的影响研究

表6-23 不同类型儿童计划能力差异的协方差分析

变异来源	df	计划 MS	F	Post Hoc	数字连线 MS	F	Post Hoc	数字匹配 MS	F	Post Hoc	视觉搜索 MS	F	Post Hoc
年级	1	57.263	2.775		4.269	1.132		6.154	1.692		9.123	1.490	
性别	1	0.694	0.034		1.805	0.479		0.967	0.266		0.224	0.037	
类型	2	48.163	2.334		0.586	0.155		13.676	3.761*	1<3, 2<3	8.614	1.407	
误差	127	20.633			3.770			3.636			6.123		

（三）不同类型儿童在注意上的差异比较

对不同类型儿童注意分量表得分的描述性统计结果如表6-24所示。在控制了年级、性别变量后，协方差分析结果显示儿童类型在注意总分及寻找数字、字母配对、听词语分测验上的主效应均显著，组间效应检验结果如表6-25所示。多重比较发现，混合型数学学习困难儿童在注意总分及各个分测验上的得分显著低于数优型儿童，单纯型数学学习困难儿童在注意总分、寻找数字、字母配对分测验上的得分也显著低于数优型儿童，但是单纯型和混合型儿童间的差异并不显著。

表 6-24 不同类型儿童注意量表得分的描述统计结果

类型	注意 M	注意 SD	寻找数字 M	寻找数字 SD	字母配对 M	字母配对 SD	听词语 M	听词语 SD
单纯型	22.74	5.10	7.28	2.71	6.63	1.96	8.82	2.61
混合型	22.81	5.24	7.62	2.51	6.99	1.42	8.20	3.37
数优型	26.77	2.02	9.26	0.76	7.82	1.58	9.69	0.75

表 6-25 不同类型儿童注意差异的协方差分析

变异来源	df	注意 MS	注意 F	注意 Post Hoc	寻找数字 MS	寻找数字 F	寻找数字 Post Hoc	字母配对 MS	字母配对 F	字母配对 Post Hoc	听词语 MS	听词语 F	听词语 Post Hoc
年级	1	157.021	8.737**		9.719	2.074		28.593	11.322**		16.532	2.686	
性别	1	1.630	0.091		0.083	0.018		3.977	1.575		1.010	0.164	
类型	2	217.074	12.078***	1<3, 2<3	46.850	9.998**	1<3, 2<3	13.576	5.376**	1<3, 2<3	24.970	4.057*	2<3
误差	127	17.973			4.686			2.525			6.154		

(四)不同类型儿童在同时性加工上的差异比较

对不同类型儿童同时性加工分量表得分的描述性统计结果如表 6-26 所示。在控制了年级、性别变量后,协方差分析结果显示儿童类型在同时性加工总分及各分测验上主效应显著,组间效应检验结果如表 6-27 所示。多重比较发现,单纯型、

第六章 数学学习困难儿童 PASS 认知特征及对数学问题解决的影响研究

混合型数学学习困难儿童在同时性加工总分及各个分测验上的得分均显著低于数优型儿童。

表 6-26 不同类型儿童同时性加工量表得分的描述统计结果

类型	同时性加工总分 M	同时性加工总分 SD	叠加测试 M	叠加测试 SD	剪纸测试 M	剪纸测试 SD	图形类推 M	图形类推 SD	算式平衡 M	算式平衡 SD
单纯型	20.23	7.02	4.24	2.55	6.46	2.55	4.55	2.19	4.98	2.32
混合型	19.50	6.65	3.74	2.35	6.74	2.32	4.32	2.05	4.70	2.35
数优型	26.39	5.31	5.93	2.74	7.73	1.77	6.10	1.81	6.64	2.11

表 6-27 不同类型儿童同时性加工差异的协方差分析

变异来源	df	同时性加工总分 MS	F	Post Hoc	叠加测试 MS	F	Post Hoc	剪纸测试 MS	F	Post Hoc	图形类推 MS	F	Post Hoc	算式平衡 MS	F	Post Hoc
年级	1	1348.959	45.202***		88.458	14.943***		93.805	21.949***		24.631	6.270*		160.650	42.114***	
性别	1	1.817	0.061		2.006	0.339		0.084	0.020		0.911	0.232		2.310	0.606	
类型	2	576.627	19.322***	1<3 2<3	57.435	9.702***	1<3 2<3	17.365	4.063*	1<3, 2<3	37.104	9.446***	1<3 2<3	41.656	10.920***	1<3 2<3
误差	127	29.843			5.920			4.274			3.928			3.815		

（五）不同类型儿童在继时性加工上的差异比较

对不同类型儿童继时性加工分量表得分的描述性统计结果

225

如表6-28所示。在控制了年级、性别变量后，协方差分析结果显示，儿童类型在继时性加工总分及句子提问、数字方格分测验上主效应显著，组间效应检验结果如表6-29所示。多重比较发现，单纯型、混合型数学学习困难儿童在继时性加工总分及句子提问分测验上的得分均显著低于数优型儿童；混合型儿童在数字方格分测验上的得分显著低于数优型儿童。

表6-28　不同类型儿童继时性加工量表得分的描述统计结果

类型	继时性加工总分 M	继时性加工总分 SD	句子提问 M	句子提问 SD	数字背诵 M	数字背诵 SD	数字方格 M	数字方格 SD
单纯型	26.57	3.45	8.05	2.29	9.24	1.80	9.28	1.05
混合型	25.96	5.04	8.36	1.63	8.57	3.14	9.02	1.58
数优型	28.54	2.08	9.20	1.24	9.63	1.00	9.71	0.66

表6-29　不同类型儿童继时性加工差异的协方差分析

变异来源	df	继时性加工总分 MS	继时性加工总分 F	继时性加工总分 Post Hoc	句子提问 MS	句子提问 F	句子提问 Post Hoc	数字背诵 MS	数字背诵 F	数字背诵 Post Hoc	数字方格 MS	数字方格 F	数字方格 Post Hoc
年级	1	74.832	5.828*		36.866	13.871***		5.162	1.101		0.094	0.070	
性别	1	49.091	3.823+		15.858*	5.967		2.136	0.456		2.442	1.824	
类型	2	58.164	4.530*	1<3, 2<3	11.133	4.189*	1<3, 2<3	10.651	2.272		4.079	3.046+	2<3
误差	127	12.840			2.658			4.689			1.339		

（六）不同类型儿童PASS认知过程的年级差异比较

为考察处于不同年级的不同类型儿童PASS认知过程得分的差异，以三、四、五年级不同类型儿童PASS认知过程各分量表和量表总分为因变量（见表6-30），以年级为自变量，进行多因变量方差分析（见表6-31），结果显示，单纯型数学学习困难儿童在PASS认知过程总分及注意、同时性加工、继时性加工分量表上存在显著的年级差异。多重比较发现，三年级单纯型数学学习困难儿童在PASS认知过程总分及注意、同时性加工、继时性加工分量表上的得分显著低于四年级儿童，且三年级单纯型数学学习困难儿童在PASS认知过程总分及同时性加工、继时性加工分量表上的得分显著低于五年级儿童。

混合型数学学习困难儿童在PASS认知过程总分、计划、同时性加工上存在显著年级差异。多重比较发现，三年级混合型数学学习困难儿童在PASS认知过程总分及计划、同时性加工分量表上的得分显著低于五年级儿童，在PASS总分和计划上的得分也显著低于四年级儿童。

数优型儿童在PASS认知过程总分及计划、注意、同时性加工分量表上存在显著的年级差异。多重比较发现，三年级数优型儿童在PASS认知过程总分及除继时性加工外的各分量表上的得分显著低于四年级或五年级儿童。

表 6-30　不同类型不同年级儿童 PASS 认知过程得分的描述统计结果

类型	年级	PASS总分 M	PASS总分 SD	计划 M	计划 SD	注意 M	注意 SD	同时性加工 M	同时性加工 SD	继时性加工 M	继时性加工 SD
单纯型	三年级	68.76	12.07	12.84	3.98	20.05	6.09	11.10	3.45	24.78	3.83
	四年级	83.05	10.88	15.14	5.91	23.75	4.81	16.71	4.59	27.44	2.99
	五年级	81.00	8.43	11.48	4.30	23.75	4.30	18.23	4.52	27.54	2.49
混合型	三年级	68.93	12.55	11.15	5.38	20.75	5.25	12.46	4.38	24.57	4.77
	四年级	78.31	13.82	15.30	4.25	22.75	5.87	14.91	5.72	25.35	6.48
	五年级	83.76	6.38	14.94	2.57	24.43	3.80	16.79	3.15	27.59	2.14
数优型	三年级	83.65	4.36	13.50	2.95	25.86	2.22	16.15	2.38	28.14	1.91
	四年级	93.90	7.72	17.18	3.62	26.88	2.05	21.39	3.84	28.44	2.47
	五年级	94.89	6.11	15.98	4.92	27.65	1.38	22.20	2.48	29.07	1.87

表 6-31　不同类型儿童 PASS 认知过程得分的年级差异方差分析

变异来源	分量表	SS	df	MS	F	Post Hoc	偏 η^2
单纯型（年级）	PASS总分	1871.758	2	935.879	8.169**	3<4,3<5	0.280
	计划	100.667	2	50.334	2.151		0.093
	注意	141.485	2	70.742	2.641+	3<4	0.112
	同时性加工	425.666	2	212.833	12.080***	3<4,3<5	0.365
	继时性加工	75.553	2	37.776	3.705*	3<4,3<5	0.150
混合型（年级）	PASS总分	1813.555	2	906.777	6.854**	3<4,3<5	0.233
	计划	174.410	2	87.205	4.749**	3<4,3<5	0.174
	注意	108.830	2	54.415	2.111		0.086
	同时性加工	151.430	2	75.715	3.635*	3<5	0.139
	继时性加工	76.993	2	38.496	1.637		0.068

续表

变异来源	分量表	SS	df	MS	F	Post Hoc	偏 η^2
数优型（年级）	PASS总分	1200.399	2	600.200	15.930***	3<4,3<5	0.431
	计划	106.943	2	53.471	3.505*	3<4	0.143
	注意	25.070	2	12.535	3.397*	3<5	0.139
	同时性加工	334.791	2	167.395	19.388***	3<4,3<5	0.480
	继时性加工	6.822	2	3.411	0.781		0.036

注：Post Hoc 中，3 代表"三年级儿童"，4 代表"四年级儿童"，5 代表"五年级儿童"。

四、PASS 认知过程对儿童数学问题解决的影响分析

（一）PASS 认知过程与儿童数学问题解决过程的相关分析

为进一步了解 PASS 认知过程与儿童数学问题解决过程的相关关系，分别对各个年级儿童在情境理解、问题表征、问题分类、解题估计、解题计划和自我评价能力上的得分及应用题解题成绩与 PASS 认知过程得分进行相关分析。问题解决过程中的认知和元认知能力得分及应用题解题成绩与 PASS 认知过程得分的相关分析如表 6-32 所示。结果显示，不同年级儿童认知和元认知能力、解题成绩与 PASS 认知过程得分存在正相关，部分变量间达到显著水平。其中，同时性加工与儿童数学问题解决过程的认知和元认知能力的关系最为突出。

表 6-32　PASS 认知过程与儿童认知和元认知能力及解题成绩的相关分析

年级	分量表	情境理解	问题表征	问题分类	解题估计	解题计划	自我评价	解题成绩
三年级 (n=45)	计划	0.159	0.094	0.022	0.090	0.284+	0.002	0.307*
	注意	0.508**	0.598**	0.498**	0.057	0.425**	0.023	0.398**
	同时性加工	0.461**	0.457**	0.355*	0.301*	0.504**	0.293+	0.395**
	继时性加工	0.228	0.474**	0.181	0.237	0.598**	0.180	0.443**
	量表总分	0.518**	0.613**	0.395**	0.179	0.662**	0.170	0.568**
四年级 (n=45)	计划	0.190	0.150	0.189	0.010	0.145	0.058	0.006
	注意	0.219	0.099	0.087	0.238	0.205	0.199	0.242
	同时性加工	0.372*	0.245	0.362*	0.093	0.479**	0.447**	0.287
	继时性加工	0.193	0.066	0.150	0.079	0.334*	0.139	0.097
	量表总分	0.381**	0.221	0.311*	0.154	0.455**	0.294*	0.251+
五年级 (n=45)	计划	0.173	0.057	0.145	0.319*	0.196	0.036	0.093
	注意	0.103	0.129	0.138	0.116	0.183	0.162	0.225
	同时性加工	0.279	0.478**	0.547**	0.483**	0.472**	0.509**	0.713**
	继时性加工	0.136	0.058	0.054	0.119	0.100	0.147	0.163
	量表总分	0.054	0.232	0.394*	0.456**	0.415**	0.357*	0.509**

（二）PASS 认知过程对儿童数学问题解决的影响作用

以 PASS 各分量表分数为自变量，以应用题解题成绩以及各认知和元认知能力为因变量，进行逐步多元回归分析，探索 PASS 认知过程在各年级儿童应用题解题中的影响作用（见表 6-33、表 6-34、表 6-35）。

第六章 数学学习困难儿童 PASS 认知特征及对数学问题解决的影响研究

表 6-33　PASS 认知过程对三年级儿童应用题解决的逐步多元回归分析摘要

因变量	投入变量顺序	R	调整后R^2	ΔR^2	F	净F值	B	Beta(β)	t
解题成绩	（常量）						-19.352		-2.400*
	继时性	0.443	0.177	0.196	10.263**	10.263**	0.449	0.859	3.404**
	计划	0.537	0.253	0.091	8.287**	5.268*	0.303	0.536	2.295*
情境理解	（常量）						14.372		9.074***
	注意	0.509	0.241	0.259	14.665***	14.665***	0.389	0.197	2.828*
	同时性加工	0.584	0.309	0.083	10.625***	5.139*	0.311	0.193	2.267*
问题表征	（常量）						9.445		3.761***
	注意	0.616	0.365	0.380	25.726***	25.726***	0.507	0.272	3.936***
	继时性加工	0.661	0.410	0.057	15.915***	4.165*	0.263	0.188	2.041*
问题分类	（常量）						11.097		5.224***
	注意	0.499	0.231	0.249	13.952***	13.952***	0.499	0.341	3.735***
解题计划	（常量）						-14.447		-2.930**
	继时性加工	0.598	0.342	0.357	23.346***	23.346***	0.603	0.792	5.131***
	计划	0.659	0.407	0.077	15.747***	5.594*	0.278	0.338	2.365*

表 6-34　PASS 认知过程对四年级儿童应用题解决的逐步多元回归分析摘要

因变量	投入变量顺序	R	调整后R^2	ΔR^2	F	净F值	B	Beta(β)	t
情境理解	（常量）						18.555		15.669***
	同时性加工	0.372	0.119	0.138	7.017**	7.017**	0.372	0.129	2.659*

续表

因变量	投入变量顺序	R	调整后R^2	ΔR^2	F	净F值	B	Beta(β)	t
问题分类	(常量)						16.623		14.025***
	同时性加工	0.362	0.111	0.131	6.644*	6.664*	0.362	0.125	2.578*
解题计划	(常量)						8.137		3.481***
	同时性加工	0.479	0.212	0.230	13.116***	13.116***	0.479	0.347	3.622***
自我评价	(常量)						26.178		9.883***
	同时性加工	0.447	0.182	0.200	11.006**	11.006**	0.447	0.360	3.318**

表 6-35　PASS 认知过程对五年级儿童应用题解决的逐步多元回归分析摘要

因变量	投入变量顺序	R	调整后R^2	ΔR^2	F	净F值	B	Beta(β)	t
解题成绩	(常量)						-37.152		-3.069**
	同时性加工	0.713	0.495	0.508	39.232***	39.232***	0.740	0.979	6.798***
	继时性加工	0.753	0.544	0.059	24.238***	5.056*	0.245	0.798	2.249*
问题表征	(常量)						13.965		6.417***
	同时性加工	0.478	0.208	0.228	11.224**	11.224**	0.478	0.277	3.350**
问题分类	(常量)						13.535		7.657***
	同时性加工	0.547	0.281	0.299	16.211***	16.211***	0.547	0.270	4.026***

续表

因变量	投入变量顺序	R	调整后R^2	ΔR^2	F	净F值	B	Beta(β)	t
解题估计	(常量)						11.313		5.946***
	同时性加工	0.483	0.213	0.234	11.579**	11.579**	0.483	0.246	3.403**
解题计划	(常量)						10.925		3.846**
	同时性加工	0.472	0.202	0.223	10.890**	10.890**	0.472	0.356	3.300**
自我评价	(常量)						16.353		3.536**
	同时性加工	0.509	0.239	0.259	13.256***	13.256***	0.509	0.639	3.641**

回归分析的结果表明，PASS认知过程对应用题解题成绩以及解题过程中所需的认知和元认知能力具有显著预测力，尤以同时性加工的影响最广，对三、四、五年级儿童的应用题解决过程均产生显著影响。但是，PASS认知过程对不同年级儿童以及对认知和元认知能力的预测影响具有不同态势。第一，继时性加工对三年级和五年级儿童的应用题解题成绩具有显著预测作用，尤其对三年级儿童的问题表征和解题计划的预测作用显著。第二，计划对三年级儿童的解题成绩和解题计划水平呈现显著的影响，注意对三年级儿童解题过程中的情境理解、问题表征和问题分类水平的影响显著。第三，同时性加工对四、五年级儿童元认知能力（自我评价）具有显著预测作用，但对三年级儿童的元认知能力并未表现出显著影响。

第三节　数学学习困难儿童的 PASS 认知特征及影响作用

一、PASS 认知过程对数学学习困难的解释作用及对亚型划分的有益尝试

采用 Logistic 回归探讨 PASS 认知过程对儿童数学学习困难的解释作用发现，同时性加工和注意对数学学习困难的解释作用达到统计学上的显著水平，且在各个年级表现出极为相似的结果：在三年级和五年级，同时性加工对数学学习困难的解释作用达到显著水平，注意的解释作用达到边缘显著水平；在四年级，尽管同时性加工和注意对数学学习困难的解释作用仅达到边缘显著水平，但在 PASS 各认知过程中对数学学习困难的影响作用最为主要。再一次证实了同时性加工在数学学习中扮演的重要角色，"同时性加工是数学学业成就最明显的预测指标"[1]。这一结果也为研究者关于数学学习困难儿童核心缺陷的探讨带来希望。

根据数学学习困难亚型的研究，[2]将数学学习困难划分为

---

[1] LEONG C K, CHENG S C. DAS J P. Simultaneous-Successive Syntheses and Planning in Chinese Readers [J]. International Journal of Psychology, 1985, 20: 19-31.

[2] GEARY D C. Mathematical Disabilities: Cognitive, Neuropsychological, and Genetic Components [J]. Psychology Bulletin, 1993, 114（2）:345-362.

第六章 数学学习困难儿童 PASS 认知特征及对数学问题解决的影响研究

语义记忆型数学困难，即伴随有阅读困难的混合型数学学习困难和程序型数学困难、视觉空间型数学学习困难，后两类为单纯型的数学学习困难。本研究进一步探讨了 PASS 认知过程对数学学习困难亚型的解释力，结果发现，仅在五年级，计划对数学学习困难儿童的不同亚型划分具有预测作用，这是否能从另一个方面说明随着儿童的生理成熟与心理发展，不同类型数学学习困难儿童的认知加工缺陷特征也逐渐凸显，且这种认知缺陷表现在更为高级的认知系统中？计划系统与 PASS 认知系统中第三个机能单元相对应，是处于最高层次的认知功能系统，依赖于低级加工过程，又作用于低级过程的更高级的加工过程。尽管戴斯发现，计划与正常儿童学业成就的关系比同时性和继时性加工任务与学业成就的关系更小，[1] 且计划仅与数学中的计算表现出较高的相关，但随着儿童思维的发展、年级的增高，作为三级认知系统中的最高一级，计划的作用逐渐凸显，计划对高年级数学学习困难儿童亚型的区分有较好的解释作用。这无疑为数学学习困难儿童基于认知缺陷的亚型的划分提供了证据。本研究也尝试采用多种聚类分析方法，将数学学习困难儿童作为一个总体，对数学学习困难儿童的亚型进行初步探索，结果发现了三类数学学习困难儿童，其在 PASS 认知成分上分别为各成分表现均衡，即"能力均衡型"，超过半数儿童为此类型（54.5%）；计划成分显著偏低，即"计划缺陷型"（31.8%）；继时性加工成分显著偏低，即"继时性加工缺

---

[1] DAS J P. Simultaneous and Successive Processing in Children with Learning Disability [J]. Topics in Language Disorders, 1984（4）:34-47.

陷型"(13.6%)。但聚类结果与单纯型和混合型的分类并不一致,单纯型和混合型数学学习困难儿童群体中均包含了"能力均衡型""计划缺陷型""继时性加工缺陷型"。这就使数学学习困难儿童的鉴别困难再一次出现在我们面前:单纯型和混合型数学学习困难儿童的认知加工特征是否可以作为鉴别两类数学学习困难儿童的标准,或者隐藏着其他的分类可能?就本研究而言,可能这种结果的出现受到被试抽样及两类数学学习困难儿童的鉴别方式的影响。我国尚无标准化的阅读测验,仅根据语文成绩区分单纯型和混合型数学学习困难,而语文测试不仅包括阅读,还包括写作、基础知识等方面的内容,这就使得根据语文成绩区分出的混合型数学学习困难儿童很难准确地符合伴随阅读困难的混合型数学学习困难的标准。

尽管尝试将数学学习困难儿童作为一个整体进行聚类分析的结果不甚理想,但是若首先根据研究界共识的依据学业成绩表现将数学学习困难儿童划分为单纯型和混合型,再分别针对各亚型进行聚类分析以进一步细分,是否可以得到欣喜的结果?本研究根据这样的思路,首先根据两类数学学习困难儿童的学业表现清晰地作出划分,即根据儿童的阅读能力和数学能力是否存在困难及二者的并存状态作出鉴别,区分为单纯型和混合型数学学习困难儿童。其中,单纯型数学学习困难儿童的性别比为 26∶18,男生略多于女生;而在混合型数学学习困难儿童中,性别失衡现象加剧,男生约占 65.9%,女生约占 34.1%,经检验,男女性别分布存在显著差异($\chi^2 = 5.818$,$P = 0.016 < 0.05$),表明混合型数学学习困

第六章 数学学习困难儿童 PASS 认知特征及对数学问题解决的影响研究

难儿童中男生明显多于女生。在此基础上，以两类数学学习困难儿童的 PASS 认知过程得分为基础，分别对单纯型和混合型数学学习困难儿童进行聚类分析，以对两个亚型进一步细分。结果在两个亚型的数学学习困难儿童群体中分别发现了两类儿童，单纯型和混合型数学学习困难儿童都存在"能力均衡型"儿童，这些儿童 PASS 四项认知成分得分相当，共占数学学习困难儿童总体的 54.5%，其中单纯型数学学习困难儿童中，仅有 22.7% 的儿童属于此类型，而混合型数学学习困难儿童有 86.4% 的儿童表现出此类型特征。单纯型数学学习困难儿童的第二个类型是"同时性加工和注意缺陷型"，这类儿童占到单纯型数学学习困难儿童的 77.3%，主要表现为同时性加工和注意显著低下；混合型数学学习困难儿童的第二个类型是"继时性加工缺陷型"，占混合型数学学习困难儿童的 13.6%，这类儿童不仅在同时性加工上表现出缺陷，更显著的缺陷为继时性加工的显著低下。如果将两类"能力均衡型"看作高能力组，"同时性加工和注意缺陷型"和"继时性加工缺陷型"则可视为"低能力组"，低能力组的两类儿童区别主要在于继时性加工和注意成分上的差异，前者在注意上的得分较低，而后者主要表现为继时性加工上的显著缺陷。大量的研究表明，继时性加工与阅读技能相关。[1] 混合型数学学习

---

[1] DAS J P, NAGLIERI J A, KIRBY J R. Assessment of Cognitive Processes: The PASS Theory of Intelligence [M]. Boston, MA: Allyn & Bacon, 1994; DAS J P, PARRILA R K, PAPADOPOULOS T C. Cognitive Education and Reading Disability [M] // KOZULIN A, RAND Y. Experience of Mediated Learning: An Impact of Feuerstein's Theory in Education and Psychology. Oxford, UK: Pergamon Press, 2000: 274-291.

困难儿童不仅表现为数学学业成就的低下，也伴随着阅读困难，该类儿童的认知缺陷不仅仅体现在同时性加工缺陷，其在继时性加工上也表现出较低水平。本研究所发现的"继时性加工缺陷型"儿童正是表现出这样的缺陷特点。与之相区别的单纯型数学学习困难儿童中的"同时性加工和注意缺陷型"儿童在继时性加工上的表现则相对较优。那么是否可以得到这样的结论："继时性加工"的缺陷程度可以作为区别单纯型和混合型数学学习困难儿童的指标。

总而言之，本研究再一次证实了数学学习困难儿童是一个异质性很高的群体，但这一尝试却蕴含着有益的启示。目前，对数学学习困难两个亚型的划分在研究界基本达成共识，但是对两种亚型的鉴别仅从阅读和数学困难的并存与否进行简单的区分，往往会造成混乱现象。另外，既然仅靠认知特征无法对数学学习困难亚型作出既满足学习困难表现又符合认知缺陷特征的清晰划分，因此，尝试建立一种多层次、多指标的评估体系或许是目前数学学习困难儿童及各亚型鉴别的最佳途径，比如多层次综合模型。❶ 以差异模型为先决条件，以学业成绩表现为前提，确定"疑似"数学学习困难儿童后对其认知缺陷特征进行考察，以进一步确定和区分数学学习困难的类型，找寻相对应的认知缺陷特征，一方面为其数学学习困难的原因作出更为合理的解释，另一方面也为针对性的教育干预提供线索。

---

❶ KAVALE R A, FORNESS S R. What Definitions of Learning Disability Say and Don't Say [J]. Journal of Learning Disabilities, 2000, 33（3）: 246-253.

二、数学学习困难儿童 PASS 认知过程特征及发展特点

本研究对三组不同学业成绩儿童的 PASS 认知过程特征进行差异比较，单纯型和混合型数学学习困难儿童与数优型儿童之间表现出非常明朗、一致的结果。其一，单纯型和混合型数学学习困难儿童的 PASS 认知水平显著落后于数优型儿童，认知水平低下可能是儿童数学学习困难的主要原因，与以往研究结果一致。其二，单纯型和混合型数学学习困难儿童仅在注意和继时性加工分测验上的得分存在差异，说明二者同为数学学习困难具有共同的认知特征，也体现了儿童因数学困难与阅读困难的并存与否而表现出的独特的认知表现。

（一）同时性加工水平低是数学学习困难的共同特质

本研究发现，单纯型和混合型数学学习困难儿童在同时性加工总分及其分测验上的得分均显著低于数优型儿童，但是数学学习困难的两种亚型间并未存在显著差异。同时性加工水平低下是数学学习困难儿童的共同特质。同时性加工与 PASS 认知系统中第二个机能单元相对应，它的作用对于信息加工的 PASS 理论模型而言至关重要。大量研究发现和证实了数学中

同时性加工的重要性。❶ 如研究者发现，同时性加工是中国香港小学生标准化数学成绩的最明显的预测指标，四年级儿童的同时性加工对数学成绩的贡献率为 16.7%，六年级儿童的同时性加工对数学成绩的贡献率为 18.6%。❷ 加罗法洛的研究也揭示了同时性加工对数学成绩的预测性。❸ 数学学习困难儿童的同时性加工低下使得数学学习困难儿童表现出在联接和整合离散片段信息的能力方面存在缺陷，也在空间关系、言语关系理解方面存在困难，他们难以将各个条件整合起来解决问题，难以理解题意和条件间的关系，这就严重影响了数学学习。

（二）继时性加工是区分单纯型和混合型数学学习困难的重要指标

本研究在对数学学习困难亚型划分的尝试中，发现在混合型儿童中存在一类继时性加工显著缺陷的群体，但是在单纯型儿童中并未出现此类特征的群体。进一步审视两种亚型儿童在继时性加工分测验上的得分发现，单纯型和混合型数学学习困难儿童在继时性加工总分及句子提问分测验上的得分均显著低

---

❶ CAI D, LI Q W, DENG C P. Cognitive Processing Characteristics of 6th to 8th Grade Chinese Students with Mathematics Learning Disability: Relationships among Working Memory, PASS Processes, and Processing Speed [J]. Learning and Individual Differences, 2013, 27: 120-127.

❷ LEONG C K, CHENG S C, DAS J P. Simultaneous-Successive Syntheses and Planning in Chinese Readers [J]. International Journal of Psychology, 1985, 20:19-31.

❸ GAROFALO J. Simultaneous Synthesis, Behavior Regulation and Arithmetic Performance [J]. Journal of Psychoeducational Assessment, 1986, 4 (3):229-238.

第六章 数学学习困难儿童 PASS 认知特征及对数学问题解决的影响研究

于数优型儿童；但是在数字方格分测验上，仅混合型儿童的得分显著低于数优型儿童，单纯型儿童与数优型儿童间并未存在显著差异，这一定程度上说明混合型数学学习困难儿童较单纯型数学学习困难儿童表现出更低的继时性加工水平。继时性加工测验主要考察的是个体以特定顺序保持信息的技能。早期研究即已发现继时性加工是预测阅读困难的重要因子。[1] 但是继时性加工对数学的影响可能更多表现在以序列化的方式对数字信息进行感知，以及有关空间信息的加工方面，如通过数数来进行实际的计算、竖式计算中的位值对齐等。它与基本数学事实的提取以及阅读技能密切相关。[2] 因此，更低的继时性加工能力可以解释混合型数学学习困难儿童在数学和阅读方面的双重困难。结合两部分数据结果，可以推测继时性加工是否存在更为严重的缺陷似乎可以成为区分单纯型和混合型数学学习困难的重要预测指标，这一推论与左志宏等的研究结论相似。[3] 但是也有研究者发现，单纯型和混合型数学学习困难儿童在继时性加工上的表现并未呈现显著差异。[4] 因此，这一问题仍需

---

[1] NAGLIERI J P, DAS J P. Construct and Criterion-Related Validity of Planning, Simultaneous and Successive Cognitive Processing Tasks [J]. Journal of Psychoeducational Assessment, 1987 (4):353-363.

[2] 王晓辰, 李清. 基于 PASS 模型的汉语阅读障碍认知加工特点的实验研究 [J]. 心理科学, 2013, 36 (3):653-658; MAYORAL-RODRÍGUEZ S, TIMONEDA-GALLART C, PÉREZ-ÁLVAREZ F, et al. Improving Cognitive Processes in Preschool Children: The COGEST Programme [J]. European Early Childhood Education Research Journal, 2015, 23: 150-163.

[3] 左志宏. 小学数学学习困难的认知加工机制：基于 PASS 理论的研究 [D]. 上海：华东师范大学, 2006.

[4] 李清. 基于 PASS 理论的小学数学学习困难儿童应用题问题表征研究 [D]. 上海：华东师范大学, 2009.

更多的实证研究探索与验证。

(三)注意水平低下是数学学习困难的重要影响因素

在注意水平上,单纯型和混合型数学学习困难儿童在注意总分及分测验上的得分显著低于数优型儿童,但在测查维持性注意的听词语分测验上,仅混合型儿童的得分显著低于数优型儿童。寻找数字和字母配对是选择性注意任务,其中,字母配对是发生在编码或接受阶段的选择任务,主要考察在编码或接受阶段的注意的选择性、抑制分心和改换策略。❶ 听词语是维持性注意任务,主要测查个体对单一信息源在连续的一段时间内的注意保持。由于注意在认知系统中处于较低层级,是其他更高级的认知加工系统的基础,这一过程的低下直接影响其他认知过程的正常发挥,这不仅使数学领域的学习受到影响,同时还会影响到其他需要认知参与的领域。因此,注意水平低是数学学习困难的重要影响因素,但不是特异性因素。

值得关注的是,在本研究中,单纯型数学学习困难儿童与数优型儿童在听词语分测验上并未呈现显著差异,而混合型儿童却表现出明显落后,就此而言,维持性注意似乎是单纯型和混合型数学学习困难儿童较为明显的分野之处。从这一结果而言,单纯型数学学习困难儿童注意水平低主要不是发生在注意的维持方面,而是在刺激接受和编码阶段的注意选择性、抵制分心和改换策略;混合型数学学习困难儿童则

---

❶ J. P. 戴斯, J. A. 纳格利尔里, J. R. 柯尔比. 认知过程的评估:智力的PASS理论[M]. 杨艳云, 谭和平, 译. 上海:华东师范大学出版社, 1999: 38.

第六章　数学学习困难儿童 PASS 认知特征及对数学问题解决的影响研究

表现出在注意选择和维持的多重困难，这就意味着混合型儿童在刚开始接触信息的时候就难以避免干扰，进而难以对刺激进行正确识别，而且也无法集中注意于某一任务上。本研究结果也与以往研究存在相似之处，即单纯型和混合型儿童在表达性注意上存在显著差异，但在接受性注意和数字检索上并无显著差异。❶ 然而，也有研究发现单纯型和混合型数学学习困难儿童在接受性注意上存在显著差异。❷ 这可能与单纯型和混合型数学学习困难儿童的筛选标准、被试取样等因素有关。

（四）低计划水平是儿童数学学习困难的原因之一

计划是人类智力的最本质之处，它涉及提出新问题、解决问题和自我监控以及应用变慢过程的能力。❸ 计划过程使个体通过使用与知识基础相连接的注意、同时性加工、继时性加工过程，从而为个体提供了决定并使用有效的方法来解决问题的便利。❹ 但是，本研究虽然发现数学学习困难儿童出现较低的计划水平，但是其在计划上与数学学业优良儿童的显著差异主要体现在数字匹配分测验上。完成数字匹配任务要

---

❶ 李清. 基于 PASS 理论的小学数学学习困难儿童应用题问题表征研究［D］. 上海：华东师范大学，2009.
❷ 左志宏. 小学数学学习困难的认知加工机制：基于 PASS 理论的研究［D］. 上海：华东师范大学，2006.
❸ KIRBY J R. Cognitive Strategies and Educational Performance［M］. Orlando: Academic Press, 1984.
❹ J. P. 戴斯, J. A. 纳格利尔里, J. R. 柯尔比. 认知过程的评估：智力的 PASS 理论［M］. 杨艳云，谭和平，译. 上海：华东师范大学出版社，1999: 17.

求较高的执行水平和较强的差异觉察能力,因此,数学学习困难儿童在计划执行方面的灵活性较差,难以根据问题情形调整计划。或许正是这种刻板的计划执行低效性,使得数学学习困难儿童的学业成绩明显落后。这一结果也可能说明数学学习困难儿童对问题情形变化的觉知能力较低,因无法觉知问题情境的变化,也就造成其计划调整执行的困难。

(五)单纯型数学学习困难儿童的PASS认知过程随年级发展而发展,混合型表现出年级间的缺陷水平一致性

个体PASS认知过程的发展研究具有重要的理论意义和实践意义。本研究针对3—5年级的数学学习困难儿童和数学学业优良儿童的PASS认知过程的发展进行了探讨,研究结果发现,在PASS总分上,单纯型、混合型、数优型儿童均表现出三年级儿童得分显著落后于四、五年级儿童的趋势,但是四、五年级儿童间的差异并不显著。

在计划水平的发展上,单纯型数学学习困难儿童并未表现出显著的年级差异;混合型数学学习困难儿童则呈现出三年级显著落后于四、五年级儿童之态势;而数优型儿童则表现为四年级儿童的计划水平最高,且显著高于三年级儿童。这似乎表明,各类儿童计划水平的发展并非随年级呈现线性上升的趋势,而出现认知发展的起伏性和波动性。计划包括对行为的规划、调整和检验,[1]计划是个体为解决问题、达到目标而使用

---

[1] J. P. 戴斯, J. A. 纳格利尔里, J. R. 柯尔比. 认知过程的评估:智力的PASS理论[M]. 杨艳云,谭和平,译. 上海:华东师范大学出版社,1999:77.

和修改的一组决策或策略。❶ 计划也是对行为程序进行非常规选择的过程，这一过程也称为监控注意系统。❷ 简言之，计划系统是认知系统的最高层级，对认知过程起着计划、监控、调节、评价等高级功能。计划的一个关键成分是元认知，那么计划水平的发展必然与元认知水平的发展密切相关。元认知在发展上至少有两次大的飞跃，第一次在 5 岁左右，这时儿童开始对其思维和策略采取有意识的控制；第二次飞跃发生在 12 岁左右，这时儿童开始采用更抽象的、分析性的和系统的方法来控制他们的思维。❸ 那么，是否可以推测，在两次飞跃间的发展并非简单的直线上升发展，而是具有波动和起伏性。此外，陈英和等研究发现，三年级到五年级的儿童类比问题解决的发展呈现波浪式；❹ 国外研究者关于类比推理的研究也发现类似的结果。❺ 这些结果似乎证明儿童在某些认知能力方面的发展并非直线型的，可能存在波浪形发展的趋势。因此，作为智力成

---

❶ DAS J P, MISRA S B. Cognitive Planning and Executive Functions: Applications in Management and Education [M]. New Delhi: SAGE Publications India Pvt Ltd, 2015; NAGLIERI J A. Hundred Years of Intelligence Testing: Moving from Traditional IQ to Second-Generation Intelligence Tests [M] //GOLDSTEIN S, PRINCIOTTA D, NAGLIERI J A. Handbook of Intelligence: Evolutionary Theory, Historical Perspective, and Current Concepts. New York: Springer, 2015: 295–316.

❷ SHALLICE T. Specific Impairments of Planning [J]. Philosophical Transactions of the Royal Society of London, 1982, 298（1089）:199–209.

❸ J. P. 戴斯, J. A. 纳格利尔里, J. R. 柯尔比. 认知过程的评估：智力的 PASS 理论 [M]. 杨艳云, 谭和平, 译. 上海：华东师范大学出版社，1999: 86.

❹ 陈英和, 赵笑梅. 小学三～五年级儿童类比问题解决及策略运用发展 [J]. 心理发展与教育，2007,2:18–22.

❺ HOSENFELD B, MAAS H J, BOOM D C. Indicators of Discontinuous Change in the Development of Analogical Reasoning [J]. Journal of Experimental Child Psychology, 1997, 64: 367–395.

分之一的计划水平有可能表现出非直线型的波浪形发展趋势。

在注意水平的发展上，单纯型数学学习困难儿童和数优型儿童表现出随年级增长而逐渐升高的趋势，三年级单纯型儿童的得分显著低于四年级，三年级数优型儿童的得分显著低于五年级。混合型数学学习困难儿童的注意发展并未表现出显著的年级差异。这一结果表明，单纯型数学学习困难儿童的注意水平会随着年级的增长表现出增长趋势，而混合型数学学习困难儿童则表现出一种注意缺陷的稳定性。

在同时性加工水平的发展上，单纯型和混合型数学学习困难儿童和数优型儿童表现出随年级增长而逐渐增长的趋势，但是四、五年级单纯型数学学习困难儿童和数优型儿童间的差异并不显著，两个年级间表现出较为稳定的水平；混合型数学学习困难儿童则仅在三年级和五年级儿童中表现出显著差异，说明该类儿童同时性加工水平的发展较为缓慢。同时性加工与数学成绩存在显著的相关，单纯型和混合型数学学习困难儿童都表现出较为低下的同时性加工水平，但是随着年级升高，单纯型数学学习困难儿童的同时性加工水平有所发展，这在一定程度上对其数学成绩有一定的助推作用，使数学能力得到某种程度的发展；而在混合型数学学业困难儿童群体中，同时性加工的发展较为缓慢，而随着年级增高，数学学业难度水平必然上升，这就愈加导致该类儿童数学学习困难程度的加重。这一结论与已有研究相似，单纯型数学学习困难儿童随着年级的增高，学习能力也会有一定程度的提高，学习困难得到某种程度的缓解，而混合型数学学习困难儿童则表现出学习能力

第六章　数学学习困难儿童 PASS 认知特征及对数学问题解决的影响研究

的稳定性。[1]

在继时性加工水平的发展上，单纯型数学学习困难儿童和数优型儿童表现出随年级增长而逐渐升高的趋势，但四、五年级单纯型数学学习困难儿童和数优型儿童并未表现出显著差异，表现出较稳定的水平；混合型数学学习困难儿童的继时性加工水平的年级差异并不显著，表现出普遍的缺陷一致性。随着年级升高，单纯型数学学习困难儿童的继时性加工能力得到发展，而混合型数学学习困难儿童的继时性加工则处于持续稳定的缺陷状态，这也就进一步加剧了该类儿童的数学学习困难和阅读困难，使其阅读困难更加凸显，学习困难程度更加严重。这也验证了本研究中所提出的"继时性加工可以看作区分单纯型和混合型数学学习困难儿童的重要指标"的推论，与以往研究具有相似之处。

综上，数学学习困难儿童无论是单纯型还是混合型均在PASS 四个认知过程上表现出较低水平，混合型数学学习困难儿童的认知缺陷程度更为严重。但是两者在 PASS 认知过程上的表现存在差异，表现出不同的缺陷模式。就 PASS 认知过程的发展性而言，单纯型数学学习困难比混合型数学学习困难具有一定的发展性，混合型数学学习困难儿童的认知缺陷则更顽固、更稳定。对数学学习困难亚型的探索也蕴含着有益的启示，一方面为数学学习困难儿童的鉴别和诊断模型的发展提供

---

[1] JORDAN N C, HANICH L B, KAPLAN D. A Longitudinal Study of Mathematical Competencies in Children with Specific Mathematics Difficulties Versus Children with Comorbid Mathematics and Reading Difficulties [J]. Child Development, 2000, 3 (74): 834–850.

线索，另一方面也为不同亚型数学学习困难儿童针对性的教育干预提供依据。

三、PASS认知过程对儿童数学问题解决过程的影响作用

PASS模型的三级认知加工系统是"任何一种心理活动所必不可少的"，PASS认知加工过程为儿童数学问题解决及其认知过程提供重要的心理支持。众多研究成果证明，PASS模型是一种较为良好的研究认知加工过程的工具，利用其对数学学习困难儿童的研究也颇有成果。因此，基于PASS模型对数学学习困难儿童问题解决认知机制的研究，一方面丰富了数学学习困难儿童问题解决认知机制的理论探索，另一方面也拓展了PASS模型的应用价值，为数学学习困难儿童问题解决的干预研究奠定基础。本研究基于操作化的PASS认知过程评估测试，对数学学习困难儿童的问题解决认知机制进行探讨。

（一）同时性加工"功不可没"

无论是对解题成绩还是数学问题解决过程中各认知和元认知能力，同时性加工的作用都引人注目。在三年级儿童情境理解以及四、五年级儿童数学问题解决过程中，同时性加工表现出显著的影响作用。这表明同时性加工是影响儿童数学问题解决最为稳定的因素，验证了已有研究所发现的同时性加工是数

第六章 数学学习困难儿童 PASS 认知特征及对数学问题解决的影响研究

学学业成就最明显的预测指标,与数学问题解决联系紧密。❶

就问题表征而言,同时性加工对三、四年级儿童的情境理解、五年级儿童的问题表征起到重要影响。建构一个恰当的问题表征是解决数学问题的关键环节,正确的表征是解决问题的必要前提,在错误的或者不完整的问题空间中进行搜索,不可能求得问题的正确解决。❷问题表征是双重的,第一层是问题表层理解,即信息感知,主要指解题者逐字逐句读懂描述问题的每一个句子,是将问题中的每一陈述转换成解题者内部的心理表征的过程;第二层为问题深层理解,即情境表征,指在表层理解的基础上,进一步把问题的每一个陈述综合成条件和目标统一的心理表征,❸是问题理解和表征的核心。情境理解和问题表征正是体现了问题表征的表层理解和深层理解,这一过程依赖儿童对数学问题的理解。同时性加工本就涉及对句子意义的理解,因此,同时性加工必然是影响儿童问题表征的重要因素。

再观问题分类和解题计划,对四年级和五年级儿童而言,

---

❶ J. P. 戴斯, J. A. 纳格利尔里, J. R. 柯尔比. 认知过程的评估:智力的 PASS 理论 [M]. 杨艳云, 谭和平, 译. 上海:华东师范大学出版社, 1999: 75; IGLESIAS-SARMIENTO V, DEAÑO M. Cognitive Processing and Mathematical Achievement: A Study with Schoolchildren Between Fourth and Sixth Grade of Primary Education [J]. Journal of Learning Disabilities, 2011, 44: 570–583; 周璇, 蔡丹. 不同类型数学任务的 PASS 认知加工发展特点 [J]. 心理科学, 2016, 39 (6):1391–1397; 程丹. 初入小学儿童数学能力发展的认知基础:一年跟踪研究 [D]. 上海:华东师范大学, 2014.
❷ 赵微. 学习困难儿童的发展与教育 [M]. 北京:北京大学出版社, 2011:108–109.
❸ 皮连生. 教育心理学 [M]. 3 版. 上海:上海教育出版社, 2004:167–168.

同时性加工均是显著且唯一的预测变量。问题分类是对问题深层结构的分析和辨识能力，是问题表征基础上对解题过程的进一步推进，也是寻求解题计划的重要基石。同时性加工是个体将分散的刺激整合为一个整体的加工过程，儿童在数学应用题解决过程中需要将各个具有内在联系的变量或条件组合起来，整合后才能得到解题计划，找到答案。因此，不难解释同时性加工对儿童问题分类和解题计划的重要预测作用，正因如此，数学学习困难儿童低下的同时性加工水平是导致其数学问题解决困难的重要原因。

同时性加工对数学问题解决过程中元认知能力的影响也尤为值得关注。自我评价需要个体具有一种能够正确评价在问题解决过程中所使用的各种程序及结果是否正确的能力。若个体得到的是一个错误的解题结果，元认知能力能帮助其进行基本的检查以及弥补缺憾、寻求进步。自我评价和解题估计能力体现的是数学问题解决中的元认知能力，具有领域特殊性；同时性加工发生在工作记忆中，是个体最为基础的认知能力，代表着领域一般性，也是解决特定领域问题的心理基础，因此，本研究结果也进一步验证了在影响数学问题解决的因素中领域一般性资源与领域特殊性资源间的关系。一般而言，元认知的发展到小学高年级阶段或形式运算阶段（12岁左右）才逐步趋于稳定。这也就可以解释为何只在四、五年级儿童中发现同时性加工对元认知能力的影响。

第六章 数学学习困难儿童 PASS 认知特征及对数学问题解决的影响研究

(二)继时性加工和计划助力中低年级儿童应用题解题计划能力与成绩

在三年级解题成绩和解题计划中,儿童的继时性加工和计划水平是显著的预测变量。继时性加工与同时性加工是 PASS 理论的核心特征。在继时性加工中,信息按序列输入,产生并保留这组有序的信息,这一过程也发生在工作记忆中,其加工结果都存储在长时记忆中,对知识的存储进一步丰富了原有的知识库。在数学问题解决过程中,儿童需要将解题计划和执行步骤保持在工作记忆中,这就涉及继时性加工问题,因此,继时性加工必然对儿童应用题解题计划能力具有显著的预测作用。此外,继时性加工与阅读技能中的解码技能关系尤为密切。[1] 如前文研究所发现(见第五章第二节),基于阅读解码的情境理解能力和问题表征能力是影响解题计划水平的核心变量,因此,继时性加工与阅读解码能力的关联也必然会通过情境理解和问题表征对儿童的解题计划水平产生影响,这也必然作用于最终的解题成绩。在周璇等的研究中也发现继时性加工和注意共同对二年级学生的数学问题解决任务产生预测作用。[2] 值得注意的是,戴斯等还指出继时性加工的部分单元本身就属

---

[1] DAS J P, PARRILA R K, PAPADOPOULOS T C. Cognitive Education and Reading Disability [M] //KOZULIN A, RAND Y. Experience of Mediated Learning: An Impact of Feuerstein's Theory in Education and Psychology. Oxford, UK: Pergamon Press, 2000: 274-291.

[2] 周璇,蔡丹. 不同类型数学任务的 PASS 认知加工发展特点 [J]. 心理科学,2016, 39(6):1391-1397;程丹. 初入小学儿童数学能力发展的认知基础:一年跟踪研究 [D]. 上海:华东师范大学, 2014.

于低水平的同时性加工，也是下一步更高水平上的同时性加工的基础。据此，不难理解继时性加工和同时性加工会共同作用于五年级儿童应用题解题成绩。

计划是最高一级的加工系统，负责调节、监控和评价。基于PASS理论的逻辑，在数学应用题解决中，计划负责对如何解题作出决策，且在解题过程中对其表现进行调控。儿童需要选择并制订快捷有效的计划方案，这正是计划系统的重要功能，也是应用题能否顺利正确解决的关键因素；同时，计划系统中包含的对解题计划的正确执行与监控，也是解题过程能否顺利、结果能否正确的重要影响因素。故而计划会对儿童应用题解题计划及解题成绩产生显著影响，这也与已有研究所发现"引人注目"的计划作用相佐证。[1]但是，本研究中并未发现计划对四、五年级儿童数学问题解决过程及解题成绩的显著影响。综观已有研究，关于计划与儿童学业成就的关系研究结果并不完全一致。有研究发现，计划与普通儿童学业成就的相关比同时性加工与继时性加工任务与学业成就的关系更小；[2]也有研究尤为强调计划的作用，并且指出随着年级升高、所学内容越来越复杂，处于较高层级的认知过程的作用日渐凸显，因此处于PASS系统最高层级的计划对整个认知系统的监督、协调

---

[1] 左志宏. 小学生数学学习困难的认知加工机制：基于PASS理论的研究［D］. 上海：华东师范大学，2006; 李清. 基于PASS理论的小学数学学习困难儿童应用题问题表征研究［D］. 上海：华东师范大学，2009.

[2] J. P. 戴斯，J. A. 纳格利尔里，J. R. 柯尔比. 认知过程的评估：智力的PASS理论［M］. 杨艳云，谭和平，译. 上海：华东师范大学出版社，1999: 94.

第六章 数学学习困难儿童 PASS 认知特征及对数学问题解决的影响研究

和管理作用会逐渐突出；❶也有研究强调不同年级的学习任务需要不同的认知过程参与，计划能力仅在低年级（二年级、四年级）数学问题解决和高年级（七年级）计算流畅性中具有重要作用。❷

那么，本研究中计划作用在四、五年级群体中不凸显是否与儿童计划水平的发展有关？低年级（三年级）学生的计划能力处于尚不成熟的阶段，发展比较不均衡，因此会在数学问题解决过程中得以比较明显的区分，❸随着年龄增长，四、五年级儿童的计划能力缓慢发展但逐步趋于平衡，个体间差异的减小可能是造成其对数学问题解决过程直接作用不明显的原因。本研究中也发现四、五年级间各类型儿童的计划水平并无显著的年级差异和类型差异。此外，从 PASS 机能单元的关系来看，理论建构者们也曾指出计划行为中隐含的加工过程与 PASS 模型中的所有其他加工过程都有关，由于 PASS 过程之间被看作是相互作用的，因此实际上它们协调运作，对日常生活中所有的任务都提供了某种特定的功能，但这并不是说所有的过程在所有的任务中都起着相同的作用。具体到数学问题解决领域，计划在数学问题解决中的作用并非凌驾于具体加工过程之上，而是要通过同时性加工和继时性加工这两个具体的认知过程来

---

❶ 左志宏. 小学生数学学习困难的认知加工机制：基于 PASS 理论的研究[D]. 上海：华东师范大学，2006.
❷ 蔡丹，李其维，邓赐平. 3—8 年级学生数学学习的 PASS 过程特点[J]. 心理科学，2010, 33（2）：274–277; 周璇，蔡丹. 不同类型数学任务的 PASS 认知加工发展特点[J]. 心理科学,2016,39（6）:1391–1397.
❸ 蔡丹，李其维，邓赐平. 3—8 年级学生数学学习的 PASS 过程特点[J]. 心理科学，2010, 33（2）：274–277.

实现。因此，从这一角度来看，计划的作用并非不凸显，而可能是通过同时性加工来影响四、五年级儿童的数学问题解决过程。

（三）注意水平预测低年级儿童数学问题解决的表征过程

本研究发现，注意水平显著预测三年级儿童数学问题解决过程中的情境理解、问题表征及问题分类能力；而在四、五年级注意的作用并不显著。已有研究也有类似结果，如周璇等发现表达性注意对二年级儿童数学问题解决成绩具有显著的预测作用，对四年级和七年级儿童的影响并不显著。[1] 究其原因，可能与注意系统的发展有关。注意系统是认知加工的第一个机能单元，是人类心理过程的基础，是学习和更高水平认知功能的先决条件。从发展的角度来说，启动令人满意的注意资源的能力似乎要到童年后期才会发生。[2] 这就导致在低年级儿童的认知活动过程中，注意系统发展的差异会对其认知能力产生较为明显的影响；随着年级升高，儿童注意日渐稳定，不再成为影响数学问题解决的显著影响因素。此外，注意控制能力是注意系统的一种重要能力，儿童需较好地关注目标刺激而抑制无关刺激。在应用题解决过程中，儿童同样面临信息选择的问题，区辨题目中的关键条件和无关信息，

---

[1] 周璇,蔡丹.不同类型数学任务的PASS认知加工发展特点［J］.心理科学，2016，39（6）：1391-1397.

[2] J. P. 戴斯, J. A. 纳格利尔里, J. R. 柯尔比. 认知过程的评估：智力的 PASS 理论［M］. 杨艳云, 谭和平, 译. 上海：华东师范大学出版社, 1999: 43.

这也正是进行有效的问题表征的基础,因而,注意水平会对儿童数学问题解决中情境理解、问题表征及问题分类能力产生重要的预测作用。

下 篇
干预实践篇

本篇为数学学习困难儿童数学问题解决的干预实践篇,也是本书的重点部分。首先,以理论回溯篇中有效干预部分的实证文献为基础,基于循证理念,采用前后测对照组实验设计,重点探索在融合班级教学情境下认知策略教学对数学学习困难儿童数学问题解决能力的影响。其次,基于理论回溯、实验探索及干预实践的研究结果,对数学学习困难儿童的学业干预进行反思与展望,引入多层级支持系统(Multitiered Systems of Support, MTSS)这一融合学校系统化变革的模式,从系统架构、策略发展、多学科支持三个层面建构我国数学学习困难儿童的学业干预模型。

第七章　数学学习困难儿童
数学问题解决的干预实践

第一节　研究背景与方法

一、研究背景

教育研究的目的是更好地为教学提供支持，服务于教学实践。在探究数学学习困难儿童问题解决认知特征的基础上，通过教学实践提高数学学习困难儿童数学问题解决能力才是理论研究的落脚点。

大量研究证实数学学习困难儿童难以成功完成需要使用认知和元认知技能的应用题解题任务。❶本书前文再次验证在数

---

❶ MONTAGUE M, APPLEGATE B. Mathematical Problem-Solving Characteristics of Middle School Students with Learning Disabilities [J]. The Journal of Special Education, 1993, 27: 175-201; SWANSON H L. Interventions for Students with Learning Disabilities: A Meta-Analysis of Treatment Outcomes [M]. New York, NY: Guilford, 1999; 仲宁宁，陈英和，王明怡，等. 小学二年级数学学优生与学困生应用题表征策略差异比较 [J]. 中国特殊教育, 2006（3）: 63-68.

第七章　数学学习困难儿童数学问题解决的干预实践

学问题解决这一特定领域，数学学习困难儿童的认知和元认知技能显著落后。因而，这些儿童必须被直接教给认知和元认知技能，并且教师需要展示如何使用这些技能解决应用题。国外研究者为学习困难儿童应用题解题能力的发展构建了一个主要的策略模型，即认知策略教学（Cognitive Strategy Instruction, CSI），着重关注其在数学应用题解决中认知和元认知技能上的缺失。[1]

国内也有较多研究关注数学应用题解决的训练策略以提高儿童应用题解题能力，例如思维策略训练（如训练儿童使用6种思维策略解决数学应用题，包括将复杂问题划分为一步应用题、分析问题结构、画图表表征各部分之间的关系等）；结构分析训练（如分析问题结构找出问题的特征，进而个体根据问题特征将其归类，并找出问题解决的方法）；图式表征策略（如视觉表征问题，以描画问题各部分之间的关系）；自我管理策略。[2] 然而已有研究缺乏系统性和实证基础，而且国内几乎没有研究关注数学学习困难儿童的应用题解题干预。

---

[1] MONTAGUE M, APPLEGATE B, MARQUARD K. Cognitive Strategy Instruction and Mathematical Problem-Solving Performance of Students with Learning Disabilities [J]. Learning Disabilities Research and Practice, 1993, 8 (4): 223-232; MONTAGUE M, DIETZ S. Evaluating the Evidence Base for Cognitive Strategy Instruction and Mathematical Problem Solving [J]. Exceptional Children, 2009, 75: 285-302.

[2] 郭成，张大均. 元认知训练对不同认知方式小学生应用题解题能力的影响 [J]. 心理科学, 2004, 27 (2): 274-277; 刘电芝. 解题思维策略训练提高小学生解题能力的实验研究 [J]. 心理科学, 1989, 15 (5): 14-19, 29, 65-66; 刘志敏. 图示表征策略对小学生数学问题解决能力的影响 [D]. 济南：山东师范大学, 2007; 姚飞, 张大均. 应用题结构分析训练对提高小学解题能力的实验研究 [J]. 心理学报, 1999, 31 (1): 53-59.

因此，本研究聚焦四年级的数学学习困难学生。在这个年级，对独立解决数学应用题的能力要求逐渐提升，且严重的数学学习困难开始大量出现。[1] 因此，研究采用随机控制实验设计，探讨认知策略教学对提升数学学习困难在内的所有学生数学应用题解决能力的有效性。

（一）"复杂"的数学应用题解决过程加剧"策略缺失"者的学习困难

数学应用题解决包含复杂的认知过程，需要学生理解和转译问题信息、产生和保持问题的心理表象，建立可行的解决路径，也要计算答案。[2] 传统的数学应用题解决模型包含四个阶段：问题转译（使用语言技能理解问题的含义）、问题整合（用数学语言解释问题各部分之间的关系并形成结构化表征）、解题计划（决定使用何种运算及运算顺序）、执行解题计划（执行计划进行计算并得出答案）。[3] 这四个阶段在多年来的大量研究中得以证实，并且在当前 PISA 项目问题解决框架中

---

[1] 李清，王晓辰. 小学数困生应用题列式成绩、表征水平与 PASS 各认知过程的关系［J］. 心理科学，2010, 33（5）：1234-1236.

[2] KRAWEC J, HUANG J, MONTAGUE M, et al. The Effects of Cognitive Strategy Instruction on Knowledge of Math Problem-Solving Processes of Middle School Students with Learning Disabilities［J］. Learning Disability Quarterly, 2013, 36: 80-92; MONTAGUE M, ENDERS C, DIETZ S. Effects of Cognitive Strategy Instruction on Math Problem Solving of Middle School Students with Learning Disabilities［J］. Learning Disability Quarterly, 2011, 34: 262-272; MONTAGUE M, WARGER C, MORGAN T H. Solve It! Strategy Instruction to Improve Mathematical Problem Solving［J］. Learning Disabilities Research & Practice, 2000, 15: 110-116.

[3] MAYER R E. Mathematical Ability［M］//STERNBERG R G. Human abilities: An Information-Processing Approach. New York, Freeman, 1985: 127-150.

得以很好反映。[1] 梅耶的模型证明了为什么数学应用题对于所有年龄段的学生都是一项挑战,因为这四个阶段中每一个阶段都十分复杂,成功地完成解题任务依赖于每个阶段的准确性和一致性。[2]

在我国,一些研究者利用实验和临床访谈数据探讨了小学生的问题表征策略,主要包括问题转译和问题整合,结果发现数学学习困难学生在识别有效的策略进行使用上存在困难,同时在问题表征中也表现出能力受限。[3] 也有研究揭示小学数学学习困难学生遵循传统的数学应用题解决阶段模式解题,但是在使用有效策略促进应用题解决方面存在缺陷。[4] 因此,有必要对学生直接教授这些解题策略,并且教师需要演示如何在应用题解决过程中使用策略。[5] 基于此,研究者提出了教学的两大重点。其一,教师需要帮助学生学习数学应用题解决过程的认知策略,并且通过合适的、便于理解的教学方式教给学生这

---

[1] Organization for Economic Co-operation and Development. PISA 2012. Assessment and Analytical Framework: Mathematics, Reading, Science, Problem Solving, and Financial Literacy [R/OL]. (2013-02-11)[2021-09-11]. https://www.oecd-ilibrary.org/education/pisa-2012-assessment-and-analytical-framework_9789264190511-en.

[2] JITENDRA A K, GRIFFIN C C, DEATLINE-BUCHMAN A, et al. Mathematical Word Problem Solving in Third-Grade Classrooms [J]. The Journal of Educational Research, 2007, 100: 283-302.

[3] 仲宁宁,陈英和,王明怡,等.小学二年级数学学优生与学困生应用题表征策略差异比较[J].中国特殊教育,2006(3):63-68.

[4] 朱楠,王雁.小学四年级数学学习困难儿童应用题解决过程的模式特点及有效性研究[J].中国特殊教育,2014(5):39-47.

[5] MONTAGUE M, APPLEGATE B. Middle School Students' Mathematical Problem Solving: An Analysis of Think-Aloud Protocols [J]. Learning Disability Quarterly, 1993, 16: 19-32.

一系列应用题解决策略。第二,教师要教给学生有效使用这些策略的方法。但是,课堂教学通常忽略上述两个重点。因此,课堂教学需要融入认知策略和元认知策略的教学,进而促进和评估数学学习困难学生数学应用题解决能力。❶

(二)认知策略教学或是提升数学应用题解决水平的"良药"

认知策略教学着重于教给学生一系列的认知(如视觉表征)和元认知(如自我提问)程序、策略,或认知活动,进而促进学生学习和提高其学业表现。在数学应用题解决过程中,学生必须理解、分析、表征、执行以及评价问题。认知策略教学为学生提供直接教学,包括结构化和组织良好的课程,适当的线索和提示,指导性的实践和联系,认知示范,师生之间的互动,对学生及时、正确地反馈,积极强化,过度学习和掌握认知和元认知策略等具体的教学方法。❷

认知策略教学在提高学习困难学生的学业水平上具有积

---

❶ BERARDI-COLETTA B, BUYER L S, DOMINOWSKI R L, et al. Metacognition and Problem Solving: A Process-Oriented Approach [J]. Journal of Experimental Psychology, 1995, 21: 205-223; MONTAGUE M, WARGER C, MORGAN T H. Solve It! Strategy Instruction to Improve Mathematical Problem Solving [J]. Learning Disabilities Research & Practice, 2000, 15: 110-116.
❷ MONTAGUE M, DIETZ S. Evaluating the Evidence Base for Cognitive Strategy Instruction and Mathematical Problem Solving [J]. Exceptional Children, 2009, 75: 285-302.

极的作用，[1] 尤其是那些缺乏数学应用题解决的策略知识以及策略利用失能的学生。[2] 因此，认知策略教学被广泛应用于数学学习困难学生的应用题解决的教学中。[3] 实验证据也持续验证了认知策略教学在提升数学学习困难学生应用题解决水平的有效性。蒙塔古等采用单一被试设计首先验证了认知策略教学在6名高中数学学习困难学生应用题解决能力提升中的作用，结果显示所有学生都提高了应用题解决能力，并且表现出应对更难的问题的潜能。[4] 近期，研究者进一步探讨认知策略教学对七、八年级普通学业成就的学生、低成就学生以

---

[1] COUGHLIN J, MONTAGUE M. The Effects of Cognitive Strategy Instruction on the Mathematical Problem Solving of Adolescents with Spina Bifida [J]. The Journal of Special Education, 2011, 45: 171-183.

[2] GRAHAM S, HARRIS K R, SWANSON H L. Students with Learning Disabilities and the Process of Writing: A Meta-Analysis of SRSD Studies [M] //Swanson H L, HARRIS A R, GRAHAM S. Handbook of Learning Disabilities. New York, NY: Guilford Press, 2003: 323-334; MONTAGUE M, DIETZ S. Evaluating the Evidence Base for Cognitive Strategy Instruction and Mathematical Problem Solving [J]. Exceptional Children, 2009, 75: 285-302; SWANSON H L. Research on Interventions for Adolescents with Learning Disabilities: A Meta-Analysis of Outcomes Related to Higher-Order Processing [J]. The Elementary School Journal, 2001, 101: 331-348.

[3] MONTAGUE M. The Effects of Cognitive and Metacognitive Strategy Instruction on the Mathematical Problem Solving of Middle School Students with Learning Disabilities [J]. Journal of Learning Disabilities, 1992, 25: 230-248; MONTAGUE M, BOS C. The Effect of Cognitive Strategy Training on Verbal Math Problem Solving Performance of Learning Disabled Adolescents [J]. Journal of Learning Disabilities, 1986, 19: 26-33; MONTAGUE M, ENDERS C, DIETZ S. Effects of Cognitive Strategy Instruction on Math Problem Solving of Middle School Students with Learning Disabilities [J]. Learning Disability Quarterly, 2011, 34: 262-272.

[4] MONTAGUE M, BOS C. The Effect of Cognitive Strategy Training on Verbal Math Problem Solving Performance of Learning Disabled Adolescents [J]. Journal of Learning Disabilities, 1986, 19: 26-33.

及学习困难学生的影响。[1]结果发现各能力水平的学生中，接受认知策略教学的学生（n=185）在应用题解决上的表现均显著优于对照组（n=127）。另一项大型的随机试验研究（实验组n=319、对照组n=460）也显示出相似的结果；[2]而且，实验组中的数学学习困难学生的表现显著优于对照组中普通学业水平的学生。进一步说明认知策略教学在提高数学学习困难学生表现水平上的积极作用。近期的一项针对七年级数学学习困难学生的大规模随机试验研究（实验组n=644，对照组n=415）进一步验证了前期的结果，相较于普通学业水平的学生，认知策略教学对低成就学生的干预效果更强。研究结果揭示了认知策略教学对提升数学学习困难学生应用题解决能力的积极效用。[3]

在大量实证研究的基础上，其他学者也追随蒙塔古及其同事的步伐，致力于帮助数学学习困难学生和智力障碍学生应

---

[1] MONTAGUE M, DIETZ S. Evaluating the Evidence Base for Cognitive Strategy Instruction and Mathematical Problem Solving [J]. Exceptional Children, 2009, 75: 285–302.

[2] MONTAGUE M, ENDERS C, DIETZ S. Effects of Cognitive Strategy Instruction on Math Problem Solving of Middle School Students with Learning Disabilities [J]. Learning Disability Quarterly, 2011, 34, 262–272.

[3] MONTAGUE M, KRAWEC J, ENDERS C, et al. The Effects of Cognitive Strategy Instruction on Math Problem Solving of Middle-School Students of Varying Ability [J]. Journal of Educational Psychology, 2014, 106: 469–481.

用题解决能力的提升。❶ 这些研究结果与蒙塔古等的研究高度一致。国内的一些研究者也试图构建认知策略教学项目。例如，有研究者在东北某城市选取了学业水平中等及低学业成就的学生作为被试，教师使用认知策略教学对其应用题解决进行干预，结果显示相较于对照组，实验组学生取得明显的进步。❷ 此外，也有研究者使用认知策略教学对听力障碍学生和单纯型数学学习困难学生进行干预，均取得积极效果。❸

综上，系列实验研究已证明认知策略教学的积极作用。然而，已有研究文献也存在如下局限。第一，已有研究在此干预策略应用中仍然存在许多问题值得关注，目前大量的研究只关

---

❶ CASE L P, HARRIS K R, GRAHAM S. Improving the Mathematical Problem-Solving Skills of Students with Learning Disabilities: Self-Regulated Strategy Development [J]. The Journal of Special Education, 1992, 26: 1–19; FUCHS L S, COMPTON D L, FUCHS D, et al. The Prevention, Identification, and Cognitive Determinants of Math Difficulty [J]. Journal of Educational Psychology, 2005, 97: 493–513; GARRETT A J, MAZZOCCO M M M, BAKER L. Development of the Metacognitive Skills of Prediction and Evaluation in Children with or Without Math Disability [J]. Learning Disabilities Research & Practice, 2006, 21: 77–88; HUTCHINSON N L. Effects of Cognitive Strategy Instruction on Algebra Problem Solving of Adolescents with Learning Disabilities [J]. Learning Disability Quarterly, 1993, 16: 34–63; SWANSON H L, LUSSIER C, OROSCO M. Effects of Cognitive Strategy Interventions and Cognitive Moderators on Word Problem Solving in Children at Risk for Problem Solving Difficulties [J]. Learning Disabilities Research & Practice, 2013, 28: 170–183; CHUNG K H, TAM Y H. Effects of Cognitive-Based Instruction on Mathematical Problem Solving by Learners with Mild Intellectual Disabilities [J]. Journal of Intellectual and Developmental Disability, 2005, 30: 207–216.

❷ 路海东. 小学生数学应用题解决的认知与元认知策略及其训练研究 [D]. 长春：东北师范大学，2004.

❸ 万莉莉. 聋生复合应用题解决的影响因素及其干预研究 [D]. 上海：华东师范大学，2009; 程凤霞. 小学数困生应用题问题解决策略及干预研究 [D]. 上海：上海师范大学，2012.

注高中阶段的学生，而小学生的认知加工模式是异于初高中生的。第二，大量研究指出单纯型数学学习困难学生和混合型数学学习困难学生在应用题解决中的差异，[1]因而，学者们指出阅读水平对数学学习困难干预效果具有重要影响。[2]本书前文研究也验证了这一结论。但是，国内几乎没有研究使用认知策略教学探讨其对混合型数学学习困难学生应用题解决的影响。第三，国内教师多使用传统的应用题教学步骤教授数学学习困难学生，包括读题、找出数量关系、列算式、计算等步骤。学生通常被要求记住这些步骤，并将其应用于不同的数学应用题中。然而传统的教学模式很大程度上忽视了数学学习困难及阅读困难共存的这类学生独特的学习需要，几乎没有研究系统地探讨已被国外广泛应用的认知策略教学。本研究旨在回应上述这些问题。

---

[1] FUCHS L S, FUCHS D. Mathematical Problem-Solving Profiles of Students with Mathematics and Disabilities with and Without Comorbid Reading Disabilities [J]. Journal of Learning Disabilities, 2002, 35: 564-574; HANICH L B, JORDAN N C, KAPLAN D, et al. Performance Across Different Areas of Mathematical Cognition in Children with Learning Difficulties [J]. Journal of Educational Psychology, 2001, 93: 615-626; JORDAN N C, HANICH L B. Mathematical Thinking in Second-Grade Children with Different Forms of LD [J]. Journal of Learning Disabilities, 2000, 33: 567-578; POWELL S R, FUCHS L S, FUCHS D, et al. Do Word-Problem Features Differentially Affect Problem Difficulty as a Function of Students' Mathematics Difficulty with and Without Reading Difficulty? [J]. Journal of Learning Disabilities, 2009, 42: 99-110.

[2] FUCHS L S, FUCHS D, PRENTICE K. Responsiveness to Mathematical Problem-Solving Instruction: Comparing Students at Risk of Mathematics Disability with and Without Risk of Reading Disability [J]. Journal of Learning Disabilities, 2004, 37: 293-306.

二、研究方法

本研究使用持续 8 周的认知策略教学,探讨其对四年级学生数学应用题解决能力的影响。根据蒙塔古所提出的干预框架,认知策略教学包括 7 个认知策略步骤和 3 个元认知策略。7 个认知策略步骤包括:(1)读题以理解;(2)用自己的语言表述问题;(3)使用图式表征对问题进行视觉化表征;(4)提出假设或设定解题计划;(5)估计或预测答案;(6)计算;(7)检查解题计划及答案。3 个元认知策略包括:(1)说,自我指导;(2)问,自我提问;(3)检查,自我监控。据此,本研究的问题为:

(1)认知策略教学对样本中的四年级学生的数学应用题解决是否具有促进作用?

(2)认知策略教学对不同学业水平的学生应用题解决能力的影响是否相同?

(一)被试

被试与前文研究来自同一所公立小学。4 名四年级数学女教师及依据标准筛选出的各类学生自愿参加本研究。所有教师年龄均为 40—45 岁,均有 10 年以上教龄。与前文研究相同,使用全市统考的数学和语文考试成绩作为鉴别数学学习困难儿童的依据，以 25% 作为临界值。❶ 因此，本研究中的所有被试包括四组学业水平的学生：（1）数学和阅读均存在困难的混合型数学学习困难学生（MD/RD，简称混合型，在最近两次市级的数学和阅读测试中均位于年级排名后 25%）；（2）仅存数学困难的单纯型数学学习困难学生（MD-only，简称单纯型，在最近两次市级数学测试中位于年级排名后 25%，但阅读成绩位于年级排名前 40%）；（3）学业普通学生（AA，简称普通型，在两次市级数学测试中位于年级排名 40%~75%，且阅读成绩位于年级排名前 40%）；（4）高学业水平学生（HA，简称数优型，在 2 次市级数学测试中位于年级排名前 25%，且阅读成绩位于年级排名前 40%）。共有 150 名学生满足筛选标准，各类被试随机分为实验组和对照组，各 75 人。考虑团体干预效果，将实验组、对照组分别分为 2 个班，每个班能力水平学生保持一致。被试信息如表 7-1 所示。χ^2 检验及独立样本 t 检验的结果显示实验组和对照组在性别分布、能力水平人数分布，以及数学和阅读水平成绩上不具有显著差异（$PS > 0.05$）。

---

❶ FUCHS L S, FUCHS D. Mathematical Problem-Solving Profiles of Students with Mathematics and Disabilities with and Without Comorbid Reading Disabilities [J]. Journal of Learning Disabilities, 2002, 35: 564-574; SWANSON H L, JERMAN O. Math Disabilities: A Selective Meta-Analysis of the Literature [J]. Review of Educational Research, 2006, 76: 249-274.

表 7-1 被试基本信息

变量		实验组(n=75) n(%)	对照组(n=75) n(%)
类别 （能力水平）	单纯型(MD-only)	7(9)	9(12)
	混合型(MD/RD)	10(13)	9(12)
	普通型(AA)	37(49)	37(49)
	数优型(HA)	21(28)	20(27)
性别	男	47(63)	40(53)
	女	28(35)	35(47)

（二）研究程序

在 8 周的干预研究阶段，4 位教师按照小学数学课程标准的要求，使用相同内容的材料开展教学。每周有 4 个班级的学生接受 2 节额外的 40 分钟的数学应用题解决课程，作为常规课程的补充。与前文研究相同，课程也关注小学阶段常见的 4 种数学应用题类型（倍数、归一、和差、几何）。课程中所使用的所有试题均选自四年级数学教科书。在预实验阶段，根据教师的反馈及学生试测试题的情况对练习材料进行修订和调整。在每次的额外教学中，实验组和对照组使用相同的应用题练习题（每节课 5 道应用题）。实验组的 2 名教师使用认知策略教学开展教学，对照组则使用普通的数学应用题练习课的教学模式开展教学。

在干预正式开始之前，实验组的 2 名教师参加为期两天的培训。培训内容包括认知策略教学的主要理论框架和具体操作要求，干预忠诚度检核要求，以及观摩认知策略教学示范课。而后，要求2名老师根据教学程序进行练习实践。2天的培训之后，教师在随后2周进行模拟练习，研究助理随机抽取任意3节干预课程作为检验2名教师干预忠诚度的"模拟"课程。在正式干预之前，依据研究者蒙塔古的理论，设计一整套认知策略教学材料，指导每节课程的教学。这些材料包括教师用的教学指导材料（每节课活动流程见附录5）和学生用的练习活页（见附录6）。

干预中，7个认知策略以及与每个步骤所关联的3个元认知策略呈现在班级中。在干预最初的2周，每节课所使用的5道练习题分成两个部分：前两题作为例题，由教师采用直接教学教给学生；后三题由学生配对成同伴小组，在教师的指导下完成。在接下来的6周，教师仅讲授第一题，其余四题则由学生练习完成。在整个干预阶段，教师的教学实践以逐步的认知策略和元认知活动的实施为主线，同时融入出声思维、直接教学、技能演示、支架教学、同伴协助学习策略、反应支持、及时反馈等教学方法。❶

（三）干预忠诚度

研究助理借助观察检核表观察教师的模拟课程以及最初的2节干预课程。观察检核表包含10个是/否问题（见附录7），

---

❶ ZHENG X H, FLYNN L J, SWANSON H L. Experimental Intervention Studies on Word Problem Solving and Math Disabilities: A Selective Analysis of the Literature [J]. Learning Disability Quarterly, 2013, 36: 97-111.

分别针对单独一节课程是否包含所要求的认知策略教学的特定元素。对照组的 2 名教师在 8 周干预中会被随机抽取 3 节课,由研究助理进行观察。实验组中,干预实施的忠诚度为 90%,评分者一致性为 95%;对照组中,干预实施的忠诚度为 93%,评分者一致性为 97%。说明实验组的教师能够按照所接受的培训要求,遵照认知策略教学的程序实施干预,对照组的教师则能够使用常规的教学方式开展教学。

(四)测量与计分

针对学生的数学应用题解决,研究采用《应用题解决测验》两套副本实施前后测(见附录 8)。测验由 4 位教师实施,在正式干预之前一周进行前测,最后一节干预课程后一周实施后测。前后测之间的时间跨度为 10 周。

测验包括 12 道应用题(例题除外),涉及上述 4 种应用题类型。所有的应用题由数位数学教师共同选自数学课本。计分方式与前文研究相同:(1)列式和计算完全正确,计 4 分;(2)列式正确但最后一步计算错误,计 3 分;(3)列对一个步骤并计算正确,计 2 分,列式正确但各步计算均错误,计 2 分;(4)仅一步列式正确且计算错误,计 1 分;(5)列式和计算都错误,计 0 分。由 3 位研究助理对每份测验试卷独立判分,并对存在异议的问题共同商讨,达成共识后再次判定得分。用于前后测的两套副本的 Cronbach's α 系数分别为 0.85 和 0.74;分半信度为 0.80 和 0.71,说明测验具有良好的信度和效度。

第二节 认知策略教学在数学问题解决教学中的应用结果

各能力水平学生的测验得分如表7-2所示。干预前,实验组和对照组的数学应用题解决成绩并不存在显著差异(见图7-1):$F(1, 142) = 0.005$,$P = 0.942$;而且在不同组别以及能力水平上差异也不显著$F(3, 142) = 0.297$,$P = 0.828$。但是,在能力水平上表现出显著差异$F(3, 142) = 96.399$,$P < 0.001$,ES(偏η^2)= 0.671。数学学习困难学生的表现显著低于普通学业水平学生和数优型学生(MD-only vs. AA, $d = -1.94$; MD-only vs. HA, $d = -3.93$; MD/RD vs. AA, $d = -1.91$; MD/RD vs. HA, $d = -3.91$);普通学业水平学生的成绩显著落后于数优型学生($d = -2.02$)。这一结果说明实验组和对照组具有较强同质性,不会影响研究的信度。

表 7-2 实验组别及不同能力水平被试前后测成绩的平均数与标准差

测试时间	单纯型 (MD-only) 实验组 M(SD)	单纯型 (MD-only) 对照组 M(SD)	混合型 (MD/RD) 实验组 M(SD)	混合型 (MD/RD) 对照组 M(SD)	普通型 (AA) 实验组 M(SD)	普通型 (AA) 对照组 M(SD)	数优型 (HA) 实验组 M(SD)	数优型 (HA) 对照组 M(SD)
前测	8.79 (4.54)	8.67 (4.67)	9.45 (3.74)	8.33 (5.20)	17.07 (5.15)	17.43 (3.36)	25.43 (4.44)	26.55 (4.22)
后测	18.86 (5.99)	10.33 (3.22)	14.40 (2.85)	8.83 (4.47)	27.04 (4.99)	20.95 (3.27)	31.64 (4.16)	29.63 (3.03)

注：为更好展示前后测间的分值差异，将前后测卷面分数（原每题满分 4 分）按总分 36 分（每题满分 6 分）进行了等比例转换。

为考察认知策略教学对不同能力水平学生应用题解题成绩的影响，采用 2（前测/后测）×2（组别：实验/对照）×4（MD-only, MD/RD, AA 和 HA）的重复测量方差分析。使用费雪（Fisher）最小显著差异事后检验程度进行两两比较；采用偏 η^2 作为效应值。

结果显示，前/后测主效应显著 $F(1,142) = 311.621$，$P < 0.001$，ES（偏 η^2）= 0.687；组别（实验/对照）的主效应显著 $F(1,142) = 12.373$，$P = 0.001$，ES（偏 η^2）= 0.080；能力水平的主效应也显著 $F(3,142) = 120.942$，$P < 0.001$，ES（偏 η^2）= 0.719。总体而言，实验组和对照组学生的后测成绩显著高于前测，但是不同能力水平的学生其进步速率存在差异（见图 7-2 和图 7-3）；实验组在干预后的表现显著优于对照组（见图 7-4）；各能力水平学生之间的差异在前后测中表现出较大一致性（见图 7-1 和图 7-4）。

前后测和能力水平的交互作用显著：$F(3,142) = 11.741$，

$P < 0.001$, ES（偏 η^2）$= 0.199$。简单效应分析发现，干预前，单纯型数学学习困难学生和混合型数学学习困难学生之间的差异并不显著（$P = 0.912$）；但是干预后，单纯型数学学习困难学生的表现显著优于混合型（$P = 0.033$）。结果说明相较于存在阅读困难的数学学习困难学生，单纯型的数学学习困难学生进步更为明显。

前后测、组别以及能力水平之间的交互作用显著：$F(3, 142) = 4.630$，$P = 0.004$，ES（偏 η^2）$= 0.089$。简单效应分析发现，在实验组，各能力水平的学生经过干预均取得显著进步（$P < 0.001$，见图 7-2）；但是，在对照组，单纯型数学学习困难学生和混合型数学学习困难学生前后测成绩并无显著差异（MD-only $P = 0.085$，MD/RD $P = 0.604$，见图 7-3）。结果显示数学学习困难学生对认知策略教学具有显著反应性，而对传统教学并无显著反应。

进一步分析发现，在干预前，实验组和对照组的各能力水平学生之间并无显著差异（MD-only $P = 0.957$，MD/RD $P = 0.581$，AA $P = 0.721$，HA $P = 0.415$，见图 7-1）；但是，干预后除数优型学生外，其他三类能力水平的学生均表现出实验组的成绩显著高于对照组（MD $P < 0.001$，MD/RD $P = 0.003$，AA $P < 0.001$，见图 7-4）。

此外，在干预之前，单纯型数学学习困难学生和混合型数学学习困难学生之间均无显著差异（实验组 $P = 0.759$，对照组 $P = 0.872$）；干预后，实验组中单纯型数学学习困难学生的表现显著优于混合型（$P = 0.027$），而对照组中这一差异并不显著（$P = 0.434$）。这些结果说明认知策略教学对于不同能力水平的学生应用题解决的干预效果存在差异。

第七章 数学学习困难儿童数学问题解决的干预实践

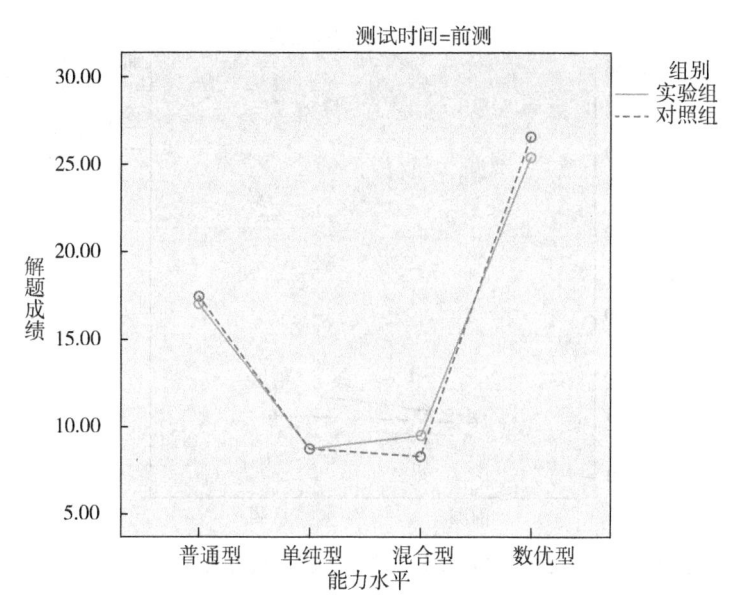

图 7-1 实验组和对照组四种能力水平的学生应用题解决的前测水平

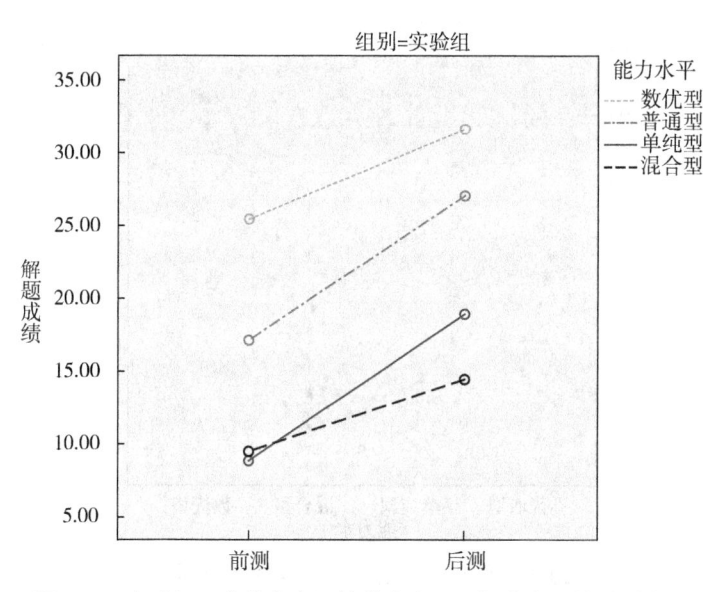

图 7-2 实验组四种能力水平的学生应用题解决水平前后测差异

数学学习困难儿童数学问题解决的机制与干预

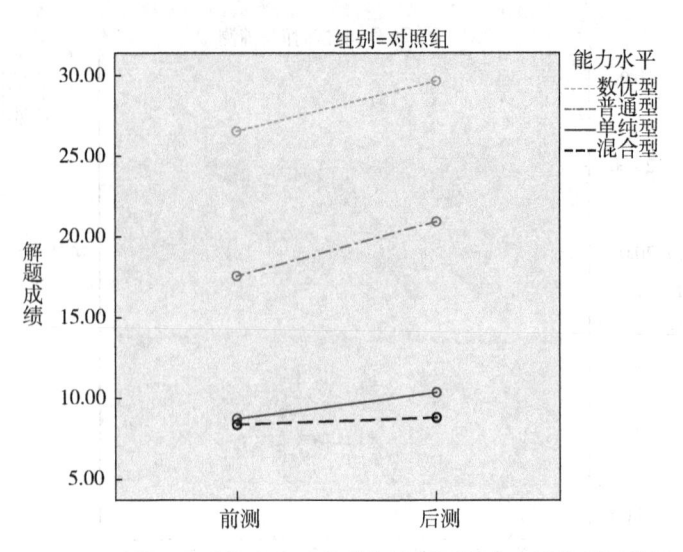

图 7-3 对照组四种能力水平的学生应用题解决水平前后测差异

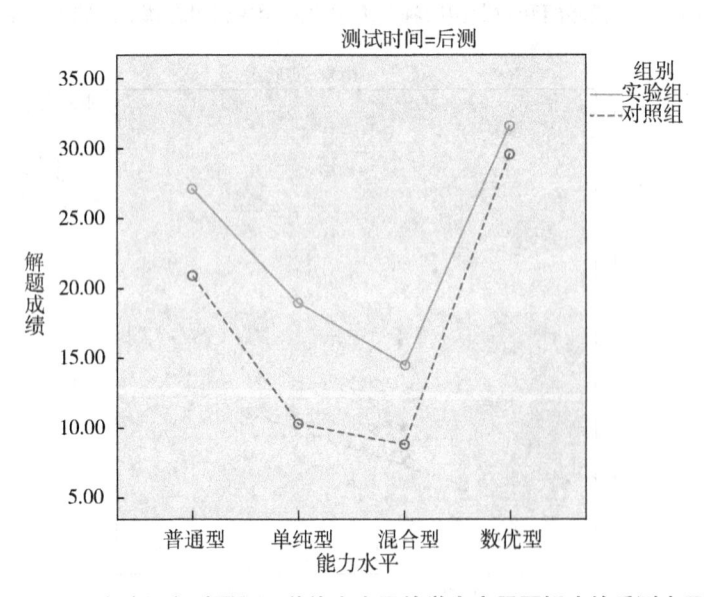

图 7-4 实验组和对照组四种能力水平的学生应用题解决的后测水平

第三节 认知策略教学在数学问题解决教学中的应用反思

一、认知策略教学在提高数学学习困难学生应用题解决能力上具有巨大潜力

本研究将蒙塔古等研究者的研究置于国内这一特定文化情境下，用以验证认知策略教学在国内的情境中是否对学生的应用题解决产生积极影响。总体而言，干预后实验组学生的数学应用题解决的水平显著优于对照组。但是，数优型学生在数学应用题解决上的表现并未因为认知策略教学而呈现显著提升。也就是说，学业普通学生、单纯型数学学习困难学生，以及数学和阅读困难共存的混合型数学学习困难学生从认知策略教学中受益更多。

这里值得注意的是，数学学习困难学生对认知策略教学产生积极反应，而表现出对传统教学方式的不反应，进一步凸显了认知策略教学在提高数学学习困难学生应用题解决能力上的巨大潜能。值得关注的是，尽管普通学生和数学学习困难学生均受益于认知策略教学，但是数学学习困难学生受益更多。这

与前人的研究具有较强一致性。[1] 实验证据表明,认知策略教学是为数学学习困难学生量身定制的十分有效的干预方法。这一证据同时也证明了数学学习困难学生群体的共同特征。但是,对于有数学学习困难和阅读困难的混合型学生,除了认知策略教学,还需要其他的补充干预,以更好地满足其特殊的学习需要。

二、认知策略教学适用于融合班级教学情境

当前研究也为我国融合教育实践提供了重要的视角。自20世纪80年代末,随班就读作为我国融合教育实践模式开始实施,有特殊需要的学生开始进入普通学校接受教育。[2] 但是,普通学校中缺乏特殊教育专业人员,也缺少能够满足学生独特的学习需求的循证实践项目,使得有特殊需要的学生以及学习

---

[1] FUCHS L S, FUCHS D, PRENTICE K. Responsiveness to Mathematical Problem-Solving Instruction: Comparing Students at Risk of Mathematics Disability with and Without Risk of Reading Disability [J]. Journal of Learning Disabilities, 2004, 37: 293-306; GEARY D C, HAMSON C O, HOARD M K. Numerical and Arithmetical Cognition: A Longitudinal Study of Process and Concept Deficits in Children with Learning Disability [J]. Journal of Experimental Child Psychology, 2000, 77: 236-263; SIEGEL L S, RYAN E B. The Development of Working Memory in Normally Achieving and Subtypes of Learning Disabled Children [J]. Child Development,1989, 60: 973-980; ZHENG X H, FLYNN L J, SWANSON H L. Experimental Intervention Studies on Word Problem Solving and Math Disabilities: A Selective Analysis of the Literature [J]. Learning Disability Quarterly, 2013, 36: 97-111.

[2] WANG Y, MU G M. Revisiting the Trajectories of Special Teacher Education in China through Policy and Practice [J]. International Journal of Disability, Development and Education, 2014, 61: 346-361.

第七章 数学学习困难儿童数学问题解决的干预实践

困难学生难以在普通学校中接受合适、良好的教育。为了帮助这些学生在融合教育教室中取得成功，研究者坚持认为学校应该采用那些已经证实在普通教育情境中有效的项目和策略，[1]例如，在本研究中所使用的认知策略教学，从而帮助融合班级中的所有儿童适应班级环境。本研究的结果显示认知策略教学能够促进数学学习困难学生的应用题解决，对于混合型学习困难学生的应用题解决也有积极作用；至少在本研究中认知策略教学对其他能力水平的学生并未产生消极影响或阻碍作用。因此，认知策略教学可以被认为是能够应用于整个班级情境中的有效干预方法。国内的相关政策一直在极力推动特殊儿童随班就读，推进融合教育质量提升更是"十四五"期间高质量教育体系建设的重要内容（如《"十四五"特殊教育发展提升行动计划》）。在此情境下，适用于班级范围的干预，如本研究中所使用的认知策略教学，将会成为一种很好的教学模式，用以满足中国融合教育班级中各类学生的特殊需要。

三、总结与反思

尽管本研究取得了一定的成果，但是仍有一些局限值得关注。第一，被试数量少，且来自同一所学校，不利于结果在更多的情境中的推广性。第二，本研究中仅涉及四种类型的应用题，学生如何将其所学习的问题解决的策略知识迁移至新的类

---

[1] YELL M L, WALKER D W. The Legal Basis of Response to Intervention: Analysis and Implications [J]. Exceptionality, 2010, 18: 124–137.

型的应用题，尚不可知。第三，虽然在对照组的两位教师报告称未在教学中使用认知策略教学，但是研究助理仅观察了教师在实验干预中的部分课堂的表现，并不能确保两位老师在其后的课程中未将认知策略教学的要素融入教学。未来研究应进一步细化研究设计与实施过程。

教育研究终是为了能更好地为教学提供支持，服务于教学实践，终极目标是促进儿童的发展。数学学习困难儿童在数学问题解决的这一特定学业领域，不仅表现出领域特殊性的认知特点，还存在更深层次的一般认知过程的缺陷（如PASS认知缺陷）。关注领域特殊性能力的提升是本次干预实践探索的重点，那么，作为特定领域认知活动基本心理支撑的PASS认知能力，对其展开干预训练是否为"治本"之良策？PASS认知模型是从另一理论体系解读人类的认知加工过程，类似于工作记忆，PASS认知能力也是人类认知加工中最为基本的能力。模型提出者尝试在阅读领域的干预实践中构建PASS阅读促进方案❶（PASS Reading Enhancement Program，PREP）并将其应用于阅读障碍与阅读困难的改善和阅读能力的提升之中。在数学能力的干预领域，研究者逐渐关注工作记忆训练的迁移作用，并为工作记忆训练对数学问题解决能力的提升作用提供了证据支持。❷研究者也尝试使用课程中的数学学业内容设计了促进

---

❶ J.P. 达斯. 阅读障碍与阅读困难：给教师的解释［M］. 张厚粲，徐建平，孟祥芝，译. 北京：人民邮电出版社，2007：63.

❷ 张琳霓，蔡丹，任偲. 工作记忆训练及对数学能力的迁移作用［J］. 心理科学，2019, 42（5）：1120–1126.

计划能力的干预并验证了干预效果。[1]PASS 认知过程与数学问题解决的密切关系业已证实，那么，基于 PASS 认知模型的认知训练是否也可迁移至数学问题解决领域？这一假设具有学理基础，值得实证探索与检验。基于此，我们尝试构建认知策略教学和基于 PASS 模型的综合干预模式（见图 7-5），今后如果可以获得客观的证据支持，这对改善数学学习困难学生的认知加工效率，从而促进学业表现将具有重要作用。

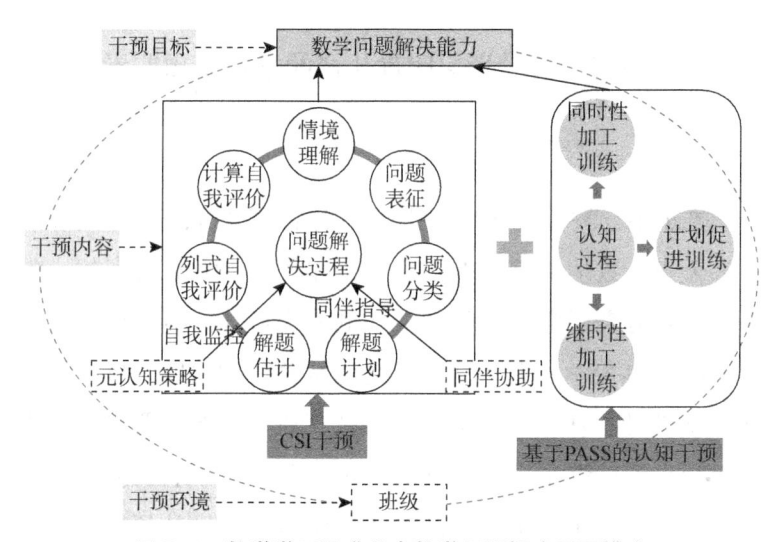

图 7-5 数学学习困难儿童数学问题解决干预模式

---

[1] NAGLIERI J A, GOTTLING S H. A Study of Planning and Mathematics Instruction for Students with Learning Disabilities [J]. Psychological Reports, 1995, 76: 1343–1354; NAGLIERI J A, GOTTLING S H. Mathematics Instruction and PASS Cognitive Processes: An Intervention Study [J]. Journal of Learning Disabilities, 1997, 30: 513–520; ISEMAN J S, NAGLIERI J A. A Cognitive Strategy Instruction to Improve Math Calculation for Children with ADHD and LD: A Randomized Controlled Study [J]. Journal of Learning Disabilities, 2011, 44（2）: 184–195.

第八章　数学学习困难儿童的学业干预反思与展望

第一节　数学学习困难儿童的学业干预要素

推进融合教育质量提升是当前我国高质量教育体系建设的一大重点。数学学习困难是迄今特殊教育中人数最多的一类障碍，也是普通教育中亟须关注的一类群体。鉴别出这类学生并提高其数学学业水平不仅是亟待关注的研究领域，更是普通学校的责任，也是推进融合教育质量提升的要求。本书以数学学习困难儿童数学问题解决领域的认知特征为切入点，对其数学问题解决的动态过程进行细致描绘，从领域特殊性和一般性能力视角出发对探索数学问题解决过程中领域特殊性能力和基于PASS模型的一般认知能力的影响作用，并从我国国情出发，尝试建立基于认知策略教学模型的班级干预模式，将数学问题解决过程中的认知与元认知能力整合起来，结合同伴协助学习策略，对数学学习困难儿童展开干预研究。本章对全书的理论观点和实践探索进行全面系统的总结归纳、反思提炼，从数学学习困难儿童数学问题解决能力的干预视角阐述基本的干预思路。

一、干预对象：关注数学学习困难儿童的类型及个体的异质性特点

研究者普遍依据学业困难的领域将数学学习困难划分为单纯型数学学习困难和数学困难/阅读困难共存的混合型数学学习困难。本研究发现不同类型数学学习困难儿童在数学问题解决过程中表现出不同的认知特点和加工机制。因此，在对数学学习困难儿童数学问题解决的干预中必须关注儿童的类型。例如，在数学问题解决的模式上，混合型数学学习困难儿童在初始的"信息感知"阶段即已表现出诸如词语知识缺乏、数学基本事实知识的显著缺失，而单纯型数学学习困难儿童在此阶段的表现并不明显，那么针对混合型数学学习困难的干预必须先解决最基本的"读题"困难，而单纯型数学学习困难的干预则不必过多地考虑在题目表层理解上的问题。再如，对两类数学学习困难 PASS 认知机制的研究中发现，较低层级的注意系统对混合型数学学习困难的影响作用十分显著，在单纯型数学学习困难群体中，这一特征并不明显；继时性加工可能是区分两类数学学习困难的指标；而且混合型数学学习困难儿童表现出 PASS 认知特征年级间缺陷水平的一致性。故而，对于混合型数学学习困难儿童的数学问题解决干预训练除同时性加工的训练之外，还应考虑注意基础层级的认知过程的训练，而单纯

型数学学习困难儿童的干预训练则可以同时性加工干预训练为重点。

　　数学学习困难群体内部较高的异质性不仅体现在类型间的差异，还表现出个体间的独特性。例如，在对数学学习困难亚型的探索中发现，即使是同一亚型的数学学习困难也可能表现出不同的认知缺陷特征，因此在开展干预前应充分评估数学学习困难在数学问题解决过程中的个别化需求。因此，在对数学学习困难个体进行教育干预时须综合考虑亚型特征及个体的独特性。可以根据数学学习困难个体在数学问题解决的认知和元认知能力系列测试中的表现对其领域特殊性能力进行系统评估，并基于PASS模型的一般认知能力测量测查个体在一般能力上的缺陷，进而找寻适合个体特征的循证干预策略并进行个别化调整和实施干预，促进干预的有效性。

二、干预内容：关注领域特殊性能力和一般认知缺陷

　　干预到底要"干预什么"正如教学中要"教什么"，干预内容的选择是干预实施的前提。本书通过对数学学习困难儿童数学问题解决过程特点及认知机制的研究，为干预内容的确定和任务选择提供依据。本书研究验证了以情境理解、问题表征、问题分类、解题计划为核心的数学问题解决过程中的认知能力与自我评价为核心的元认知能力与应用题解题成绩密切相关。研究结果进一步指出，情境理解能力对解题成绩具有最

强的预测作用；但是问题表征能力与解题成绩间并无直接作用关系，而是通过解题计划、问题分类、自我评价等能力产生影响；而且自我评价能力对解题成绩的影响较为特别，展现出较强的预测作用。然而，数学学习困难儿童表现出认知和元认知能力的普遍落后，且随着年级增高，混合型数学学习困难儿童的基本能力显著落后于单纯型数学学习困难儿童；同时，应用题难度水平也对两种亚型的数学学习困难儿童的基本能力表现产生影响。这些结果展现了数学学习困难儿童在数学问题解决过程中领域特殊性能力的明显落后，成为阻碍其数学问题成功解决的重要因素；同时，年级、数学学习困难的类型以及应用题本身的因素也成为干预时需要关注的要素。

不同认知加工的缺陷可能决定了不同的学业失败。PASS模型是一种系统、全面的认知过程模型，这一模型为探索数学学习困难儿童数学问题解决的认知机制提供了有力支撑。为进一步深挖数学学习困难的一般认知缺陷，本书基于PASS模型发现：同时性加工能力低下是数学学习困难儿童的共同特征；继时性加工可能是区分单纯型和混合型数学学习困难的重要预测指标；低计划水平和低注意水平是数学学习困难的重要影响因素，但是仅混合型数学学习困难表现出维持性注意的缺陷。因此，就干预而言，如前文所述，对单纯型数学学习困难儿童的干预可以集中于同时性加工方面，而混合型数学学习困难儿童的干预还须关注注意、继时性加工等认知成分。这也是当前以神经心理加工过程的干预为主的一种干预取向。

综上，教育干预要关注特定学业领域中的领域特殊性和领域一般性认知能力，这也正是干预内容选择的重要依据。那么，如果干预中整合特定学业领域中的领域特殊性和一般性认知能力的干预，是否能带来事半功倍之效？受限于时间及实验条件，这也是本书局限之所在，未来研究可采用单一被试实验设计或随机群组实验设计，探索这一干预模式的可行性和有效性。

三、干预时机：关注数学学习困难儿童的发展趋势和年级特点

何时开始干预？干预方案制订中的另一个重要之处是干预的时机。本书中关于数学学习困难儿童数学问题解决认知特征的年级差异为此提供了线索。例如，在问题表征方式的使用上，单纯型数学学习困难儿童随年级增长呈现出前表征、复述表征等低层级表征方式的使用减少，在高层级表征的运用上呈现持续困难；而混合型数学学习困难儿童的问题表征方式并未随年级增长而发展，呈现出持续的迟滞，前表征、直译表征是其主要的表征方式。再如，在影响数学问题解决的认知和元认知能力中，相较其他基本能力，解题计划对三年级儿童解题成绩的影响较强；而自我评价对四、五年级儿童解题成绩的影响更强。在PASS认知成分上，继时性加工和计划对三年级学生数学应用题解题计划水平及解题成绩的影响作用更显著，对四、五年级学生而言，同时性加工的作用更凸显。基于此，在制订数学学习困难的干预方案时，须尤为关注不同能力的干预时机。对于自我评价能力的干预，在较高年级展开既符合儿童

元认知发展的一般特征也与特定学业领域特殊性能力发展趋势相一致。继时性加工、计划的干预应从更低年级开始。这是因为继时性加工作为低层级的同时性加工，其发展水平也影响或展现个体未来编码加工能力的发展，并且，同时性加工对于中高年级学生的数学能力发展影响甚深，故而把握干预时机、及早干预，预防学生出现更严重的困难，这也是特殊教育中所倡导的早发现、早预防、早干预原则的体现。

第二节　数学学习困难儿童的学业干预模型展望

虽然数学学习困难儿童已经得到教育学界和心理学界越来越多的关注，但是相比较数学学习困难儿童的特征研究，干预研究发展较晚。相较于阅读困难而言，对数学学习困难儿童的干预仍然被放置在学习困难儿童干预研究领域的最后。盖斯滕等在 2007 年对 ERIC 中的文献进行梳理，发现 1996—2005 年阅读困难与数学困难干预研究的比例为 5∶1，而这一比例在 20 年前为 16∶1。[1] 尽管如此，近年来对数学学习困难儿童的数学学业干预设计及应用正逐渐重视与发展。已有干预研究涉

---

[1] GERSTEN R, CLARKE B, MAZZOCCO MM M. Historical and Contemporary Perspectives on Mathematical Learning Disabilities [M]//BERCH D B, MAZZOCCO M M M. Why Is Math So Hard for Some Children? The Nature and Origins of Mathematical Learning Difficulties and Disabilities. Baltimore, MD: Paul H. Brooks Publishing Company, 2007:7-27.

及不同的理论基础,如神经科学(neurological)、发展心理学(developmental psychological)、教学(instructional)干预、经验实用(empirical-pragmatically)为基础的干预;[1]也包含不同的数学能力领域,如数学准备技能(如数数知识、数感),基本算术能力(如加减乘除运算)和问题解决(如在新情境中应用数学知识的能力);[2]开发了不同类别的教学程序,如直接教学、策略教学、自我指导、辅助行为等。[3]然而无论何种干预策略,必须获得充分的实验证据支持,进而将研究结果转化为有效实践的核心力量,为教师在教育实践中实现最佳实践要求提供支持。也正基于此,本研究探索了在数学问题解决领域,某一具体干预策略(认知策略教学)在本土化融合班级教学中的适用性。但是,这仅是开端。

数学学习困难儿童通常在普通学校就读,提高其数学学业水平不仅是亟待关注的研究领域,更是普通学校及整个教育系统的责任。数学学习困难也是大多数随班就读学生所面临的主要学业问题。从系统观的视角看,学生个体的改变需要以生态系统的改变为条件。回归我国特殊教育发展生态,发展"公平而有质量"的教育、建设高质量教育体系是新时代我国教育改

---

[1] CHODURA S, KUHN J, HOLLING H. Interventions for Children with Mathematical Difficulties: A Meta-Analysis [J]. Zeitschrift für Psychologie, 2015, 223(2): 129-144.

[2] KROESBERGEN E H, VAN LUIT J E. Mathematics Interventions for Children with Special Educational Needs: A Meta-Analysis [J]. Remedial and Special Education, 2003, 24: 97-114.

[3] GOLDMAN S R. Strategy Instruction in Mathematics [J]. Learning Disability Quarterly, 1989, 12: 43-55.

第八章 数学学习困难儿童的学业干预反思与展望

革发展的政策导向和重点要求。在高质量发展视域下,全面推进融合教育成为新时代特殊教育发展的总目标,追求质量提升与公平成为事业发展的主旋律。普通学校作为融合教育实施主体,如何为包括数学学习困难儿童在内的特殊学生提供更适合、更有效的教学和干预,进行系统化的教育改革成为必然,这也成为我们进一步思考数学学习困难儿童学业干预模型的出发点。

一、系统架构:基于国际经验的多层级支持系统

近年来,源自美国的干预反应(RTI)或多层级支持系统(Multitiered Systems of Support, MTSS)❶通过连续评估学生学业表现指导教学的系统化,❷以多级干预逻辑架构为支撑,融风险预防、循证实践、系统改变三大理念为一体,最初主要用于学习困难学生预防与鉴别,发展至今,其改革理念成为影响世界各国教育系统及特殊教育领域改革的重要框架,也成为将特殊教育模糊化并与普通教育充分融合的一种融合教育模式。❸

多层级支持系统是以证据为基础的、系统性的连续实践体系。该支持体系通过频繁的数据监控进行教学决策,以为学生

---

❶ 因目前越来越多地使用多层级支持系统这一术语,因此本章统一使用该术语。
❷ National Center on Response to Intervention. Essential Components of RTI-A Closer Look at Response to Intervention [R]. Washington, DC: United States Department of Education, Office of Special Education Programs, National Center on Response to Intervention, 2010.
❸ FUCHS D, FUCHS L S, STECKER P M. The "Blurring" of Special Education in a New Continuum of General Education Placements and Services [J]. Exceptional Children, 2010, 76(3): 301-323.

的学业和行为需求提供快速反应，帮助每个学生达成最高标准。多层级支持系统常以三层级的支持体系为主，在这个多层级的系统中，学生得到越来越密集的服务和支持，直到确定最终的干预措施（层级），引起学生积极的反应。我们也常用一个金字塔形的图示来说明它的特征，即学生要取得成功所需的支持强度存在个体差异，且越来越密集的支持所服务的学生人数也随之减少（见图 8-1）。

图 8-1 多层级支持系统

在这一体系中，普通教育核心课程与教学是基础，通过提供有效的教学和支持帮助预防学生出现学业问题；进步监控贯穿整个系统，应用于每个层级，用以监控学生是否达成每一层级的教学或干预目标。如果学生进步不充分,将会调整教育内容和策略并提供学生所需的密集干预。具体而言,第一层级是面向所有学生的核心教学项目,在课堂上实施的筛查测验(如正式评估)找到存在阅读、数学或其他学习困难的高危学生。其后通过简短的后续测验(如数学测验)发现可能存在数学困难的学生需要额外的数学应用题教学。第二层级普通班级的老师可能提供正确反馈和补救教学。在一些实践中,在数学教学上有经验的其他老师对这些具有相同困难的学生展开教学,也可以实施一些循证的数学干预项目(如图式教学)。如果这些针对性的干预仍然无效,那么学生将进入实施个别化、密集干预的第三层级。在第三层级中的密集干预时长更长、针对性更强、频率更高。如果学生的困难仍然持续存在,那么多学科评估小组将展开综合评价,以确定学生的特殊教育资格和所需的相关服务。

多层级支持系统不仅是一种数学学习困难儿童教育干预体系,更是一种融合教育模式和愿景。这一模式为学校解决普通教育与特殊教育功能分离的状况、有效地和科学地配置教育资源提供了可能的途径。在学校层面,可考虑开发适合自身条件的校本模型,因地制宜构建和实施三级干预体系,既依据学生不同教育需要给予差异化教学,提供多层级支持,实现个体最佳发展的理想目标。但是,多层级支持系统的构架不仅仅是学校实践体系的变革,也是整个教育系统改革的趋势,因此,促进我国教育政策理念架构的转变,引导特殊教育和普通教育政策体系的变革至关重要。

二、策略发展：基于研究的"本土化"干预策略

系统架构是宏观的框架，而针对系统中每个层级的学生到底如何实施教学或干预，则是干预模型的基本要素。近年来，也有为数不多的元分析研究回顾了数学学习困难儿童数学学业发展的有效策略。例如，李·斯旺森（Lee Swanson）等探讨了学习困难青少年在学业、社会技能、认知功能领域的一系列干预的有效性。[1] 通过元分析显示认知策略和直接教学模型在包括数学在内的学业领域有积极的影响。斯科特·贝克（Scott Bake）等回顾了 1971—1999 年的 15 项低学业成就/高危儿童的数学教学的实验研究，[2] 结果发现四种有效的干预策略对促进数学学习困难儿童的数学成绩具有积极作用：（1）给教师和学生提供有关学生表现的数据；（2）同伴指导或教学；（3）为家长提供有关儿童数学学业成功表现的清晰、特定的反馈；（4）使用直接教学的原则教授数学概念和程序。克罗斯伯格等对小学有特殊需要的高危儿童、学习困难学生、低成就学生的数学干预研究进行了元分析。[3] 他们探讨的干预领域涉及数学

---

[1] SWANSON H L, HOSKYN M. Experimental Intervention Research on Students with Learning Disabilities: A Meta-Analysis of Treatment Outcomes [J]. Review of Educational Research, 1998, 68:277–321.

[2] BAKER S, GERSTEN R, LEE D-S. A Synthesis of Empirical Research on Teaching Mathematics to Low-Achieving Students [J]. The Elementary School Journal, 2002, 103（1）:51–73.

[3] KROESBERGEN E H, VAN LUIT J E H. Mathematics Interventions for Children with Special Educational Needs: A Meta-Analysis [J]. Remedial and Special Education, 2003, 24: 97–114.

准备技能、基础技能和问题解决三个领域。研究结果发现,在基础技能领域的干预最有效;直接教学、自我指导比中介教学更为有效。其后盖斯滕等回顾了 1971—2007 年的 42 篇随机控制实验设计(Randomized Control Trials, RCTs)和高质量的准实验设计(Quasi-experimental Designs)研究,结果发现 K-12 年级数学学习困难儿童或高危儿童数学教学中的七种有效教学实践:直接教学($ES = 1.22$)、多种教学例子($ES = 0.82$)、解决问题时口头表达出所做的决定和解决方法($ES = 1.04$)、视觉表征($ES = 0.47$)、多种/启发式策略($ES = 1.56$)、给教师提供持续的形成性评估数据和反馈($ES = 0.23$)、为学生提供同伴协助教学($ES = 1.02$)。❶

教学/干预什么(教学内容或干预领域)、如何实施(干预策略)、谁来实施(干预人员)是策略发展要关注的三个核心问题,这也是数学学习困难干预领域当下及未来研究的重点。国外研究者在干预反应框架下探索了各个层级支持系统中有效的教学和干预策略,形成了一些可资借鉴的成果,这也成为未来我们开发本土化干预策略的重要基础。

(一)有效的普通教育核心课程与教学

第一层级的有效教学应基于研究或循证的核心课程为所有学生提供最低水平的密集型教学,由普通班级教师实施,教学

---

❶ GERSTEN R, CHARD D J, JAYANTHI M, et al. Mathematics Instruction for Students with Learning Disabilities: A Meta-Analysis of Instructional Components [J]. Review of Educational Research, 2009, 79(3):1202-1242.

中遵循基于研究的教学设计原则（如直接教学、支架教学等），其目标是使所有学生能够从这些核心课程中受益。检验课程有效的标准为在第一层级中所使用的核心课程应满足所有学生中 80% 的需要。研究者探索了各种适用于班级教学的有效教学计划，如合作学习（cooperative learning）、直接教学（direct instruction）、同伴指导（peer tutoring，包括班级范围内的同伴指导和同伴协助学习策略）、自我调节策略教学（self-regulated strategy instruction）、学科内容促进教学（content enhancement instruction）、记忆术教学法（mnemonics instruction）等。而且，研究者分析了应用于第一层级的有效的数学核心课程应具有的特征。例如，布莱恩特等提出第一层级的教学应该具有如下的特征：（1）明确的目标；（2）教授额外的技能或概念；（3）使用教具和表征；（4）有效的教学形式的应用（直接教学、发现教学等）；（5）教师提供示例；（6）充足的练习机会；（7）复习数学准备技能；（8）错误更正和提供正确反馈；（9）教授数学词汇；（10）教授认知策略；（11）过程监控。[1]道阿伯勒（Doabler）等对当前已商业化的用于第一层级干预的数学项目教材进行了评估，并基于以往研究中所发现的数学学习困难儿童有效数学干预的研究结果，筛选出 8 条有效的教学原则作为审查数学教学有效性的标准：（1）提前教授准备技能；（2）教授数学词汇；（3）直接教学；（4）教学范例的选择；（5）用于

---

[1] BRYANT B R, BRYANT D P, KETHLEY C, et al. Preventing Mathematics Difficulties in the Primary Grades: The Critical Features of Instruction in Textbooks as Part of the Equation [J]. Learning Disability Quarterly, 2008, 31: 21-35.

建立概念理解的数学模型;(6)多样化的练习和复习的机会;(7)教师提供的学业反馈;(8)形成良性的反馈循环。❶

（二）基于研究的密集型小组干预

在第二层级中，针对数学学习困难高危儿童实施强度更大的经研究证实的小组干预。需注意的是第二层级的干预需要具有时间敏感性，即在特定的周数、每周特定的频次、每节课特定的时长内实施，持续时间应相对短暂，这是避免一些长时间干预后教育决策中的困难以及避免"等待失败"情况的再次出现。例如学生接受了对时间敏感且较长时间的干预（如连续25周共80节课），学生的反应达到要求的水平，那么这种反应是否说明学生已经准备好回到第一层级并能取得成功，或需要接受特殊教育？因此，美国国家干预反应中心建议实施小组干预时，每次干预的时长为20—40分钟，每周2—4次，持续10—15周。小组干预应为成人指导，并且严格按照循证干预方法进行实施。近期的研究也发现提高小组指导干预效果、促进学生进步的一些要素，包括在小组指导中融入直接教学，帮助学生掌握充分的概念基础和有效的程序性策略，嵌入常规性、策略性的大量练习等。而且，研究者证明第一层级与第二层级干预紧密衔接的重要性（教学内容、教学理论与方法等应保持一

---

❶ DOABLER C T, FIEN H, NELSON-WALKER N J, et al. Evaluating Three Elementary Mathematics Programs for Presence of Eight Research-Based Instructional Design Principles [J]. Learning Disability Quarterly, 2012, 35: 200-211.

致),这能够有效减少高危儿童与普通同伴间的差距。❶

(三)基于研究的密集型个别化干预

在三层级的干预反应模型中,第三层级的干预为最严格、最密集的干预。基于进步监控的数据,只有小部分儿童有资格进入第三层级的干预,这些儿童对第一层级和第二层级的干预均无"反应"。这些儿童继续接受基于研究的或者循证的干预,但是相较于第二层级的干预,第三层级的干预频率更高、小组人数更少、干预周期更长。持续进行进步监控,并根据学生进步情况调整干预设计。第三层级的干预可以是在第二层级干预的基础上进一步加强,也可以是基于数据的个别化干预(Data-based Individualization, DBI),❷也可等同于特殊教育。❸学者们针对学习困难儿童的数学学业干预开展了大量研究,也发现了一些有效的干预方法,如直接指导学习策略教学(learning strategies,如学习问题解决的一般策略、方法与规则)、直接教学(explicit instruction)、策略教学(strategic instruction,如认知策略教学与图式教学)、记忆术(mnemonics)等。研究中也反对对数学学习困难或需要第三层级干预的学生进行完全融

---

❶ FUCHS L S, FUCHS D, COMPTON D L. The Early Prevention of Mathematics Difficulty: Its Power and Limitations [J]. Journal of Learning Disabilities, 2012, 45 (3): 257-269.

❷ FUCHS D, FUCHS L S, VAUGHN S. What Is Intensive Instruction and Why Is It Important? [J]. Teaching Exceptional Children, 2014, 46:13-18.

❸ FUCHS D, FUCHS L S, STECKER P M. The "Blurring" of Special Education in a New Continuum of General Education Placements and Services [J]. Exceptional Children, 2010, 76:301-322.

合，更强调专业化的干预。[1]

但是，至今针对各个层级的数学教学或干预项目发展仍不充分，实践中至少存在三个重要问题。[2] 第一，干预项目覆盖领域有限。比如，目前针对第二层级的小组干预项目大多只关注6—12岁学生的数字、计算、应用题或分数领域，满足所有年级、关注所有课程目标的有效的第二层级数学干预十分有限。第二，已有研究中所使用的规定的方法对学校实施干预措施的监控不足，实施忠诚度欠缺成为研究成果向实践领域转化中的巨大挑战。第三，学校自身的日程安排使得融入补充式的干预变得更加复杂和困难。

反观国内，长期以来我国教育领域的研究和教学存在经验描述为主，缺乏实证和科学意识和精神的引领。重视循证实践，从经验取向向科学实证的转变已是必然。当前国内数学学习困难的干预实践刚刚起步，本土化干预策略的发展任重而道远。将数学学习困难的干预融入我国特殊教育进而整合到整个教育系统之中还有很长的路要走。

三、多学科支持：基于多元理论的干预视角

从多层级支持系统的架构到其各层级干预策略的发展，展

---

[1] FUCHS L S, FUCHS D, COMPTON D L, et al. Inclusion Versus Specialized Intervention for Very-Low-Performing Students: What Does access Mean in an Era of Academic Challenge? [J]. Exceptional Children, 2015, 81:134-157.

[2] 朱楠，王艳. 从"等待失败"到"干预反应"：数学学习障碍评估干预体系新范式[J]. 中国特殊教育, 2019（9）:57-63.

现了基于教育体系系统变革的数学学习困难儿童预防、评估与干预的体系架构。当回归数学学习困难本身,来自不同理论视角的研究成果为理解数学学习困难提供多元支持。综观已有数学学习困难的干预研究,研究者也因此展现了不同的干预视角,涉及不同的理论基础,诸如神经科学(neurological)、发展心理学(developmental psychological)、教学(instructional)理论为基础的干预、经验实用(empirical-pragmatically)为基础的干预等。❶ 例如,在神经科学取向,应用于数学学习困难干预中的主要以神经心理加工过程的干预为主。早期的研究者基于鲁利亚神经机能定位理论发展出了PASS模型,并且开发了应用于学业干预领域的补救措施(如Process-based Reading Enhancement Program, PREP;计划与数学学业结合的干预策略),验证了对儿童的编码能力、计划能力等系统的干预能够有效促进其数学学业学习,且其效果能够迁移至标准化的数学成就测验,同时具有持续性作用。❷ 坦贾·卡泽尔(Tanja Käser)等基于神经科学的相关理论,开发了一套智力辅导系统"Calcularis",使用动态的贝叶斯网络,模拟数学发展的认知过程,使用计算机辅助训练系统促进发展性计算障碍或数学学习

---

❶ CHODURA S, KUHN J, HOLLING H. Interventions for Children with Mathematical Difficulties: A Meta-Analysis [J]. Zeitschrift für Psychologie, 2015, 223(2), 129-144.

❷ NAGLIERI J A, JOHNSON D J. Effectiveness of a Cognitive Strategy Intervention in Improve Arithmetic Computation Based on the PASS Theory [J]. Journal of Learning Disabilities, 2000, 33: 591-597; ISEMAN J S, NAGLIERI J A. A Cognitive Strategy Instruction to Improve Math Calculation for Children with ADHD and LD: A Randomized Controlled Study [J]. Journal of Learning Disabilities, 2011, 44(2): 184-195.

第八章　数学学习困难儿童的学业干预反思与展望

困难儿童的数字认知。[1] 工作记忆作为一种重要的神经心理加工过程也备受关注，有研究者认为工作记忆缺陷可能是数学学习困难的可能原因，增强工作记忆可能是改善数学学习困难的途径之一（如数字工作记忆任务训练等）。[2] 在教学理论取向，克罗斯伯格等基于建构主义教学理论，探讨了建构主义数学干预和直接教学对小学智障儿童乘法学习的作用，结果发现，直接教学使学生进步更大，基于建构主义的指导教学对儿童的乘法学习也具有显著效果。[3] 马修斯·伯恩斯（Matthew K. Burns）等使用基于计算机技术的数学流畅性干预，在 RTI 框架下帮助三、四年级的数学学习困难高危学生（第二层级）练习数学计算，展现了计算机辅助技术的有效价值，也证明了该干预措施作为一种数学补充性干预的有效性。[4]

在已有研究中并未展现基于不同理论的干预策略效果间的

---

[1] KÄSER T, BUSETTO A G, SOLENTHALER B, et al. Modelling and Optimizing Mathematics Learning in Children [J]. International Journal of Artificial Intelligence in Education, 2013, 23: 115–135.

[2] BADDELEY A. Working Memory: Looking Back and Looking Forward [J]. Nature Reviews Neuroscience, 2003, 4 (10): 829–839; KROESBERGEN E H, VAN'T NOORDENDE J E, KOLKMAN M E. Training Working Memory in Kindergarten Children: Effects on Working Memory and Early Numeracy [J]. Child Neuropsychology, 2014, 20: 23–37.

[3] KROESBERGEN E H, VAN LUIT J E H. Constructivist Mathematics Education for Students with Mild Mental Retardation [J]. European Journal of Special Needs Education, 2005, 20 (1): 107–116.

[4] BURNS M K, KANIVE R, DEGRANDE M. Effect of a Computer-Delivered Math Fact Intervention as a Supplemental Intervention for Math in Third and Fourth Grades [J]. Remedial and Special Education, 2010, 33:184–191.

显著差异，[1]因此，当我们聚焦数学学习困难的干预，充分借鉴源于不同理论基础的研究成果，兼容并蓄、多元融合可能是未来干预研究的突破点。诚如本书系列研究的基本逻辑，工作记忆、基于PASS模型的等领域一般性认知能力缺陷可能是数学学习困难的原因，而基于数学学业本身的领域特殊性能力也至关重要。教育干预要关注特定学业领域中的领域一般性和领域特殊性认知能力，这正是干预内容选择的重要依据。我们可以基于PASS模型对儿童的计划、编码、注意力展开系列干预，或针对领域特殊性能力（数学问题解决中问题表征、估计、计划、自我评价等）展开认知策略教学。前者基于神经科学视角，后者则基于认知取向的教学理论。如果能够兼顾两种视角展开干预，可能会带来更高效的干预方案。但是，我们最终并非希望建构复杂的、烦琐的干预程序，而应是将最高效的干预方案作为研究的终极目标。换言之，数学学习困难群体中有80%的学生属于混合型，即兼具数学学习困难和阅读困难，如果能够采用学校教师易于操作的干预方法，且最短的时间就能解决学生的各类学习困难，这将是未来研究努力的方向之一。

随着融合教育成为近年来我国特殊教育政策的要点和热点，全面推进融合教育的政策要求引发了学者及实践领域对融合教育的热烈关注和强烈呼声。学习困难群体置身于普通学校之中，对其教育干预的关注是时候让我们再次思索"普通教

---

[1] CHODURA S, KUHN J, HOLLING H. Interventions for Children with Mathematical Difficulties: A Meta-Analysis [J]. Zeitschrift für Psychologie, 2015, 223（2）: 129–144.

育与特殊教育之间的关系"这一特殊教育发展之中最根本的问题。基于此,融合教育又应该如何从理念、理论、"理想蓝图"走向真正的学校教育实践之中?如果进行多层级支持系统的融合教育模式改革,那特殊教育教师的角色定位为何?特殊教育教师与普通教师如何进行有效合作?我们的课程、教材、教学法如何为这种多层级支持系统的实施提供支持?普通教育课程和各层级的专门课程如何协调?在普通师范院校中,谁来培养新一代的普通教师和特殊教育教师?特殊教育与普通教育的经费如何使用?管理体制机制又应进行何种变革?等等。这些问题都很重要。更为重要的是,特殊教育者更应将自己的历史使命植根于促进儿童的学习,扎根于实践教学中的教学干预方法研究之中;发展、验证更多有效的循证实践策略则是特殊教育研究者之重任。

参考文献

1. 中文文献

[1] 陈英和,赵笑梅.小学三~五年级儿童类比问题解决及策略运用发展[J].心理发展与教育,2007(2):18-22,62.

[2] 邓赐平,左志宏,李其维,等.数学学习困难儿童的编码加工特点:基于PASS理论的研究[J].心理科学,2007,30(4):830-833.

[3] 杜晓新,王小慧.《上海市区6至9岁儿童五项认知能力团体测验量表》编制报告[J].心理科学,2001,24(3):348-349.

[4] 郝嘉佳,齐琳,陈英和.小学六年级数学困难儿童的元认知特点及其在应用题解决中的表现[J].中国特殊教育,2011(2):52-57.

[5] J.P.戴斯,J.A.纳格利尔里,J.R.柯尔比.认知过程的评估:智力的PASS理论[M].杨艳云,谭和平,译.上海:华东师范大学出版社,1999.

[6] J.P.达斯.阅读障碍与阅读困难:给教师的解释[M].张厚粲,徐建平,孟祥芝,译.北京:人民邮电出版社,2007.

[7] 李清,王晓辰.小学数困生应用题列式成绩、表征水平与PASS各认知过程的关系[J].心理科学,2010,33(5):1234-1236.

[8] 路海东,董妍,王晓平.小学生数学应用题解决的认知机制研究[J].心理科学,2004(4):867-870.

[9] 宋广文,何文广,孔伟.问题表征、工作记忆对小学生数学问题解

决的影响[J].心理学报,2011,43(11):1283-1292.

[10] 王恩国,刘昌,赵国祥.数学学习困难儿童的加工速度与工作记忆[J].心理科学,2008,31(4)856-860,847.

[11] 王晓辰,李清.基于PASS模型的汉语阅读障碍认知加工特点的实验研究[J].心理科学,2013,36(3):653-658.

[12] 向友余,华国栋.小学数学学习障碍学生的数学语言转换研究[J].中国特殊教育,2008(8):60-66,80.

[13] 邢强,单永明.文本表述和结构对小学生数学应用题表征的影响[J].心理发展与教育,2013,29(3):292-298.

[14] 胥兴春.学习障碍儿童数学问题解决的表征研究[D].重庆:西南师范大学,2002.

[15] 姚飞,张大均.应用题结构分析训练对提高小学生解题能力的实验研究[J].心理学报,1999,31(1):53-59.

[16] 游旭群,张媛,刘登攀,等.小学生数学应用题解题水平影响因素的研究:视空间能力、认知方式及表征方式的影响[J].心理科学,2006,29(4):868-873.

[17] 喻平.数学问题解决认知模式及教学理论研究[D].南京:南京师范大学,2002.

[18] 张琳霓,蔡丹,任偲.工作记忆训练及对数学能力的迁移作用[J].心理科学,2019,42(5):1120-1126.

[19] 张庆林,管鹏.小学生表征应用题的元认知分析[J].心理发展与教育,1997,13(3):11-14.

[20] 赵微.学习困难儿童的发展与教育[M].北京:北京大学出版社,2011.

[21] 仲宁宁,陈英和,张晓龙.儿童数学应用题表征水平的特点研究[J].心理科学,2009,32(2):293-296.

[22] 周璇,蔡丹.不同类型数学任务的PASS认知加工发展特点[J].

心理科学, 2016, 39（6）:1391-1397.

[23] 朱楠，王艳. 从"等待失败"到"干预反应"：数学学习障碍评估干预体系新范式 [J]. 中国特殊教育, 2019（9）: 57-63.

[24] 左志宏. 小学生数学学习困难的认知加工机制：基于 PASS 理论的研究 [D]. 上海：华东师范大学, 2006.

2. 英文文献

[1] ANDERSSON U. Skill Development in Different Components of Arithmetic and Basic Cognitive Functions: Findings from a 3-Year Longitudinal Study of Children with Different Types of Learning Difficulties [J]. Journal of Educational Psychology, 2010, 102: 115-134.

[2] ARCHER A, HUGHES C. Explicit Instruction: Effective and Efficient Teaching [M]. New York, NY: Guilford Publications, 2011.

[3] BAKER S, GERSTEN R, LEE D. A Synthesis of Empirical Research on Teaching Mathematics to Low-Achieving Students [J]. The Elementary School Journal, 2002, 103（1）:51-73.

[4] BALU R, ZHU P, DOOLITTLE F, et al. Evaluation of Response to Intervention Practices for Elementary School Reading. Executive Summary (NCEE 2016-4000) [R]. Washington, DC: U.S. Department of Education, Institude of Education Sciences, National Center for Education Evaluation and Regional Assistance, 2015.

[5] BEST J R, MILLER P H, NAGLIERI J A. Relations Between Executive Function and Academic Achievement from Ages 5 to 17 in a Large, Representative National Sample [J]. Learning and Individual Differences, 2011, 21（4）: 327-336.

[6] CAI D, LI Q W, DENG C P. Cognitive Processing Characteristics of 6th To 8th Grade Chinese Students with Mathematics Learning Disability: Relationships among Working Memory, PASS Processes, and Processing Speed

[J]. Learning and Individual Differences, 2013, 27: 120-127.

[7] CHAN B M, HO C S. The Cognitive Profile of Chinese Children with Mathematics Difficulties [J]. Journal of Experimental Child Psychology, 2010, 107: 260-279.

[8] CIRINO P T, FUCHS L S, ELIAS J T, et al. Cognitive and Mathematical Profiles for Different Forms of Learning Difficulties [J]. Journal of Learning Disabilities, 2015, 48: 156-175.

[9] COMPTON D L, FUCHS L S, FUCHS D, et al. The Cognitive and Academic Profiles of Reading and Mathematics Learning Disabilities [J]. Journal of Learning Disabilities, 2012, 45（1）: 79-95.

[10] DANIELA L, PATRIZIO E T, MICHELA C. Cognitive and Metacognitive Abilities Involved in the Solution of Mathematical Word Problems: Validation of a Comprehensive Model [J]. Contemporary Educational Psychology, 1998, 23:257-275.

[11] DAS J P, KIRBY J R, JARMAN R F. Simultaneous and Successive Cognitive Processes [M]. New York: Academic Press, 1979.

[12] DAS J P, MISRA S B. Cognitive Planning and Executive Functions: Applications in Management and Education [M]. New Delhi: SAGE Publications India, 2014.

[13] DAS J P, NAGLIERI J A, KIRBY J R. Assessment of Cognitive Processes: The PASS Theory of Intelligence [M]. Boston, MA: Allyn & Bacon, 1994.

[14] DENG C, LIU M, WEI W, et al. Latent Factor Structure of the Das-Naglieri Cognitive Assessment System: A Confirmatory Factor Analysis in a Chinese Setting [J]. Research in Developmental Disabilities, 2011, 32: 1988-1997.

[15] BRYANT D P, BRYANT B R, HAMMILL D D. Characteristic Behaviors

of Students with LD Who Have Teacher-Identified Math Weaknesses [J]. Journal of Learning Disabilities, 2000, 33（2）: 168-177, 199.

[16] DOABLER C T, FIEN H, NELSON-WALKER N J, et al. Evaluating Three Elementary Mathematics Programs for Presence of Eight Research-Based Instructional Design Principles [J]. Learning Disability Quarterly, 2012, 35: 200-211.

[17] FUCHS D, FUCHS L S, STECKER P M. The "Blurring" of Special Education in a New Continuum of General Education Placements and Services [J]. Exceptional Children, 2010, 76:301-322.

[18] FUCHS L S, FUCHS D, COMPTON D L, et al. Inclusion versus Specialized Instruction for Very-Low-Performing Students: What Does Access Mean in an Era of Academic Challenge? [J]. Exceptional Children, 2015, 81:134-157.

[19] FUCHS L S, FUCHS D, PRENTICE K. Enhancing Mathematical Problem Solving among Third-Grade Students with Schema-Based Instruction [J]. Journal of Educational Psychology, 2004, 96: 635-647.

[20] FUCHS L S, FUCHS D, PRENTICE K. Responsiveness to Mathematical Problem-Solving Instruction, Comparing Students at Risk of Mathematics Disability with and Without Risk of Reading Disability [J]. Journal of Learning Disabilities, 2004, 37（4）: 293-306.

[21] FUCHS L S, SCHUMACHER R F, LONG J, et al. Effects of Intervention to Improve At-Risk Fourth Graders' Understanding, Calculations, and Word Problems with Fractions [J]. The Elementary School Journal, 2016, 116: 625-651.

[22] FUCHS L S, ZUMETA R O, SCHUMACHER R F, et al. The Effects of Schema-Broadening Instruction on Second Graders' Word-Problem Performance and Their Ability to Represent Word Problems with Algebraic

Equations: A Randomized Control Study [J]. Elementary School Journal, 2010, 110: 440-463.

[23] FUCHS L S, FUCHS D. Mathematical Problem-Solving Profiles of Students with Mathematics Disabilities with and Without Comorbid Reading Disabilities [J]. Journal of Learning Disabilities, 2002, 35 (6): 563-572.

[24] GEARY D C, HOARD M K, BYRD-CRAVEN J, et al. Cognitive Mechanisms Underlying Achievement Deficits in Children with Mathematical Learning Disability [J]. Child Development, 2007, 78 (4): 1343-1359.

[25] GERSTEN R, CHARD D J, JAYANTHI M, et al. Mathematics Instruction for Students with Learning Disabilities: A Meta-Analysis of Instructional Components [J]. Review of Educational Research, 2009, 79: 1202-1242.

[26] GICK M L, HOLYOAK K J. Schema Induction and Analogical Transfer [J]. Cognitive Psychology, 1983, 15: 1-38.

[27] GRIFFIN C C, JITENDRA A K. Word Problem-Solving Instruction in Inclusive Third-Grade Mathematics Classrooms [J]. The Journal of Educational Research, 2009, 102: 187-201.

[28] HANICH L B, JORDAN N C, KAPLAN D, et al. Performance across Different Areas of Mathematical Cognition in Children with Learning Difficulties [J]. Journal of Educational Psychology, 2001, 93: 615-626.

[29] HINTON V, FLORES M M, SHIPPEN M. Response to Intervention and Math Instruction [J]. International Journal of Education in Mathematics, Science and Technology, 2013, 1 (3): 190-201.

[30] HOLMES J, ADAMS J W. Working Memory and Children's Mathematical Skills: Implications for Mathematical Development and Mathematics Cur-

ricula [J]. Educational Psychology, 2006, 26: 339-366.

[31] HUTCHINSON N L. Effects of Cognitive Strategy Instruction on Algebra Problem Solving of Adolescents with Learning Disabilities [J]. Learning Disability Quarterly, 1993, 16: 34-63.

[32] IGLESIAS-SARMIENTO V, DEAÑO M. Cognitive Processing and Mathematical Achievement: A Study with Schoolchildren Between Fourth and Sixth Grade of Primary Education [J]. Journal of Learning Disabilities, 2011, 44: 570-583.

[33] JACOBSE A E, HARSKAMP E G. Towards Efficient Measurement of Metacognition in Mathematical Problem Solving [J]. Metacognition and Learning, 2012, 7:133-149.

[34] JAYANTHI M, GERSTEN R, BAKER S. Mathematics Instruction for Students with Learning Disabilities or Difficulty Learning Mathematics: A Guide for Teachers [R]. Portsmouth, NH: RMC Research Corporation, Center on Instruction, 2008.

[35] JITENDRA A K, NELSON G, PULLES S M, et al. Is Mathematical Representation of Problems an Evidence-Based Strategy for Students with Mathematics Difficulties?[J]. Exceptional Children, 2016, 83: 8-25.

[36] JITENDRA A K, PETERSEN-BROWN S, LEIN A E, et al. Teaching Mathematical Word Problem Solving: The Quality of Evidence for Strategy Instruction on Priming the Problem Structure [J]. Journal of Learning Disabilities, 2015, 48: 51-72.

[37] JITENDRA A K. Solving Math Word Problems: Teaching Students with Learning Disabilities Using Schema-Based Instruction [M]. Austin, TX: PRO-ED, 2007.

[38] JORDAN N C, HANICH L B, KAPLAN D. A Longitudinal Study of Mathematical Competencies in Children with Specific Mathematics Difficulties

Versus Children with Comorbid Mathematics and Reading Difficulties [J]. Child Development, 2003, 74: 834–850.

[39] KRAWEC J, HUANG J. Modifying A Research-Based Problem-Solving Intervention to Improve the Problem-Solving Performance of Fifth and Sixth Graders with and Without Learning Disabilities [J]. Journal of Learning Disabilities, 2016, 50 (4): 468–480.

[40] KROESBERGEN E H, VAN' T NOORDENDE J E, KOLKMAN M E. Training Working Memory in Kindergarten Children: Effects on Working Memory and Early Numeracy [J]. Child Neuropsychology, 2014, 20: 23–37.

[41] LEIN A E, JITENDA A K, HARWELL M R. Effectiveness of Mathematical Word Problem Solving Interventions for Students with Learning Disabilities and/or Mathematics Difficulties: A Meta-Analysis [J]. Journal of Educational Psychology, 2020, 112: 1388–1408.

[42] LUCANGELI D, TRESSOLDI P E, CENDRON M. Cognitive and Metacognitive Abilities Involved in the Solution of Mathematical Word Problems: Validation of a Comprehensive Model [J]. Contemporary Educational Psychology, 1998, 23: 257–275.

[43] MAYER R E, LARKIN J H, KADANE J B. A Cognitive Analysis of Mathematical Problem Solving Ability [J]. Advances in the Psychology of Human Intelligence, 1983, 9 (2): 231–237.

[44] MAZZOCCO M M M. Challenges in Identifying Target Skills for Math Disability Screening and Intervention [J]. Journal of Learning Disabilities, 2005, 38: 318–323.

[45] MONTAGUE M, APPLEGATE B, MARQUARD K. Cognitive Strategy Instruction and Mathematical Problem-Solving Performance of Students with Learning Disabilities [J]. Learning Disabilities Research & Prac-

tice, 1993, 8（4）: 223-232.

[46] MONTAGUE M, DIETZ S. Evaluating the Evidence Base for Cognitive Strategy Instruction and Mathematical Problem Solving [J]. Exceptional Children, 2009, 75: 285-302.

[47] MONTAGUE M, KRAWEC J, ENDERS C, et al. The Effects of Cognitive Strategy Instruction on Math Problem Solving of Middle-School Students of Varying Ability [J]. Journal of Educational Psychology, 2014, 106: 469-481.

[48] NAGLIERI J A, DAS J P. Planning-Attention-Simultaneous-Successive (PASS): A Model for Assessment [J]. Journal of School Psychology, 1988, 26: 35-48.

[49] NAGLIERI J A, GOTTLING S H. Mathematics Instruction and PASS Cognitive Processes: An Intervention Study [J]. Journal of Learning Disabilities, 1997, 30（5）: 513-520.

[50] NAGLIERI J A, ROJAHN J. Construct Validity of the PASS Theory and CAS: Correlations with Achievement [J]. Journal of Educational Psychology, 2004, 96:174-181.

[51] National Center on Response to Intervention. Essential Components of RTI-A Closer Look at Response to Intervention [R]. Washington, DC: United States Department of Education, Office of Special Education Programs, National Center on Response to Intervention, 2010.

[52] NISHANIMUT S P, PADAKANNAYA P. Cognitive Assessment System (Cas): A Review [J]. Psychological Studies, 2014, 59（4）:345-350.

[53] PASSOLUNGHI M C, LANFRANCHI S. Domain-Specific and Domain-General Precursors of Mathematical Achievement: A Longitudinal Study from Kindergarten to First Grade [J]. British Journal of Educational Psychology, 2012, 82: 42-63.

[54] PENG P, NAMKUNG J, BARNES M, et al. A Meta-Analysis of Mathematics and Working Memory: Moderating Effects of Working Memory Domain, Type of Mathematics Skill, and Sample Characteristics [J]. Journal of Educational Psychology, 2016, 108（4）: 455-473.

[55] POWELL S R, FUCHS L S, FUCHS D, et al. Do Word-Problem Features Differentially Affect Problem Difficulty as a Function of Students' Mathematics Difficulty with and Without Reading Difficulty? [J]. Journal of Learning Disabilities, 2009, 42（2）: 99-110.

[56] ROSENZWEIG C, KRAWEC J, MONTAGUE M. Metacognitive Strategy Use of Eighth-Grade Students with and Without Learning Disabilities during Mathematical Problem Solving: A Think-Aloud Analysis [J]. Journal of Learning Disabilities, 2011, 44（6）: 508-520.

[57] SILVANA M R, ROBERT A G. Unraveling the Complex Nature of Mathematics Learning Disability: Implications for Research and Practice [J]. Learning Disability Quarterly, 2013, 36（3）: 178-187.

[58] SWANSON H L, LUSSIER C, OROSCO M. Effects of Cognitive Strategy Interventions and Cognitive Moderators on Word Problem Solving in Children at Risk for Problem Solving Difficulties [J]. Learning Disabilities Research & Practice, 2013, 28: 170-183.

[59] SWANSON H L, OROSCO M J, LUSSIER C M. The Effects of Mathematics Strategy Instruction for Children with Serious Problem-Solving Difficulties [J]. Exceptional Children, 2014, 80（2）: 149-168.

[60] TOLAR T D, FUCHS L, CIRINO P T, et al. Predicting Development of Mathematical Word Problem Solving across the Intermediate Grades [J]. Journal of Educational Psychology, 2012, 104（4）: 1083-1093.

[61] VAN GARDEREN D. Teaching Students with LD to Use Diagrams to Solve Mathematical Word Problems [J]. Journal of Learning Disabili-

ties, 2007, 40: 540–553.

[62] VUKOVIC K R. Mathematics Difficulty with and Without Reading Difficulty: Findings and Implications from a Four-Year Longitudinal Study [J]. Exceptional Children,2012, 78（3）: 280–300.

[63] XIN Y P. The Effect of Schema-Based Instruction in Solving Mathematics Word Problems: An Emphasis on Prealgebraic Conceptualization of Multiplicative Relations [J]. Journal for Research in Mathematics Education, 2008, 39（5）:526–551.

[64] YELL M L, WALKER D W. The Legal Basis of Response to Intervention: Analysis and Implications [J]. Exceptionality, 2010, 18: 124–137.

[65] ZHANG D, XIN Y P. A Follow-Up Meta-Analysis for Word-Problem-Solving Interventions for Students with Mathematics Difficulties [J]. The Journal of Educational Research, 2012, 105: 303–318.

[66] ZHENG X H, FLYNN L J, SWANSON H L. Experimental Intervention Studies on Word Problem Solving and Math Disabilities: A Selective Analysis of the Literature [J]. Learning Disability Quarterly, 2013, 36: 97–111.

附 录

附录1 数学应用题解决能力测验 I（口语报告题）题目举例

三年级应用题解答能力测试（1）

姓名：_____ 班级：_____ 性别：_____

出生日期：_____年___月___日

今天我们尝试用一种新的方法解应用题。请你在解题的过程中，先把你的分析解答步骤说出来，然后再动手列算式，也可以边写算式边说。下面我们先来试验一道题，请你注意听老师说。

例题：学校买了4个足球，每个足球58元，买了同样个数的篮球，每个篮球28元。买足球的钱比买篮球多多少元？

关于这种方法还有什么问题吗？如果没有了，请用这种方法解答下面的题。老师要对你说的解题过程进行录像，好好表现！如果说得对、做得好，老师给你奖励！

1. 三年级同学收集了一批玩具,其中一部分平均分给3个幼儿园后,每个幼儿园分得48件,剩下的部分还有84件,三年级同学一共收集了多少件玩具?(易)

2. 三一班在一块正方形的黑板上出黑板报,除了上面一条边没有贴纸花边,其他三条边都贴了花边,一共用去了45分米长的纸花边,这块正方形黑板的面积是多少平方分米?(中)

3. 第一小学和第二小学共有学生880名,第一小学的人数是第二小学人数的3倍,第一小学和第二小学各有多少名学生?(难)

三年级应用题解答能力测试(2)

姓名:_____ 班级:_____ 性别:_____

出生日期:_____年____月____日

解答应用题

1. 花店有一些花,如果每束花12朵,扎成9束后,还剩7朵,花店共有多少朵花?

2. 李奶奶家有一块正方形的菜地,一侧靠着墙,把这块地围上篱笆,共用篱笆72米,这块菜地的面积是多少平方米?

3. 甲、乙共存邮票240枚,甲存的邮票是乙存的2倍,乙存邮票多少枚?

附录2 数学应用题口语报告个案举例：FR3-2

转译	阶段	时间	步骤数	错误数	错误类型
S开始时间：4:54 三年级同学收集了一些玩具…5:03-SS1 分…分…分发给3个幼儿园，每个幼儿园可以得到48件…5:17-SS2	信息感知	44	4	0	—
平均分给三个幼儿园后还剩下84件。…5:28-SS3 三年级同学一共收集多少件玩具…5:38-SS4 SS P 沉默…5:52- PS1 先算…先..先算48S1学一共收集-PS2	寻求解题方案	68	6	1.5	PE
再用得出来的数×用得…6:10-PS3 PS C 48'3来的数×…6:40- CS1 1441来的数×7人…7:04- CS2 CC P 432+84…7:20- PS4 是不是应该减这个84？7:27- PS5 应该加吧 7:40- PS6 PP C 432+84=516 8:04 CS3- CS	解题执行	80	3	0	—

315

附录3　数学应用题解决能力测验Ⅱ（认知和元认知部分）题目举例

1. 塔山小学三年级4个班参加植树活动，第一天植树18棵，第二天植树20棵，第三天植树22棵，平均每班植树多少棵？

（1）下面哪个选项对本题最重要？（　　）

A. 第一天植树18棵，第二天植树20棵，第三天植树22棵。

B. 有4个班参加植树活动，第一天植树18棵，第二天植树20棵，第三天植树22棵。

C. 有3个班参加植树活动，第一天植树18棵，第二天植树20棵，第三天植树22棵。

D. 塔山小学三年级有4个班。

（2）选出最符合题意的一项。（　　）

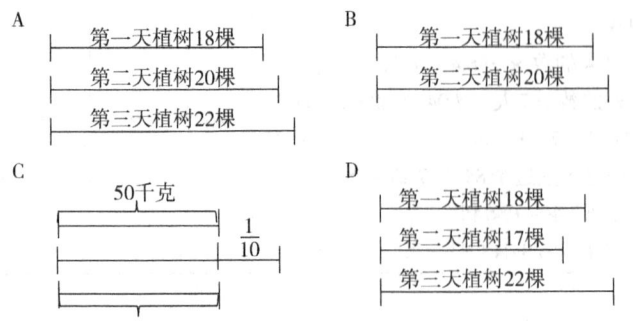

A
| 第一天植树18棵 |
| 第二天植树20棵 |
| 第三天植树22棵 |

B
| 第一天植树18棵 |
| 第二天植树20棵 |

C
50千克　$\frac{1}{10}$

D
| 第一天植树18棵 |
| 第二天植树17棵 |
| 第三天植树22棵 |

（3）本题和下面哪个问题的解题方法最相近？（　　）

A. 书店第一天卖出 15 本书,第二天卖出 3 本书,每本书 15 元钱,书店赚了多少钱?

B. 书店第一天卖出 15 本书,第二天卖出 3 本书,第三天卖出 18 本书,平均每天卖出多少本书?

C. 书店有 3 个售货员,第一天卖出 15 本书,第二天卖出 17 本书,平均每天卖出多少本书?

D. 书店有 3 个售货员,第一天卖出 15 本书,第二天卖出 21 本书,平均每个售货员卖出多少本书?

(4)下面选项中哪个更接近正确结果?(　　)

A. 少于 18 棵　　　　B. 不多于 22 棵

C. 20 棵左右　　　　D. 每班平均种 15 棵

(5)按照自己的理解把下列解题计划排列顺序,并标上序号。

(　　)求出平均每个班种了多少棵树

(　　)找出每天种了多少棵树,有几个班参加种树活动

(　　)求出三天一共种了多少棵树

(6)解答这道应用题。

(7)你认为自己的解题过程正确吗?(　　)

A. 正确　　B. 可能正确　　C. 可能错误　　D. 错误

(8)你认为自己的计算正确吗?(　　)

A. 正确　　B. 可能正确　　C. 可能错误　　D. 错误

附录4 基于PASS理论的小学生认知评估测试题目举例

PART1 计划

1. 数字连线

答题要求：在下面每道题的方框中，有一些数字和字母，最小的用"回"形框标出，最大的用单方框标出，请你从最小的数字开始，按照数字和字母的顺序用线连起来。若只有数字则连成（1-2-3-4…），若既有数字又有字母，则连成（1-A，A-2，2-B，B-3…）的形式。

时间要求：限时1分钟，未完成也停止测试。

测试题举例：（见图1）

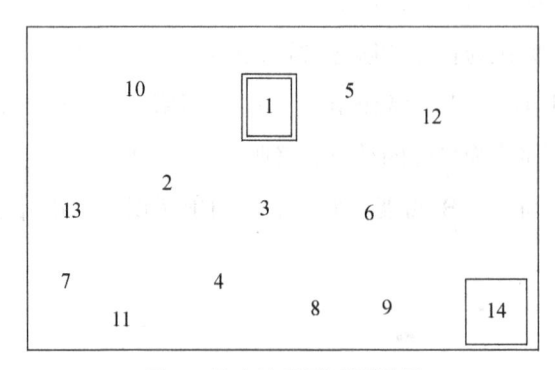

图1 数字连线测试题举例

2. 数字匹配

答题要求：下面的每一行呈现 6 个相同长度的数字，请在每一行圈出两个相同的数字。

时间要求：以你最快的速度完成所有题目，并保证正确率。限时 30 秒，未完成也停止答题。

测试题举例：

19	23	26	18	23	16
24	51	17	34	37	57
365	356	366	635	365	536
549	459	495	459	594	495
1793	7193	7139	7193	1739	1739
8247	8724	8427	8274	8427	8742
63541	65431	65341	65431	64351	61534
96572	96752	97526	95276	92765	96752

3. 视觉搜索

答题要求：下列各个方框中是一堆杂乱排列的数字，其中请在方框中找出与回形框内标出的数字相同的数字，用〇圈起来。

时间要求：以你最快的速度完成题目，并保证正确率。限时 20 秒钟，未完成也停止答题。

测试题举例：（见图 2）

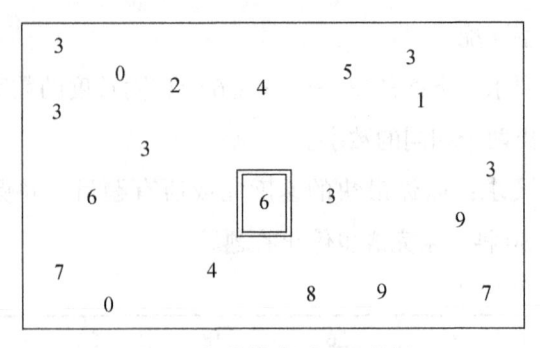

```
  3
      0     2     4      3
  3                      1
           3
  6              ┌───┐
                 │ 6 │   3        3
                 └───┘            9
  7        4
      0           8      9       7
```

图2 视觉搜索测试题举例

PART2 注意

（一）维持性注意

1. 听词语

答题要求：老师将读一些小朋友的名字，共有八个小朋友的名字，四个男孩的名字"道恩、鲍尔、大卫、皮特"和四个女孩子的名字"简妮、丽萨、苏伊、安安"，当你听到"皮特"后面是"丽萨"时，请在下面的空格里画"√"。测试持续五分钟，听到几次，就在几个格子里画"√"。

（二）选择性注意

1. 寻找数字

答题要求：请在下面的数字中，圈出斜体的 *3、5、8*。（非斜体：3、5、8）

时间要求：以你最快的速度完成下面题目。限时2分钟。

测题举例：

| 0 | 1 | 7 | 7 | 0 | 1 | 8 | 9 | 2 | 4 | 2 | 0 | 7 | *5* | 7 | 9 | *5* | *5* | 4 | 1 | 2 | 4 | 1 | 7 | 2 |
| *8* | *3* | 1 | 5 | 8 | 0 | *8* | *3* | 2 | 0 | 2 | 9 | 1 | 1 | *8* | 1 | *3* | 9 | 4 | 1 | *7* | *3* | 8 | 2 | 9 |

2. 字母配对

答题要求：下面是一些字母对，有的是两个大写字母（如AA），有的是2个小写字母（如ab），也有的是一个大写字母和一个小写字母（如Aa），请将配对字母相同的配对圈出来。

时间要求：以你最快的速度完成下面题目。限时5分钟。

测试题举例：

| bp | yj | Hf | JI | KL | RA | JL | GG | HN | uh | RR | lZ | BB | uj | cf | JL | QQ |
| SI | OO | UP | GW | ss | un | UM | as | EN | QA | HH | NM | MM | OK | JI | gg | VU |

3. 写颜色

答题要求：老师将呈现一系列表示颜色的词语，这些词语用不同的颜色打印出来，请你尽快写出老师呈现的表示色彩的词语是什么颜色。

时间要求：以你最快的速度完成所有题目，并保证正确率。每题呈现2秒钟。

PART3　同时性加工测试题

1. 叠加测试

答题要求：在下面题目中第一张图形和第二张图形叠加可以得到一张新的图形，即两张图形都有的部分抵消，没有的部分保留。要求你在 A、B、C、D、E 五个选项中作出唯一正确的选择。注意：新图形也有可能是两张图形叠加再经过平面选装以后得到的。

时间要求：以你最快的速度完成下面题目。限时 7 分钟。

测试题举例：（见图 3）

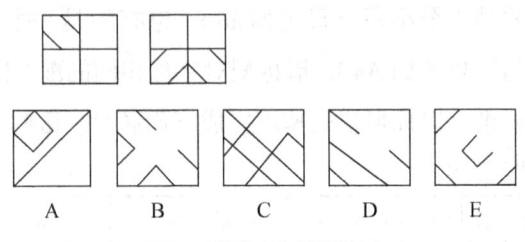

图 3　叠加测试题举例

2. 剪纸测试

答题要求：在下面的题目中"- - -"表示正方形纸折叠留下的折痕，而"——"表示剪刀的剪痕。要求你想象正方形纸经过折叠，裁剪以后变成了什么图形？A、B、C、D 四个选项中只有一个是正确的。

时间要求：以你最快的速度完成下面题目。限时 8 分钟，如 8 分钟后还没全部完成，必须停止答题。

测试题举例：（见图 4）

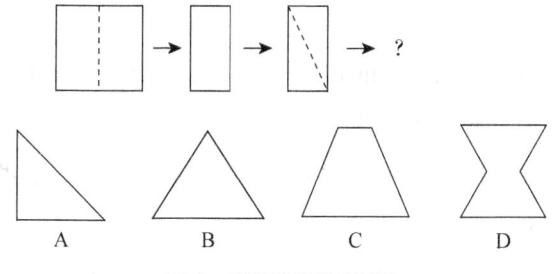

图4 剪纸测试题举例

3. 图形类推

答题要求：在下面1~5题中要求你根据第一对图形（第1、2个图）之间的关系推导出第二对图形，使第3个图与所缺的第4个图匹配；在6~10题中根据前3个图之间的规律推导出第4个图形。注意：每道题目的规律都是不同的，要求你自己去发现。ABCDE五个选项中只有一个是正确的。

时间要求：以你最快的速度完成所有题目，并保证正确率。限时5分钟，如5分钟后还没有完成，必须停止答题。

测试题举例：（见图5）

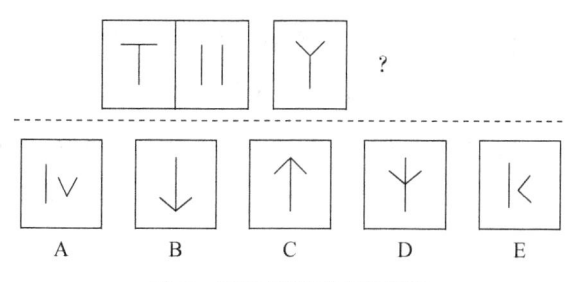

图5 图形类推测试题举例

4. 特征提取

答题要求：在下面的题目中每个方框内都有一个数字，但这些数字有不同程度的缺损，要求你根据这些数字显示的关键特征推测每一题的8个数字分别是什么。注意：这些数字在0~9的范围内。

时间要求：以你最快的速度完成所有题目，并保证正确率。每题呈现6秒钟，要求你辨认并记住这些数字，然后答题。

测试题举例：（见图6）

图6 特征提取测试题举例

5. 算式平衡

答题要求：在下面的题目中要求你在每个方框内填入"＋"、"－"、"×"、"÷"四个运算符号中的任何一个，使得"＝"左右两边的值相等；或者在"（　）"内填入1~9中的某一个数字，使得"＝"左右两边相等。注意：同一题的等号两边"（　）"内必须是同一个数字，而方框内既可以是相同的运算符号，也可以是不同的运算符号。此外，"＝"两边的值也都必须是整数。

时间要求：以尽可能快的速度正确完成下列题目。限时10分钟，如果10分钟后还没有完成，必须停止答题。

测试题举例：

1. 3□3□3□3 = 30	6. 12×( )－90÷3 =( )×6
2. 3□4□8□2 = 6	7. 64－12÷2×( ) =( )+1
3. 64□4□2□3 = 5	8. 11□12-18÷( ) = 14+( )
4. 75□5□2□70□80 = 20	9. ( )×3+8□7-15 =( )×2-6
5. 3×5+( )÷4 = 4×( )	10. 3□4+( )÷2□8 = 7×( )

PART4　继时性加工

1. 句子提问

答题要求：下面你会听到一些句子，要求你每听完一句就根据句子的内容回答问题。

时间要求：每听完一句，给予一定时间作答。然后进行下一题，如果上一题还没有完成或已经忘了，听下一题。

测试题举例：几何图形为：三角形→圆形→正方形。（第二个形状是什么？）

2. 数字背诵

答题要求：下面要给你听几组数字，每次听完以后就要求你把刚才听到的那一组数字按照原来的顺序写下来。注意：数字之间的顺序不能颠倒！

时间要求：以每秒一个数字的速度进行朗读，朗读结束以后给予一定的时间回忆、书写。然后进行下一题。如果上一题还没有完成或已经忘了，听下一题。

测试举例：

1. 9—4—7—8
2. 1—5—2—6—3
3. 8—3—2—7—6—2
4. 9—7—8—4—5—2
5. 7—3—2—8—1—7—6
6. 5—1—2—6—7—3—8
7. 8—3—6—9—7—2—3—6
8. 4—6—1—8—9—2—3—6—1
9. 2—1—7—3—9—8—7—5—4—6

3. 图片系列

答题要求：下面给你看几组图片，每看完一组就要求你选择按照原来顺序排列的图片组合。

时间要求：以每2秒一张的速度呈现图片，一组图片呈现结束以后给予一定时间选择正确的顺序，然后进行下一题。

测试题举例：（见图7）

图7 图片系列测试题举例

4. 数字方格

答题要求：下面你会看到一些填有数字的方格，但每张数字方格只呈现有限的时间，然后就要求你在一张空白的方格图内填入刚才看到的数字。注意：数字与方格的位置是匹配的！

附　录

　　时间要求：以一定的速度呈现数字方格，每呈现完一张就给予一定的时间填写空白方格。然后进行下一题。如果上一题还没有完成或已经忘了，做下一题。

　　测试题举例：（见图8）

（呈现2秒）

图8　数字方格测试题举例

附录5 教学活动流程（范例）

活动1：在黑板侧面上呈现并解释数学应用题解题步骤（7个认知步骤）和元认知策略（说—问—检查）

活动2：使用CSI教学策略呈现2个例题（以第1节课程为例）

例1：明明8岁了，洋洋的年龄是明明的2倍。洋洋几岁了？

（1）向学生呈现每个认知步骤如何在本题中应用。

（2）解释每一步骤元认知策略（说—问—检查）如何应用。

（3）采用出声思维方式向学生示范如何采用上述策略解题。

例2：小明买了14支笔，小磊买的笔比小明少3支。小明和小李一共买了多少支笔？

（1）向学生解释在本题中如何使用认知步骤和元认知策略。

（2）示范整个解题过程（出声思维）。

（3）向学生解释如何与同伴互做小老师使用CSI策略完成解题练习。

活动3：教师指导下的练习

在教师的指导下，学生和同伴一起完成练习活页上的第一题，在解题过程中，双方先按照教师的指导，参照自我提问单（学生练习活页左列）进行解题；然后在教师的带领下互为小老师，依据同伴提问单（学生练习活页右列）进行解题。

活动4：同伴指导练习

（1）学生与同伴一起完成活页上的其他2道题目。

（2）教师巡视各组的活动。

活动5：总结

（1）教师总结整节课程。

（2）对学生进行评价并进行反馈。

附录6　学生练习活页举例

☆下面的问题我注意到了吗？（自我提问）	题目	☆由我来做小老师！
	1.水果店运来20箱梨，每箱25千克。卖出325千克，还剩多少千克？	√请读一遍题目。 √你读懂每一个句子了吗？是否有不认识或不理解的词语？
我读懂每个句子了吗？这道题的问题是什么？	(1) 这道题的已知条件是什么？请用"＿＿"画出。 要求的问题是什么？ 请用"～～"画出来。	√这道题的已知条件是什么？ √这道题的问题是什么？
我要先求出什么再求出什么呢？我能不能找出数量关系？	(2) 已知条件和问题之间有什么关系？你能用线段图或图画出这道题的数量关系吗？请仔细想一想，在下面空白处试着画出或写出数量关系式。	√你能用线段图或图表表达出题中的数量关系吗？ √你能用写出这道题目的数量关系式吗？

附　录

续表

☆下面的问题我注意到了吗?（自我提问）	题目	☆由我来做小老师!
这道题属于什么类型的题?	(3)下面哪道题和这道题的解题方法最接近?（　　） A.书店运来一些书,如果每层书架摆放22本,可以摆满5层书架,还剩下13本,书店一共运来多少本书? B.花店运来25束花,每束花12朵。卖出156多朵,还剩多少朵? C.水果店运来3000千克的苹果,每箱25千克,卖出了45箱,还剩多少千克? D.书店运来20箱书,每箱书25本,卖出了11箱,书店还剩多少本书?	√这道题目属于什么类型的题目?
	(4)你能估计一下水果店还剩多少千克梨吗?（　　） A.不多于200千克 B.不少于250千克 C.还剩下7箱梨 D.不多于250千克	
☆我知道这道题的解题步骤吗? ☆这个解题步骤正确吗? 需要修改吗?	(5)仔细想一想这道题的解题计划,在下面空白的地方试着写出来。 第一步先求出　　　　　 第二部再求出　　　　　 最后求出	√你知道这道题的解题步骤吗?

331

续表

☆下面的问题我注意到了吗？（自我提问）	题目	☆由我来做小老师！
我能列出这道题的算式吗？	(6)根据以上的分析，你能列出算式求出结果吗？请列出算式求出答案。	√你认为你的解题步骤正确吗？需要修改吗？ √请你根据你的解题步骤列出这道题的算式吗？
我觉得自己列出的算式正确吗？	(7)你认为自己的解题过程正确吗？（　　） A.正确　　B.可能正确 C.可能错误　D.错误	√你觉得你的列式正确吗？
我觉得自己的计算正确吗？	(8)你认为自己的计算正确吗？（　　） A.正确　　B.可能正确 C.可能错误　D.错误	√你觉得你的计算正确吗？

附录7 干预忠诚度检核表

项目	是	否
1.教师明确告知学生现在是CSI教学时间		
2.教师在授课前将写有CSI认知和元认知策略的海报呈现于黑板旁		
3.教师采用直接教学的方法教授学生认知策略的7个步骤以及元认知策略(说—问—检查)		
4.教师帮助学生理解认知和元认知策略,并在教学过程中使用复述、强化及其他促进学生掌握策略的方法		
5.教师示范如何采用出声思维的方式使用认知和元认知策略解决问题		
6.教师示范正确和错误的解题方法		
7.教师让学生练习出声思维的方式使用认知和元认知策略解题		
8.教师在学生练习时提供认知策略和元认知策略的视觉提示		
9.教师示范如何与同伴配对使用认知和元认知策略解决问题		
10.在学生练习时教师予以适当的监控,在学生完成任务时予以适当的反馈		

附录8 四年级数学应用题解决能力测验(前/后测)

四年级上学期应用题解答能力测试(一)

姓名：_____ 班级：_____ 性别：_____
出生日期：_____年____月____日

1. 学校买来一些课桌，平均分给35个班，每班分得52张，还余下16张，学校买来多少张课桌？

2. 一块正方形小手帕的周长是80厘米，面积是多少？

3. 甲、乙两个车间共有工人120名，甲车间的人数是乙车间人数的3倍，乙车间有多少名工人？

4. 塔山小学三年级4个班参加植树活动，第一天植树18棵，第二天植树20棵，第三天植树22棵，平均每班植树多少棵？

5. 小明每小时行4千米，小明行了3小时的路程，爸爸只用了2小时。爸爸每小时行多少千米？

6. 第二小队10个同学测量体重，结果发现，其中6人的平均体重是32千克，另外4个人的平均体重是37千克，第二小队10个同学的平均体重是多少千克？

四年级上学期应用题解答能力测试（二）

1. 水果店运来一些苹果，每箱 35 千克，总共装了 27 箱，还剩下 17 千克，水果店一共运来多少千克苹果？

2. 一块正方形窗帘的周长为 8 米，这块正方形窗帘的面积是多少？

3. 甲乙两个学校共有教师 120 名，甲学校教师的人数是乙学校的 3 倍，两个学校各有多少名教师？

4. 4 辆汽车第一次运水泥 290 袋，第二次运水泥 317 袋，第三次运水泥 353 袋，平均每辆汽车运水泥多少袋？

5. 工程队修一条公路，原计划每天修 3 千米，需要修 28 天，实际只用了 21 天就修完了，实际每天修多少千米？

6. 一辆火车从北京开往上海需要 5 个小时，前 3 个小时，火车每小时行驶 290 公里，后 2 个小时火车每小时行驶 265 公里，这辆火车平均每小时火车行驶多少公里？

后 记

发展"公平而有质量"的教育、"建设高质量教育体系"成为新时代我国教育改革发展的政策导向和重点要求。在质量提升视域下，党的十九大提出"办好特殊教育"的明确要求。随着近些年"两期特殊教育提升计划"、《"十四五"特殊教育发展提升行动计划》等相关法规、政策的出台，全面推进融合教育、提升融合教育质量成为新时代特殊教育发展的总目标。

学习困难儿童是融合教育中人数最多的一类特殊儿童，数学学习困难是这一群体中的主要亚型，流行率为6%~7%，并且可能超过半数的儿童伴有阅读障碍。在融合环境中，提高数学学习困难儿童的学习成效成为普通学校不可推卸的责任和亟待解决的问题。但是，由于我国特殊教育发展的历史原因以及这一障碍本身的隐秘性，使得这些孩子多处在普通教育和特殊教育领域的"灰色"地带。从求学进入特殊教育领域以来，我就开始关注学习困难，也因对数学学科的兴趣而聚焦数学学习困难。多年来，在文献中遨游、在普通学校走访，我既看到了国内学者逐渐对学习困难这一领域的关注，也深切感受到普通教师在面对这些孩子时的有心无力和束手无策。如何解决这些孩

后 记

子的数学学习困难？如何帮助那些在某一阶段或某一领域产生学习困难的普通学生？这些问题始终是我想探索的。

数学问题解决对于儿童数学学习成功与否起着关键作用，也直接关系其他学科领域的发展以及儿童未来的发展，但这恰是数学学习困难儿童存在最大困难的领域。本书以数学学习困难儿童的数学问题解决为着眼点，分别从理论回溯、实验探索以及干预实践等层面深究数学学习困难儿童在数学问题解决中的认知机制，探索适合我国国情的融合班级教学干预策略，最终展现了基于多层级支持系统的学业干预模型，以期为促进数学学习困难儿童的干预与教学改革提供借鉴，为推进普通学校融合教育的高质量发展提供一些思路。

作为特殊教育者，我觉得学习困难的研究，尤其是学习困难学生的干预研究是很艰难的。但是这些年来，看到学校、家长及公众对这类孩子更广泛的认识和理解，学者和广大教育者的更多关注，我相信，曙光已至，未来可期。本书可谓承载了我以往学习和研究的多年积累，撰写与出版历程中倾注了大量心血，希望拿到这本书的读者，无论是研究者还是实践者，特殊教育者抑或普通教育者，教育管理者、行政人员以及一线教师或未来教师，都能从书中有所获益。

最后，衷心感谢参与本书相关研究的老师和孩子们，是你们的耐心参与、认真配合、积极贡献，为本书提供了宝贵、丰富的数据资料。感谢恩师王雁教授的一路指导和关心。感谢研究团队的施苣、唐润林同学在书稿整理时所做的工作。感谢为本书出版付出辛苦和努力的同仁与编辑。当然，本书只探讨了数学学习困难儿童的数学问题解决这一领域，鉴于数学学习困难以及数学学科的复杂性，这一研究领域任重道远。同时，因水平有限，我深知有很多疏漏欠妥之处，敬请广大读者不吝赐教。

朱　楠

2023 年 6 月 17 日

于华中师范大学田家炳楼